国家社会科学基金结项成果

沈阳师范大学资助出版

沈阳师范大学社会学院资助出版

农民消费知识及其表达

李洪君　李　娜　著

中国社会科学出版社

图书在版编目（CIP）数据

农民消费知识及其表达／李洪君，李娜著．—北京：中国社会科学出版社，
2021.8

ISBN 978 - 7 - 5203 - 8664 - 7

Ⅰ.①农…　Ⅱ.①李…②李…　Ⅲ.①农民—消费文化—研究—沂源县
Ⅳ.①D669.3

中国版本图书馆 CIP 数据核字（2021）第 124390 号

出 版 人	赵剑英
责任编辑	吴丽平
责任校对	周　昊
责任印制	李寡寡

出　　　版	中国社会科学出版社
社　　　址	北京鼓楼西大街甲 158 号
邮　　　编	100720
网　　　址	http://www.csspw.cn
发 行 部	010 - 84083685
门 市 部	010 - 84029450
经　　　销	新华书店及其他书店

印　　　刷	北京明恒达印务有限公司
装　　　订	廊坊市广阳区广增装订厂
版　　　次	2021 年 8 月第 1 版
印　　　次	2021 年 8 月第 1 次印刷

开　　　本	710 × 1000　1/16
印　　　张	19.75
插　　　页	2
字　　　数	270 千字
定　　　价	98.00 元

凡购买中国社会科学出版社图书，如有质量问题请与本社营销中心联系调换
电话:010 - 84083683

前　　言

社会个体习得物质消费文化与规范消费文化，会在适合的时空运用相关知识消费予以实践。同一个时空、同一知识体系中的行动者，基本共享通用的实践知识，并以其行动进一步构建该时空的消费文化。我们着力关注中国东北农村日常生活中的表达型消费文化。

第一章概述表达型消费文化。涉及表达型消费文化研究的缘起、表达型消费文化的现有研究成果评述，以及在此论域拟开展的思路。本书内容是《当代东北农村消费文化：物质与规范》（吉林人民出版社 2017 年版）一书的继续。其中，一以贯之的是我们的判断：在中国当下的二元社会结构里，城市居民生活方式是农村居民日常生活消费的参照物。位处边缘的中国农村消费文化发展绝不是完全复刻（相对核心的）中国城市消费，乃至西方消费发展谱系。我们认为，中国农村消费的发展过程，亦是中国农村地方性消费知识的再生产过程。

田野调查中的经历提醒我们，乐观的统计数字背后（第二章）是城乡消费知识谱系的差异。在抽象的消费数据之外，我们关注社会主体具体而微的消费逻辑，关注不同群体消费逻辑的展演空间与建构过程。第三章描述青年群体的消费文化，证明追逐时尚并不总是民众向精英看齐的过程。当社会日益多元化，流行现象或只发生于特定的地域与人群。

我们选择中国农村的日常生活消费，选择站在中国农村居民的主位立场，理解中国农村居民的消费知识及其表达。第四章以吉林河村的民族志调查，说明农村居民在表达型消费文化中获得了清晰的自我。第五章以辽宁省的田野调查，呈现农村居民以消费表达自我的过程中地方性消费知识谱系的改变。附录部分为笔者的消费调查报告。我们发现，在农村居民基本解决温饱、社会等级观念不严格、农村居民普遍未受到高等教育的背景下，中国农村居民正在以消费表达自我。

目　　录

第一章　表达型消费文化 ···················· （1）

第一节　消费文化 ···························· （1）

第二节　表达型消费文化发展概述 ·············· （4）

第三节　"自我"的社会学理论发展脉络 ·········· （13）

第四节　社会主体自我表达的消费逻辑 ·········· （22）

第五节　消费知识谱系与自我表达 ·············· （31）

小结 ······································ （36）

第二章　农村消费概况 ······················ （38）

第一节　指标说明 ···························· （38）

第二节　农村消费水平缓步提升 ················ （40）

第三节　农村消费结构：与城市比较 ············ （44）

第四节　农村消费结构：区域对比 ·············· （52）

小结 ······································ （60）

第三章　农村消费参照：城市青年消费文化 ······ （62）

第一节　分享互动：青年群体的微信晒食 ········ （62）

第二节　偶像、归属感与粉丝经济 ·············· （73）

第三节　归属感：青少年的粉丝投入与粉丝文化 ···· （84）

小结 ······································ （94）

第四章　表达型消费文化的萌生 ·· (95)

　　第一节　以物质依赖为基础的自我呈现:地方性时尚········· (96)

　　第二节　精神文化中的自我呈现:休闲消费 ···················· (107)

　　小结··· (120)

第五章　地方性消费知识的再生产·· (121)

　　第一节　使用价值到符号价值:变动中的居民消费观 ····· (121)

　　第二节　住房消费的知识积累与表达···························· (127)

　　第三节　着装情境与生活方式:辽宁 W 村的服饰消费····· (139)

　　第四节　食物的意义 ·· (152)

　　小结··· (172)

结论　消费:农村居民的一种自我表达 ································· (174)

附录　中国农村消费文化实录··· (178)

　　辽宁农业村庄的日常生活消费··································· (178)

　　辽宁沿海村庄的日常生活消费··································· (201)

　　辽宁留守村庄的日常生活消费··································· (223)

　　黑龙江农业村庄的日常生活消费································ (239)

　　山东 TH 村的日常生活消费·· (253)

　　安徽 LX 村的日常生活消费·· (273)

　　甘肃 L 村的丧葬仪式消费 ·· (278)

参考文献··· (291)

后　记··· (311)

第 一 章

表达型消费文化

改革以来，商品如海水般涌入中国村庄，融入村民的日常生活中。住房（或室内格局、装修）不断更新，耐用消费品正在逐次进入村民家庭，日用商品正在全面替代自给自足物品。购买与消费，正在成为村庄舆论的核心议题。购物与休闲，正在成为村民打发时间的主要方式。

农村消费文化发展并非城市生活方式在农村的复盘，物质消费的蓬勃发展之下亦有村民的主体思考。广场舞下乡过程中有村民发问"人为啥活着"，欧莱雅等名牌化妆品、耐克鞋的品牌消费中，村民有着"白瞎"（浪费之意）的消费认知。

故，我们希望在描述农村物质消费与消费规范的基础上，探察处于现代消费知识体系末梢的中国农村居民的消费逻辑，揭示中国农村消费文化发展的内在机理与复杂性。

第一节　消费文化

中外学者都曾讨论过消费及其文化现象，如中国的孔子、韩非子、董仲舒、朱熹等，国外学者如古希腊的柏拉图、亚里士多德等。一般认为，在社会学范式下开始讨论消费文化，自工业革命之后民众开始大量消费商品的工业社会时代始，而对消费文化的系统性研究，一般认为始于凡勃伦与齐美尔。

消费文化，顾名思义，是指基于消费现象而产生的一种文化。目前，国内关于"消费文化"的概念界定如下。

其一，将消费文化视为消费文明。尹世杰教授提出，"消费文化是消费领域中人们创造的物质财富和精神财富的总和，是人们在消费方面创造性的表现，是人们各种合理消费实践活动的升华和结晶"。[①] 同时，他强调文化中的"正能量"，指出："那些反映封建主义、资本主义腐朽的生活方式、音像制品、作品等，只能算是文化垃圾、非文化、反文化的东西。"[②]

其二，视消费文化为消费主义。如黄平把消费文化看作是"消费主义文化"。在杨魁看来，"消费主义是指这样一种生活方式：消费的目的不是为了实际需要的满足，而是不断追求被制造出来、被刺激起来的欲望的满足。换句话说，人们所消费的，不是商品和服务的使用价值，而是它们的被创造出来的符号象征意义"。[③] 实际上，这是一种消费主义文化，"20 世纪后半叶出现在欧美社会的物质文化的一种特殊形式"。[④] "消费文化，顾名思义，即指消费社会中的文化。"[⑤] 这种带有西方马克思主义色彩的消费文化观，于西方较为流行，并成为目前国内批判学派的出发点。

其三，视消费文化为消费活动中的精神文化。周叔莲、魏杰等人将消费观念视为消费文化的核心部分，"即消费者在消费过程中

---

① 尹世杰：《加强对消费文化的研究》，《光明日报》1995 年 4 月 30 日。

② 尹世杰：《加强对消费文化的研究》，《光明日报》1995 年 4 月 30 日。

③ 杨魁、董雅丽：《消费文化——从现代到后现代》，中国社会科学出版社 2003 年版，第 23 页。

④ ［英］迈克·费瑟斯通：《消费文化与后现代主义》，刘精明译，译林出版社 2000 年版，第 165 页。

⑤ ［英］西莉亚·卢瑞：《消费文化》，张萍译，南京大学出版社 2003 年版，第 1 页。

的价值判断、指导思想与行为准则，以及反映在物质产品上的文化层次和文化趋向"①，并能约束居民消费行为或消费偏好。

其四，将消费文化看作消费活动的总和，这种中性意义上的消费文化较前二者具有更大的包容度，更接近于社会人类学维度的文化概念。如杨魁在与董雅丽合作的《消费文化——从现代到后现代》一书中提出，"消费文化是文化中那些影响人类消费行为的部分，或文化在消费领域中的具体存在形式，都可以称之为消费文化，它包括三个层面，物质、观念及制度。"② 王宁根据李亦园的物质文化、伦理文化（或社群文化）和表达文化（精神文化，亦称表现文化）的文化类型学提出，消费文化就是伴随消费活动而来的、表达某种意义或传承某种价值系统的符号体系。可细分为三种消费文化：物质、规范及表现。③

本书中，消费文化基本与王宁、杨魁的界定一致，将其视为与消费相关的物质、社会规范及自我表达。这主要基于斯蒂恩斯（Peter N. Stearns）所归纳的当代社会特征：当代人在一定程度上只是把获取物品当作生活的目标。亦即迈克·费瑟斯通在《消费文化与后现代主义》一书中所说："使用'消费文化'这个词是为了强调，商品世界及其结构化原则对理解当代文化来说具有核心地位。"④ 在中国农村，购买行为已经不再仅仅是生物学及经济学因素，还有（甚至是更重要的）社会学因素。田野调查材料表明，中国农村已经出现消费革命，物质消费文化在商业化、符号化的维度上表现突出，亦符合斯蒂恩斯与费瑟斯通所说的"消费文化"一词

---

① 魏杰等：《如何加强对消费文化的研究和引导》，《消费经济》1994 年第 6 期。

② 杨魁、董雅丽：《消费文化——从现代到后现代》，中国社会科学出版社 2003 年版，第 23 页。

③ 王宁：《消费社会学》，社会科学文献出版社 2011 年版，第 113 页。

④ ［英］迈克·费瑟斯通：《消费文化与后现代主义》，刘精明译，译林出版社 2000 年版，第 123 页。

所指涉的社会事实，但限于经济基础、熟人或半熟人社会结构、区域社会成员的教育与知识素养，还没有形成部分思想家所批判的基于虚假需要而发生的消费行为及其文化。换言之，中国农村社区存在商品世界的结构化原则与符号化实践，但还没有表现出"消费主义式的消费文化"。

第二节　表达型消费文化发展概述

消费文化既然可以被划分为物质、规范与表达三层面，则消费文化研究在总体上可划分为三大类型，即物质型、规范型及表达型消费文化研究。其中，表达型消费文化研究注重社会个体在自我的驱使下，以能动的社会行动者的姿态参与到区域消费文化的建构过程中。这里的个体，不只是精英、中产阶级，还包括普通民众。其基本思路是，人们在日常生活消费商品时，人们的社会关系和社会结构会随之显露，正如吉登斯的再结构化理论所提示的，区域社会的结构也会被人们的消费行为所建构。

一　奠基时期

凡勃伦的《有闲阶级论》普遍被认为是表达型消费文化研究的奠基之作。凡勃伦依进化论把社会划分为野蛮时代、未开化时代、手工时代和机器方法时代。机器方法时代又称金钱文明阶段。每种社会阶段各有其相关的阶层。金钱文明阶段存在工业阶级和有闲阶级，后者通过其炫耀消费阻碍社会的发展。所谓炫耀消费是指人们通过消费让他人了解其金钱、权力与身份。炫耀消费的水准随社会进化过程而自然形成，各阶层自有其消费水准，一般说来，每一阶层都羡慕并努力达到比它高一层的消费水准，在这个前提下，炫耀消费水准是不可逆的。① 彭华民总结了凡勃伦的炫耀消费原则：金钱歧视原则（在消费中表现出来的金钱力量上胜过他人），金钱荣誉原则（消费使消费者产生自尊、自满的心情），金钱竞争原则（围绕金钱产生的竞争是消费的动力）。② 凡勃伦生活的时代，是人类新兴的庞大集团开始面对巨额财富且易于陷入斗富炫富的怪诞消费时代，在仍重视生产中心论的 19 世纪末、20 世纪初，凡勃伦嘲讽、批评精英的炫耀性消费，认为它或是竞争金钱，或是醉心于享受生活，阻碍着社会生产的发展。③

　　活跃于 20 世纪初期的德国社会学家西美尔是社会学界研究时尚的先锋人物。在《货币哲学》与《时尚的哲学》中，他都注意到，货币让人们的交往带有形式化特征，剥夺了人们亲密互动的时空，以致都市生活出现明显而强烈的疏离感。货币作为现代生产的媒介，转而成为压制人们自由的象征物。为了寻求情感寄托及个性展示，人们只好借助于消费。19 世纪末以来，欧洲都市生活出现时尚现象。西美尔发现，时尚现象的核心是一个群体的生活风格引起其他群体的竞相模仿。"时尚是既定模式的模仿，它满足了社会调适的需要。"④ 人们追逐时尚的心理源自两种截然相反的心理，归属、求同的心理需求使人们争相加入时尚队伍；同时，人们加入时尚也是为了与未加入者相区别，以展示自己的个性。西美尔还提出著名的时尚流行的"方向论"，即时尚的散布方向总是从精英阶层扩展到大众阶层，自宫廷扩展到贵族，自贵族扩展到平民。时尚总是在变换：当低阶层民众开始表现出高阶层人士的时尚之举后，精英们就会转身投入另一种

① ［美］凡勃伦：《有闲阶级论》，蔡受百译，商务印书馆 2009 年版。
② 彭华民：《炫耀消费探析》，《南开经济研究》1999 年第 1 期。
③ ［美］凡勃伦：《有闲阶级论》，蔡受百译，商务印书馆 2009 年版。
④ ［德］西美尔：《时尚的哲学》，费勇译，文化艺术出版社 2001 年版，第 72 页。

时尚，以保持自己的弄潮儿地位。"时尚的本质存在于这样的事实中，时尚总是只被特定的人群中的一部分人所运用，他们中的大多数只是在接受它的路上。"时尚的方向论一经提出，即成为人们讨论时尚现象的出发点。①

二　日常生活中的表达型消费文化

此种视角的消费文化研究主要有两种进路，其一为文化研究的民族志。在伯明翰学派开始关注工人阶级日常生活方式的变迁及其意蕴时，就已经开始这种民粹主义式视角的研究，如探寻《英国工人阶级的形成》的汤普森，只是到了霍尔（Stuart Hall），才将这种对消费过程的解读彻底转向读者决定论。如费斯克（John Fiske）自称是大众文化的拥趸，默克罗比（Angela Mcrobbie）将服装工业艺术化、二手服装个性化、二手市场人情化，莫利（David Morley）提醒人们注意消费过程中消费者的灵活立场及其所带来的建构意蕴。但若在读者决定论上走得太远，也将产生偏颇，正如凯尔纳所言，这种思路易于带来一种膜拜受众的危险，导致一种新的教条主义，即认为是受众创造意义。②

其二为后现代主义。在消费文化的研究领域，后现代主义表现为消费现象的理论反思，总体特征为无深度、去历史、去中心、去结构、日常生活中的审美、经历的碎片化与永恒，社会个体可以随意拼接时尚、裁剪符号。如德·塞托在《日常生活实践》分析了民众在无所不在的大众传媒及商品世界面前的逃避与抵抗策略。③ 詹明

---

① 李洪君、张小莉：《十年来的日本时尚特产："酷族"》，《中国青年研究》2006 年第 1 期。

② ［美］道格拉斯·凯尔纳：《媒体文化：介于现代与后现代之间的文化研究、认同性与政治》，丁宁译，商务印书馆 2004 年版，第 63—64 页。

③ ［法］米歇尔·德·塞托：《日常生活实践》，方琳琳、黄春柳译，南京大学出版社 2009 年版，第 10—35 页。

信将资本主义商品文化的象征体系视为新时代的乌托邦。①

（一）消费者立场："转向"了的伯明翰学派

20世纪70年代，英国伯明翰学派学者在长期观察居民日常生活的消费文化研究过程中，将其关注点渐渐从"消费的生产机制"转向"民粹主义"。这次转向将文化从意识形态及阶级属性中解救出来，还给民众。斯图亚特·霍尔（Stuart Hall）的消费文化研究是伯明翰文化研究学派的转折点。霍尔通过《编码解码》一文讨论大众文化的消费主体在文化商品面前的反应，从而将关注的目光转向文化商品的受众群体。他将电视节目分为三阶段：编码、成品、解码。第三阶段的解码是民众在日常生活中发出的能动型行动，即在电视节目供应商提供的符码面前，他们可以完全接受、协商接受及完全采取对立式的解读。也就是说，霍尔将民众看作可以有自己独立见解、不盲从商品符号的消费主体。霍尔的消费文化研究所采取的民族志方法与受众立场对后来者产生深远的影响。②

约翰·费斯克（John Fiske）深受霍尔的受众立场的影响，且走得更远。他在《理解大众文化》中提出，文化商品的消费者并不是没有自我的被动接收者，相反，他们可以借助资源创造出大众文化，"尽管人们处于并非他们自己选择的环境中，但是他们能够而且确实创造了他们自己的文化"③。以电视节目为例，费斯克认为，不同的群体会把电视剧这种文化工业视为一种可以加工利用的文本，在观看过程中加入自己的理解。而且，消费者通过自己的取舍，决定文化工业商品提供者在竞争场域中的胜负。一些有创新能

---

① ［美］詹明信：《晚期资本主义的文化逻辑》，陈清桥等译，生活·读书·新知三联书店1997年版，第258—418页。

② 杨魁、董雅丽：《消费文化理论研究——基于全球化的视野和历史的维度》，人民出版社2013年版，第171—212页。

③ ［美］约翰·费斯克：《理解大众文化》，王晓珏、宋伟杰译，中央编译出版社2001年版，第101页。

力的消费者还会使用"拼装"的技巧，将文化商品改造、再组合以再利用。他关于消费社会中普遍存在着的两种经济（金融经济、文化经济）的类型划分深受学界的注目。[①]

默克罗比（Angela Mcrobbie）肯定青年群体在消费过程中体现出来的后现代色彩的亚文化。她的服装经验研究提出"服装艺术化"的命题：从进入服装设计学校始，服装设计者就把服装看作自我个性的展示，服装设计也是将艺术日常生活化的一种形式，而非纯粹的工业活动。至于那些喜欢在二手市场淘二手服装的人，也不是因为经济贫穷，而是他们喜欢在挑选过程中的怀旧、互动、个性展示，以及对服装工业、时尚流转的一种抵抗。[②]

戴维·莫利（David Morley）是伯明翰学派的晚期人物，他认为，消费文化的核心是消费欲望的产生及发展，而媒体是研究消费文化的最佳切入点。"媒体研究领域的发展是以理解当代社会、文化发展中媒体消费过程的中心性作为前提的。"[③] 莫利指出，一方面，电视是一个可以在物质层面被消费的对象，它与其他商品一样，具有种类、功能、价格、款式等方面的区别，并产生炫耀性消费。另一方面，电视作为信息传递的媒介，将个体、家庭与社会联结在一起，制造"二次消费"现象：即观众成为电视节目（包括广告）的消费者，而且，在节目（包括广告）的影响下，观众对节目、广告指涉的商品进行消费。[④]

20 世纪 70 年代始，女性主义消费文化开始兴起。英国伯明翰

---

① ［美］约翰·费斯克：《理解大众文化》，王晓珏、宋伟杰译，中央编译出版社 2001 年版，第 111—158 页。

② 杨魁、董雅丽：《消费文化理论研究——基于全球化的视野和历史的维度》，人民出版社 2013 年版，第 209 页。

③ 戴维·莫利：《媒体研究中的消费理论》，载罗钢、王中忱主编《消费文化读本》，中国社会科学出版社 2003 年版，第 460 页。

④ 戴维·莫利：《媒体研究中的消费理论》，载罗钢、王中忱主编《消费文化读本》，中国社会科学出版社 2003 年版，第 460 页。

学派部分学者介入女性消费文化研究。默克罗比（Angela Mcrobbie）分析女性杂志《杰基》后认为，意识形态通过《杰基》这样的杂志，在特定读者群中灌输符合社会需要的女性角色的生活观念。斯泰西（Stacey）在研究 20 世纪 50 年代观看好莱坞电影的英国女性观众后，提出消费领域不但是屈从与剥削，而且是各种意义谈判、互动的场所。[①] 鲍比（Bowlby）通过研究妇女商店，提出，妇女通过消费实践来嘲弄男权，如女性通过购物，在公共空间划出一片女性专属地，打破原有的空间划分原则（公共空间属于男性，私人空间属于女性）。法国学者费雷耶（Ferrier）通过对购物广场的分析，提出，女性在购物实践中充分享有自由、欢乐的生活风格，打破了工作与休闲、公共与私人等性别对立。鲍比（Bowlby）等人的购物空间研究得到费斯克的赞同，他同时也指出，父权制资本主义世界里，男性被称为生产者，女性被称为消费者。购物空间的研究提示人们，女性正在通过购物实践突破男性与女性、生产与消费之间的对立，标识着一种新的性别互动时期的到来。[②]

（二）自我在日常生活中的消费表达

列斐弗尔的《日常生活批判》突出日常生活的地位，将其视为观察人们是否异化的重要平台。他指出，"商品、市场和货币，以它们无可替代的逻辑紧紧抓住了日常生活，资本主义的扩张无所不用其极地触伸到日常生活中哪怕是最细微的角落……日常生活已经被殖民化了"。[③] 他对处于消费社会中的人们开出的救赎之道是，重塑日常生活，使之具有创造性，从而恢复人的自主生活。

许多学者注意到，社会个体可以在消费过程中采取各种策略对

---

① 彭华民：《消费社会学新论》，北京师范大学出版社 2011 年版，第 29—89 页。
② 彭华民：《消费社会学新论》，北京师范大学出版社 2011 年版，第 38—42 页。
③ ［英］本·海默尔：《日常生活与文化理论导论》，王志宏译，商务印书馆 2008 年版，第 193—194 页。

抗强大的商业社会。法国学者德·塞托（Decerteau）在《日常生活实践》中提出，社会底层可以通过一些策略，从被控制的社会结构中获得局部的胜利。虽然民众不能控制商品的生产，但至少可以控制自己的消费。在消费过程中，人们可以按自己的意志自由处理，如通过"假发"策略，即用一种与商品生产者、媒体宣传者提供的意义完全相左的态度，"阳奉阴违"地消费商品。① 这种"受众的抵抗"策略提醒了其他学者。普莱斯迪（Pressdee）等人接着德·塞托的思路，提出"无产者的购买"，来揭示穷人如何在"消费者的教堂"（即购物商场）里抵抗强大的商品，穷人只是消费商场及商品的影像，而不是购买；或者，他们仅仅试穿，但并不买下。威廉姆森（Williamson）也论述道，生产让人们无法选择，但消费为人们提供了对付资本主义生产条件所带来的挫折感的手段。即人们通过控制消费过程中的意义，从而控制自我及社会关系。在费斯克看来，消费者们只是有限地从统治者那里获得一些自主性，但从未自立过，一直被压迫被边缘化的历史让他们不自觉地联合起来抵制。在金融经济与文化经济的分析框架内，费斯克提出，在电视节目的消费过程中，消费者通过对文化商品的再现来获得自我、快感与意义。②

　　人们在日常生活中消费商品之时，社会关系、社会结构随之显现。人们知晓消费的知识，按图索骥。在消费的同时，人们会利用消费品来制造自己的品味、社会地位与自主性。这种消费的"结构化"逻辑，无论是托尔斯坦·凡勃伦的"炫耀性消费"，还是皮埃尔·布尔迪厄的"趣味消费"，皆然。美国学者福塞尔（Paul Fussell）

---

① ［法］米歇尔·德·塞托：《日常生活实践》，方琳琳、黄春柳译，南京大学出版社2009年版，第10—35页。

② ［美］约翰·费斯克：《理解大众文化》，王晓珏、宋伟杰译，中央编译出版社2001年版，第111—168页。

著《格调：社会等级与生活品味》，评析当代美国社会各阶层的消费特征，尤其着力于分析中下层民众用消费来追逐社会地位的焦虑。① 海蒂·廷斯曼在智利种植业女工群体中的研究表明，农村女性在政府推动的现代化工程中遭受阶级与性别的双重压迫，但她们通过消费确立了自我，如支配自己的劳动所得，继而挑战男性在家庭中的权威地位。② 迈克·费瑟斯通乐观地提出，文化领域具有自主化发展的趋势，虽然，专业知识的生产与消费日益垄断，但"为新的受众和市场生产的知识与文化产品出现了更大幅度的上升"。③

盖洛普公司（the Gallup Organization）对中国人生活方式的调查结果表明，"追求符合自我品味的生活方式"越来越成为更多中国人的工作与生活的意义所在。个体主义对于中国人工作与生活的价值导向作用在逐步增强。④ 李春玲的研究表明，消费是当代中国城市社会分层的重要维度。国家与社会管理者、专业技术人员倾向于中高档的具有文化口味的消费模式，私营企业主则追求奢华的炫耀性的诉诸感官刺激的消费模式，普通工人、农民则倾向于经济实惠的低消费模式。⑤ 王建平著《中国城市中间阶层消费行为》，主要引用布尔迪厄的"区隔"框架，描述中国城市中产阶级急于表征其社会地位的中产消费文化。⑥ 刘欣将现代社会的消费文化看作阶层形成之路，此种认同或成为"新政治社会学"的基础。⑦ 王宁、

---

① ［美］福塞尔：《格调：社会等级与生活品味》，梁丽真等译，中国社会科学出版社1998年版，第123—145页。

② 余晓敏、潘毅：《消费社会与"新生代打工妹"主体性再造》，《社会学研究》2008年第3期。

③ ［英］迈克·费瑟斯通：《消解文化——全球化、后现代主义与认同》，杨渝东译，北京大学出版社2009年版，第39页。

④ 余晓敏、潘毅：《消费社会与"新生代打工妹"主体性再造》，《社会学研究》2008年第3期。

⑤ 李春玲：《当代中国社会的消费分层》，《中山大学学报》2007年第4期。

⑥ 王建平：《中国城市中间阶层消费行为》，中国大百科全书出版社2007年版。

⑦ 刘欣：《阶级惯习与品味：布迪厄的阶级理论》，《社会学研究》2003年第6期。刘欣：《新政治社会学：范式转型还是理论补充?》，《社会学研究》2009年第1期。

吕涛细致讨论过用"消费—认同"来沟通消费行为与消费文化的分析框架。[①] 孙秋云描述过湘南少数民族的消费生活方式。[②] 包亚明在《上海酒吧》中描述过上海市民通过对新天地的酒吧的消费，建构一种新的生活风格。[③] 金艳的《媒体服饰话语中身份认同的建构与消解》，讨论时尚杂志与城市女性的社会地位的建构机制。[④] 刘芳的《时尚杂志与中产阶级女性身份》，指出中产阶级女性通过阅读时尚杂志，按图索骥地消费，从而确立自己的身份认同。[⑤]

在中国的市场经济语境下，在"我消费，我幸福"的新型社会观念兴起的背景下，在城乡、东西部、阶层贫富差距加大的情况下，广大低收入者能否在生活领域或消费文化中找到自我，已经引起社会学者的关注（如王春光、佟新、罗忠勇、刘爱玉、马杰伟、沈原、潘毅、余晓敏等）。[⑥] 中国村庄中的农民在表达型消费过程中的自我又呈现为何种景观？刘勤在他的博士论文中注意到，村民在村庄日常生活中通过自我的发展，弱化了村庄的主体性。[⑦] 不过，他没有深入分析消费领域内自我的发展。

[①] 王宁：《消费与认同——一个消费社会学的分析框架的探索》，《社会学研究》2001 年第 1 期。

[②] 孙秋云：《湘南瑶族青年劳动和消费生活方式》，《社会学研究》1991 年第 1 期。

[③] 包亚明：《上海酒吧》，江苏人民出版社 2001 年版，第 25—33 页。

[④] 金艳：《媒体服饰话语中身份认同的建构与消解》，博士学位论文，华中科技大学，2009 年，第 15—20 页。

[⑤] 刘芳：《时尚杂志与中产阶级女性身份》，博士学位论文，上海大学，2006 年，第 15—21 页。

[⑥] 王春光：《新生代农村流动人口的社会认同与城乡融合的关系》，《社会学研究》2001 年第 3 期。马杰伟：《酒吧工厂 南中国城市文化研究》，江苏人民出版社 2006 年版，第 34—45 页。佟新：《社会变迁与工人社会身份的重构——"失业危机"对工人的意义》，《社会学研究》2002 年第 6 期。佟新：《延续的社会主义文化传统——一起国有企业工人集体行动的个案分析》，《社会学研究》2006 年第 1 期。余晓敏、潘毅：《消费社会与"新生代打工妹"主体性再造》，《社会学研究》2008 年第 3 期。

[⑦] 刘勤：《自我、主体性与村庄》，博士学位论文，华中科技大学，2008 年，第 122—145 页。

第三节　"自我"的社会学理论发展脉络

　　经验层次上，只要人类存在，对"自我"问题的思考就不会过时，在人们日益注重生活品质、重视符号差异的当下社会更是如此；学理发展上，现当代理论思潮以古典时期的社会理论为基础，西美尔关于时尚、货币的论述更是深得后现代学者的青睐。社会理论是学者对社会时代的诊断，其中包含着学者的意识形态建构，社会理论的发展需要不断重述经典，① 对"自我"的研究亦是如此。本节中，笔者探查卡尔·马克思（Karl Marx）、马克斯·韦伯（Max Weber）、格奥尔格·西美尔（Georg Simmel）、埃米尔·涂尔干（Emile Durkheim）四位社会理论思想家对"自我"概念的理解的异同，在综述与对比这四位学者关于"自我"的理解中，寻找对当下社会的"自我"研究的启示。

一　马克思：物质生产关系中的"自我"

　　马克思从物质生产性视角出发，以生产力决定生产关系、经济基础决定上层建筑的分析框架，理解资本主义的产生、资本主义危机的出现以及提出以共产主义社会取代资本主义社会解决现代社会危机的思想。其关于"自我"的理解亦是在上述分析架构下展开。

　　马克思将"自我"理解为个体在物质生产性活动中所体现出的社会性与历史性。一方面，人们通过物质生产性活动来满足需要，在物质生产性活动中，个体与满足他需要的物体之间建立起人与物之间的关联；与提供给他物质生产所需材料、工具的他人建立起人

---

　　① Jeffrey C. Alexander, *The Meanings of Social Life*: *A Cultural Sociology*, Oxford University Press, 2003, pp. 193 - 228.

与人之间的关联；个体之间也会共享物质生产活动的成果。另一方面，马克思强调需要的历史性。与马斯洛的需求层级理论不同，马克思指出需要与需求两个概念之间的区别，需求与货币购买力相关联，需要则是观念的存在。与恩格斯对需要层次的划分相一致，马克思认为，在生产力的发展满足人们的基本生存所需之后，人们会转而追求发展性需要，继而追求享受性的需要。① 在物质生产性活动中，人们结成与生产力相对应的生产关系，进而各种生产关系的综合构成社会的经济结构，进一步形成与之相应的法律设施、政治设施和社会意识形式。② 这是马克思所设想的社会秩序。"自我"即个体在满足需要的物质生产性活动中所建立的人与人、人与物的关系。

但是，"自我"在资本主义社会中发生异化。马克思指出，资本主义社会生产条件下，生产力的发展使得大量的剩余产品出现，但是这些剩余产品并不足以为全体社会成员所共有。资产阶级通过对无产阶级剩余价值的剥削，无偿占有这些剩余产品，将劳动者所生产出的产品转变为明码标价的商品。此时，劳动者只能通过货币购买这些商品，劳动者不再直接占有他的劳动所得，在这一过程中，"自我"发生异化。第一，劳动者与他的劳动所得相分离，劳动不再体现为人与满足他需要的物品之间的关系；第二，劳动者之间的关系的异化，劳动者通过机械化生产商品，不再依靠其他劳动者提供生产资料；第三，在劳动者本身以及劳动者之间关系发生异化的基础上，劳动本身也发生异化，劳动不再具有社会性和历史性。在上述三种异化的基础上，物质生产活动不再是人类本质的体

---

① 杨魁、董雅丽：《消费文化理论研究：基于全球化的视野和历史的维度》，人民出版社2013年版，第119—132页。

② 杨善华、谢立中主编：《西方社会学理论》，北京大学出版社2005年版，第68—116页、第170—214页。

现，"自我"呈现异化形式。①

这种"自我"的异化以商品拜物教的形式发生。马克思分析指出，商品本是劳动者劳动所得，体现的是劳动者本人在物质生产过程中所形成的人与人、人与物的关系，是劳动者的社会性的体现。但是，资产阶级使劳动者相信：商品体现的是人与物品的关系，劳动者要获得生活所需的商品，需要付出与商品同等价值的东西，而货币是一般等价物，一定数量的货币对应一定价值的商品。因此，劳动者需要以货币为中介，才能获得他所生产出来的被资产阶级明码标价的商品。马克思指出这其实是一种商品拜物教，是以物与物的关系取代人与人之间的关系。在商品拜物教的掩盖下，"自我"发生异化。

二　韦伯：社会行动中的"自我"

韦伯关于"自我"的理解体现在社会行动之中。与马克思、涂尔干、西美尔赋予社会以重要性的做法不同，韦伯强调个体先于社会而存在，社会于个体而言只具有分析作用。在个体导向的研究进路下，韦伯主张理解个体的社会行动。之所以社会行动是可理解的，是因为个体赋予社会行动的主观意义是可理解的。而韦伯对这种意义的阐释即他关于"自我"的理解。

依据韦伯对社会行动的定义："社会行动，是行动者以他主观所认为的意义而与他人的行为相关，即以过去的、现在的或将来所期待的他人的行为取向（如对过去所受侵犯进行的报复、对现在受到的侵犯进行的防御、为防止未来遭受侵犯所采取的措施）"②，不

---

① ［美］瑞泽尔：《古典社会学理论》，北京大学出版社 2004 年版，第 136 页、第 138—139 页。

② 贾春增主编：《外国社会学史》，中国人民大学出版社 2000 年版，第 106—107 页、第110—113 页、第 117—119 页。

难发现，其对"自我"的理解包括两个相关的方面，"自我"首先是个体的行动动机，这其中关联到"自我"的另一个方面，即个体的行动动机中也包括个体对他人行为取向以及与他人的关系的认知。[①] 舒茨曾批评韦伯关于个体行动动机的论述的含糊性，指出其未区分出行动动机与行动目的。在笔者看来，舒茨对韦伯的批评过于严苛。为避免可能的误解，笔者此处将韦伯关于"自我"的两个方面的理解统称为行动取向，即行动者的行动是一个行动流，每一次社会行动的动机都包含着对前一次的社会行动的结果的参照，包含着对社会行动的结果的预期。

韦伯在社会行动中理解"自我"，将"自我"理解为个体的社会行动取向。他与马克思关于"自我"的思考有相似之处，即"自我"中均蕴含着个体间的关系。不过，马克思所论述的"自我"，是一种现实性的体现，是个体为满足需要而在物质生产活动中所建立的现实的关系；而韦伯这里，人与人的关系仅存在于个体的行动取向之中，是行动之前的思考过程，这一关系的影响具有未知性。

韦伯与马克思的另一个区别在于"自我"表现载体的差异。在马克思那里，"自我"以物质生产活动为载体。马克思指出，劳动是人类本质的体现，但重要的不是劳动本身，而是劳动所具有的属性。[②] 韦伯这里，理性行动是"自我"的载体。韦伯认为，"自我"体现在秉持工具取向或价值取向的个体的社会行动中。行动者主观地在行动过程中将他人以及他人的行为期待视为达到目的的手段，或者仅凭绝对的价值信仰而无视行动的效果进行社会行动。

韦伯对理性行动中"自我"的思考，显见于其关于资本主义形

---

① 杨善华、谢立中主编：《西方社会学理论》，北京大学出版社 2005 年版，第 170—214 页。

② ［美］瑞泽尔：《古典社会学理论》，北京大学出版社 2004 年版，第 138—139 页。

成与发展的思考中。这也是韦伯与马克思关于"自我"理解的第三个区别。马克思从物质生产性视角出发，将资本主义的产生与危机理解为生产力与生产关系之间、经济基础与上层建筑之间的矛盾所致。"自我"在资本主义社会中呈现为一种异化形式。韦伯则从文化生产性视角出发，从宗教特质中寻找资本主义形成与发展的原因。而韦伯关于"自我"的理解就体现在新教伦理与资本主义精神之间的关联。也就是，缘何人们会赋予禁欲勤勉的职业活动以合理性？韦伯发现：新教徒为了获得上帝的恩宠，为了获得救赎，他们赋予努力勤勉工作、杜绝享乐的世俗活动以合理性。"自我"就体现在内化新教伦理的新教徒所进行的禁欲勤勉的世俗行动上。① 不过，在韦伯看来，随着资本主义的产生与发展，"自我"的表现形式也发生变化。即，当新教伦理赋予个体的逐利禁欲的职业活动以合理性，日益转变为作为一种生活准则的职业伦理时，人们习以为常地从事职业活动。当理性的组织、制度日益完善，新教伦理已经消失在这种理性的物质世界，但是人们还在其中。这时，"自我"表现如何？其关于科层制的论述或可提供答案，科层组织的高效率赖于理性的组织设计，而非处在科层组织中的个体。也就是"自我"消失，沦为形式的存在。这种悲观论调与马克思提出共产主义社会以解决资本主义危机，释放异化的"自我"的乐观态度截然不同。

三　西美尔：形式中的"自我"

西美尔认为，个体构成社会，社会反过来制约个体的行动。但这一关系中，重要的既不是个体，也不是社会，而是个体与个体的

---

① ［德］马克斯·韦伯：《新教伦理与资本主义精神》，彭强等译，陕西师范大学出版社 2002 年版。

互动形式。同为古典社会理论家的代表，相较于马克思、韦伯、涂尔干置身于个体与社会的本源地位的论争困局，西美尔以行动者的互动形式为研究对象，独辟蹊径地理解社会秩序与资本主义危机。其关于"自我"的理解即体现在他关于互动形式的论述之中。

"自我"首先表现为个体在不同规模的群体中的差异性的互动形式。西美尔认为，社会群体成员数量不同，其成员间的互动形式不同。两人群体中，群体成员同质性较高，彼此互动具有直接性，互动面广，感情摄入较强，易于形成亲密关系。三人群体中，群体成员之间的同质性减弱，异质性增强，群体成员之间有两种互动形式，某两位成员联合起来对第三人形成支配或某位成员介于中间位置，同时对另外两人施加影响。互动形式的变化体现的是群体成员感情程度和亲密关系的变化。当群体成员之间的数量达到一定程度，群体成员异质性较强，为了维持群体的存在，群体内部需要设立正式的制度和规范，群体的互动依据制度和规范进行，此时，群体成员之间亲密关系的互动形式减弱，正式互动形式增加。

表面上看，西美尔将"自我"理解为个体间的互动形式，与韦伯和马克思关于"自我"的理解有相似之处。深层来看却存有不同。与西美尔的论述相似，韦伯关于"自我"的理解也有形式"自我"的含义，如资本主义社会发展过程中，理性"自我"的形式存在。但二人的侧重点不同。韦伯侧重分析个体主观理解中所建立的与他人的关系与所采取的行动动机，"自我"表现为一种行动取向；西美尔则侧重个体的互动的外显形式，"自我"表现为个体之间的互动形式，如二人群体和三人群体的互动形式的差异。相较于马克思，西美尔关于"自我"的理解虽然也涉及行动者之间的关系，但西美尔侧重的是这种关系的表达形式，如合作或是冲突，感情的强烈程度，互动面的宽窄等；而马克思强调的则是这种互动关系的属性，也就是个体在物质性生产过程中所体现出的社会性与历史性。

　　且与马克思、韦伯关于资本主义社会中的"自我"的理解的鲜明态度相比，西美尔的论述的态度似含糊不清。在西美尔以货币理解"自我"的论述中，悲观色彩较浓，"自我"似乎消失在物与物的关系之中，消失在客观世界之中。与马克思关于商品拜物教与"自我"异化的隐蔽关系的论述不同，在西美尔这里，"自我"以一种外显的方式受到客体的支配。人们之间的货币形式的交往剥夺了原有的亲密互动关系，人与人之间在情感上变得疏离。这里"自我"的互动逐渐从以货币为载体变成以货币互动为本身，"自我"是一种货币形式的"自我"。充斥在个体日常生活中的，是一种类似于波德里亚意义上的物品世界与符号世界，[①] 只不过这里物品和符号表现为货币。物品由货币构成，符号是货币与货币建构的交换关系。但西美尔关于时尚的论述中，"自我"却又以积极的面貌出现。虽然"自我"沉溺于时尚形式的互动中，但充满行动活力，"自我"复苏在人与人的示差与示同的互动关系中。在货币形式的互动中，"自我"受到货币的支配。但在时尚的互动中，个体主动参与，一方面，个体借助对时尚的追求，努力认同于某一群体，借此获得归属感。另一方面，个体又通过细微的差别展示时尚"自我"，区分于他人的同时再生产时尚。[②]

四　涂尔干：社会中的"自我"

　　涂尔干主张社会先于个体而存在，但他并不否认社会与个体之间的相互依存关系，即社会不可能缺少个体而独自存在，个体以社

---

　　① ［法］让·波德里亚：《消费社会》，刘成富、全志钢译，南京大学出版社 2000 年版，第 10 页。

　　② 罗刚、王中忱主编：《消费文化读本》，中国社会科学出版社 2003 年版，第 241—265 页。

会为生存与发展之源。涂尔干关于"自我"的理解就体现在这种社会与个体的关系之中，表现为个体对社会的依赖。综观涂尔干的研究兴趣以及毕生著作，笔者大致将涂尔干关于"自我"的论述归于以下两个方面。

其一，社会规范与"自我"。社会规范包括集体意识与职业规范，现代社会语境下，涂尔干关于"自我"的理解体现在集体意识向职业规范的转变之中。与马克思将资本主义社会危机归结为资产阶级与无产阶级的劳动分工不同，涂尔干为社会分工正名，强调分工的社会团结纽带的作用。在涂尔干看来，现代社会危机源自集体意识为核心的社会团结纽带日渐式微，丧失对不断增强的个体自主性的约束，同时又缺少新的、有效约束个体自主性的规范性力量。解决现代资本主义危机的办法就是重建社会团结纽带。集体意识本是最佳选择。集体意识是个体在社会互动中所形成的个体对群体的认同，是每一位群体成员可以切身感受得到的，同时又认可的制约力量。但社会结构发生变化，个体之间异质性增强，机械团结社会中的那种集体意识无法发挥整合个体的作用，这就需要建立新的集体意识。涂尔干为治愈现代社会危机所开的药方是充分发挥社会分工的功能，建立职业群体与职业规范。在涂尔干看来，职业团体勾连国家与社会，削弱国家对个体的压制作用的同时，促使个体在职业团体内部有机合作，确保个体自主性的实现。职业规范是新的社会结构下建立的一种新的集体意识。它是以个体间的分工合作为基础，建构个体对职业团体的认同，从而发挥职业团体对个体自主性的约束功能。①

无论是机械团结社会中的集体意识，还是有机团结社会中的职

_____

① ［法］埃米尔·涂尔干：《社会分工论》，渠敬东译，生活·读书·新知三联书店 2000 年版。

业规范，它们都是个体相互作用所形成的、高于个体本身、为个体
所认同的社会制约力量，具有保护个体自主性与促进个体自主性发
展的功能。涂尔干关于"自我"的理解，就体现在个体对社会的依
存关系之中。这在涂尔干关于图腾制度的论述中亦有体现。

　　其二，宗教力与"自我"呈现。在涂尔干看来，"自我"内含
于个体的图腾信仰与信仰表达的仪式中。但是对这种个体的宗教
性，涂尔干并未如韦伯那样保留宗教的神秘性，而是通过对澳洲图
腾制度的分析，解密宗教，将对"自我"的理解放置于个体与社会
关系之中。涂尔干分析澳洲人的图腾信仰时指出，澳洲人赋予神圣
性的并不是图腾本身，而是图腾所展现出的形象标记。个体区分出
神圣与凡俗两种截然不同的世界，将他们在凡俗中可以感知但无法
把握的力量放入神圣之域，赋予其神圣性，通过各种禁忌仪式保持
与这些神秘力量的距离。但是个体又秉有一种以氏族生活为基础的
宇宙观，将神圣纳入凡俗生活的等级归类体系，通过赋予图腾形
象、与图腾相关的动植物、氏族成员以不同程度的神圣性，缩短神
圣与世俗之间的距离，通过各式各样的表现仪式、模仿仪式、禳解
仪式，搭建神圣与凡俗之间的沟通桥梁，摆脱对未知力量的恐惧，
建立与神圣力量之间的亲密关系。涂尔干指出，个体归入神圣界域
的神秘力量其实就是氏族本身，是个体在氏族生活中所形成的、高
于他们自身的社会力量。他们通过仪式活动重新凝聚与巩固彼此之
间的关系，增强集体团结，借此摆脱对未知的恐惧，重拾生活的信
心。① 宗教力即社会力，"自我"即个体与社会的依存关系中，个
体对社会的依赖。

　　相较于马克思有关物质生产关系论述中的"自我"的现实性，

---

　　① ［法］爱弥尔·涂尔干：《宗教生活的基本形式》，渠敬东、汲喆译，商务印书馆2011
年版，第413—573页。

涂尔干关于"自我"的论述增添了一抹神秘。涂尔干与马克思一样，关注体现在人与人、人与物的关系中的"自我"，但是其关于图腾信仰与仪式的分析，其对关系中的"自我"的理解最终落脚点并不是关系本身，而是社会。无论是集体意识、职业规范还是宗教力，涂尔干所理解的"自我"都是存在于社会之中，表现为个体从社会中获取生存与发展之源。

第四节　社会主体自我表达的消费逻辑

消费者的主观能动性在表达型消费文化的演进中日益突出。消费者的经济、社会及文化资本的不同组合，会形成不同的消费者的自我认知及展示。在消费革命初期，经济资本突出的少数人通过展示金钱的炫耀性消费，突破社会等级束缚，获得社会地位与自主性。在进入丰裕社会之后，经济支撑的物质炫耀性消费受到广泛的批评，社会资本、文化资本支撑的表达型消费获得越来越多的正当性。

不过，新近发展的消费实践论也提醒我们，社会主体自我表达的日常生活消费逻辑可能并不一致。仅就同一社会主体，其不同场域、不同时间段的消费逻辑不同，各消费逻辑之间甚至相互矛盾。

一　地位竞争与社会分层：位置消费逻辑

位置消费逻辑是指消费主体致力获得与使用那些具有地位符号的商品，以此展示与提升他们的社会位置、划定社会等级与社会边界。[1]

---

[1] Sassatelli R., *Consumer Culture: History, Theory and Politics*, Oxford, UK: Berg, 2007, p.53.

有闲阶级的消费目的是为了在社会地位上超越他人，其方式是以浪费性的消费从事金钱竞赛，同时以代理消费与代理有闲的方式展示自身足以避免生产性劳动的金钱能力，继而证明自己的金钱地位。[①] 陌生人弥散的大都市社会中，时尚提供现代消费主体展示认同与个性以可能。最新的时尚为上层所消费，继而构成下层时尚消费的参照，在下层模仿上层消费时，上层阶级转而创造新的时尚以示差异。[②] 布尔迪厄认为，审美趣味彰显阶层差异，消费主体亦以品味展示与提升社会位置。某一场域内部，不同社会位置的消费主体依据自身的资本组合，建构其审美趣味的合法性。[③]

社会阶层与消费品味的对应论源自社会等级森严的法国。其他国家如何呢？Lamont 发现文化品味彰显社会差异的结论在美国的适用性有限。文化品味的划分标准中，法国男性更强调文化的排他性和精进程度，美国男性则强调友善、诚实、合作之类的道德品质和社会经济状况。Lamont 认为，国家的文化构成调节着文化品味与社会分层之间的关系。[④]

品味消费与社会分层的结构同源亦遭到商品文化的挑战。高雅文化经由商品化为社会下层触及，不再为精英者独享，促成杂食消费发展。杂食消费与社会分层的关系在北美与英国的经验研究中呈现如下。（1）杂食消费的出现意味着文化区隔的消失。[⑤]（2）杂食

① ［美］凡勃伦：《有闲阶级论》，蔡受百译，商务印书馆 2009 年版。

② ［德］齐奥尔格·西美尔：《时尚的哲学》，载罗钢、王中忱主编《消费文化读本》，中国社会科学出版社 2003 年版，第 241—265 页。

③ Bourdieu, P., *Distinction: A Social Critique of the Judgement of Taste*, London: Routledge, 1984.

④ Lamont Michèle, *Money, Morals and Manners: The Culture of the French and American Upper-Middle Class*, Chicago: Chicago University Press, 1992.

⑤ Peterson, R. and Kern, R., "Changing Highbrow Taste: From Snob to Omnivore", *American Sociological Review*, Vol. 61, 1996. Warde Alan, Martens Lydia, and Olsen Wendy, "Consumption and the Problem of Variety: Cultural Omnivorousness, Social Distinction and Dining Out", *Sociology*, Vol. 33, No. 1, 1999.

消费不过是品味消费的另一种展示，仍具有排他性。[①]（3）杂食消费具有工具价值。当杂食消费内涵为社会主体涉猎的消费文化知识的广泛程度时，工作场域的区分显现。上层管理者能够凭杂食消费与不同层级的工作人员打交道；与之相比，越下层的工作人员，杂食消费程度越弱。[②]（4）Holt 认为杂食消费与否的区分过于抽象化，遮蔽了不同阶层品味消费的复杂性。Erickson 发现，高层的杂食消费实质是世界主义、自我实现、休闲、异国情调、鉴赏力等维度的消费的聚合。文化资本组合不同，杂食消费不同。[③]（5）Warde 等学者基于英国人外出就餐的分析，发现杂食消费体现社会区分。不过，现代性带给消费主体以焦虑，杂食消费是消费主体化解焦虑的方法。[④]

　　品味消费与社会分层的关系研究主要集中于欧美，发展中国家如何？Üstüner 和 Holt 在全球消费文化发展与传播层面讨论土耳其中产阶层妇女的品味消费。其研究发现，同处中产阶层的高、低文化资本构成者有着不同的地位消费逻辑。高文化资本构成者认同西方生活方式，并以之作为标杆，通过不断习得西方生活方式向西方消费文化迈进。这一过程中，过去的生活惯习被超越。低文化资本者位处全球消费文化的边缘位置，她们虽然认同西方生活方式，但

---

　　① Bryson, B. , "Anything but Heavy Metal: Symbolic Exclusion and Musical Dislikes", *American Sociological Review*, Vol. 61, 1996. Warde Alan, Martens Lydia, and Olsen Wendy. , "Consumption and the Problem of Variety: Cultural Omnivorousness, Social Distinction and Dining Out", *Sociology*, Vol. 33, No. 1, 1999.

　　② Erickson, Bonnie H. , "Culture, Class, and Connections", *American Journal of Sociology*, Vol. 102, No. 1, 1996.

　　③ Holt, Douglas B. , "Does Cultural Capital Structure American Consumption?", *The Journal of Consumer Research*, Vol. 25, No. 1, 1998.

　　④ Warde Alan, Martens Lydia, and Olsen Wendy, "Consumption and the Problem of Variety: Cultural Omnivorousness, Social Distinction an Dining Out", *Sociology*, Vol. 33, No. 1, 1999.

展演的却是民族性的、在地的地位消费。①

二　被操纵的欲望消费：从异化消费到主体迷失

嵌入在商品堆积的物质世界和符号世界，社会主体以被资本与媒介不断刺激起来的消费欲望为动力，追求着自以为是真实的消费需要的虚假满足。在商品与符号的追逐中，主体性消失。

消费是生产过程的终端，生产活动建构人的主体性。资本家通过剥削工人阶级的剩余价值的方式，剥离工人阶级的主体性。工人无法直接与自己所生产的物品取得联系，而是经过生产活动赚取的工资购买商品。这种以商品与商品的交换关系遮蔽人与人之间的主体关系的现象被马克思称为商品拜物教。商品拜物教下，消费活动不再是主体性的实践表达。②

以卢卡奇、霍克海默和阿多诺等学者为代表的法兰克福学派沿着马克思的分析思路，聚焦文化商品化过程中资本主义对消费主体的新的操纵。福特主义生产体制不仅带来生产过程的标准化，促使工人在生产过程中被异化，而且促成文化转化为商品，文化之间的界限消弭、无一例外屈从市场的生产与消费逻辑。霍克海默和阿多诺二人以"文化工业"意指文化的商品化的过程与后果。③（1）消费异化与虚假补偿。大众文化作为资本主义意识形态新的载体与统治工具，以刺激人们消费需要的方式激发人们的虚假消费需要，人们不再为了需要去消费，消费成为目的本身。④ 生产领域的劳动异

---

① Üstüner Tuba, Holt Douglas B., "Toward a Theory of Status Consumption in Less Industrialized Countries", *Journal of Consumer Research*, Vol. 37, No. 1, 2010.

② 罗刚、王中忱主编：《消费文化读本》，中国社会科学出版社 2003 年版，第 13—15 页。

③ ［德］马克斯·霍克海默、西奥多·阿道尔诺：《启蒙辩证法》，渠敬东、曹卫东译，上海人民出版社 2003 年版。

④ 杨魁、董雅丽：《消费文化理论研究：基于全球化的视野和历史的维度》，人民出版社 2013 年版，第 148—152 页。

化使人们与置身其中的自然世界和他人相互隔离。消费成为摆脱这种孤寂的手段，但因为需要是被创造出的虚假需要，故消费补偿也只能是虚假补偿。① （2）单向度的个体与消费方式变化。在生产与消费均被异化时，人们丧失批判性，沦为无思的单向度的人。② 以机械复制、技术理性为特征的大众文化建构标准化、同质化的文化商品世界，置身其中，人们不断地追求文化作为商品的交换价值，对艺术（商品）的欣赏也从凝神专注式消费转变为消遣式消费。③

当大众传媒、互联网络建构人们的生活环境之时，自我消失在虚拟的符号和传媒影像中。资本与媒介操纵消费主体的工具更为隐蔽，它从可见的物质商品细化到商品中承载的意识形态与符号系统，模糊物品之能指与所指。个体在符号消费过程中接受资产阶级的意识形态，主体的消费需求与消费实践转变为对符号差异的追求，主体日益沉溺于符号所搭建的神话体系与次体系。④ 在波德里亚看来，已被异化的自我彻底迷失于传媒影像，消费所能展现出的阶级、性别、种族等社会区分均沦为虚拟的存在，内爆于传媒消费，⑤ 自我消失于媒介景观。⑥ 文化在传媒消费中被影像化、碎片化，文化不再是主体的能动性产物。⑦

---

① 杨魁、董雅丽：《消费文化理论研究：基于全球化的视野和历史的维度》，人民出版社 2013 年版，第 148—152 页。

② ［德］马尔库塞：《单向度的人：发达工业社会意识形态研究》，刘继译，上海译文出版社 2006 年版。

③ ［德］瓦尔特·本雅明：《机械复制时代的艺术作品》，王才勇译，江苏人民出版社 2006 年版。

④ 闫芳洁：《西方新马克思主义的消费社会理论研究》，上海人民出版社 2012 年版，第 55—64 页、第 113—150 页。

⑤ 杨魁、董雅丽：《消费文化理论研究：基于全球化的视野和历史的维度》，人民出版社 2013 年版，第 251—292 页。

⑥ 杨魁、董雅丽：《消费文化理论研究：基于全球化的视野和历史的维度》，人民出版社 2013 年版，第 334—377 页。

⑦ 杨魁、董雅丽：《消费文化理论研究：基于全球化的视野和历史的维度》，人民出版社 2013 年版，第 228—236 页。

三　消费抵抗与文化情境调节仪式实践

商品生产过程中，生产者与媒体广告并不能够事先知晓消费者购买商品后如何读取商品的意义，也因此，诸如文化工业之欲望操纵、符号中的主体迷失并不具现实性。人们消费商品的过程也是文化意义的再生产过程，这种意义并不一定是生产厂商所欲传播的意义。[①] 如电视受众可对电视节目做选择性阅读，接受、抛弃、协商式选择三种意义解码亦可并存。[②] 服装杂志的消费者通过阅读杂志了解时尚讯息，青年群体凭借二手服装消费创造个性与文化。[③] 消费亦是文化媒介人士将高雅艺术拖入日常生活，在日常生活中创造平凡之美的审美呈现。[④] 麦克拉肯认为，生产者从文化世界中提取意义、赋载于商品，这些意义经由广告与时尚传递给消费者。但消费主体并非被动地接受生产厂商与媒体广告的意义灌输，而是经过交换仪式、占有仪式、修饰仪式与剥夺仪式赋予商品以新的意义，使商品屈从于使用逻辑。[⑤]

物品是体现人类创造力的非语言媒介，[⑥] 消费具有沟通功能。在布尔迪厄看来，品味消费与消费主体的社会空间位置具有结构同

---

① ［英］菲利普·史密斯：《文化理论——导论》，张鲲译，商务印书馆 2008 年版，第 247—248 页。De Certeau, M., *The Practice of Everyday Life*, Berkeley: University of California Press, 1984.

② Hall Stuart, Hobson Dorothy, Lowe Andrew, and Willis Paul (eds.) *Culture, Media, Language*, London: Unwin Hyman, 1980, pp. 128 – 138.

③ 杨魁、董雅丽：《消费文化理论研究：基于全球化的视野和历史的维度》，人民出版社 2013 年版，第 171—219 页。

④ ［英］迈克·费瑟斯通：《消费文化与后现代主义》，刘精明译，译林出版社 2000 年版，第 94—120 页。

⑤ Grant McCracken, "Culture and Consumption: A Theoretical Account of the Structure and Movement of the Cultural Meaning of Consumer Goods", *Journal of Consumer Research*, Vol. 13, No. 1., 1986.

⑥ 玛丽·道格拉斯、贝伦·伊瑟伍德：《物品的用途》，载罗钢、王中忱主编《消费文化读本》，中国社会科学出版社 2003 年版，第 57 页。

源关系。① 在道格拉斯看来，主妇放入菜篮子里的蔬菜、购置蔬菜后为谁享用等均反映主妇所认同的文化体系，消费是文化展演的载体。与此同时，消费也是一种仪式实践，其功能在于不断生产意义，文化经由主体展演的消费实践不断再生产。②

物品又不仅仅是符号沟通的媒介，而且是消费主体实践活动的内在构成。"布尔迪厄未能就物品与文化实践意义的某些复杂方面给予充分的揭示和说明。这种复杂性既体现在时间上，又体现在空间上。从时间上说，物在其设计、生产、销售、使用等不同阶段，其意义是不同的；从空间上说，同一物品在不同社会文化语境消费时，它的意义也会发生重要变化。"③ 米勒发现英国中产阶级作为生产者与他们作为消费者时所偏好的住房截然不同，乃至对立。不同区域住房的形象与风格的符号呈现反映出同一群体相互矛盾的消费形式。米勒认为"我们在研究物质性的时候，不能认定一个群体的消费总是要表现为一套相互协调、前后一致的消费形式"。④ 海布迪奇发现，商品在生产、推广以及消费者手中具有不同的意义。原为女性摩托车手所设计的踏板摩托车，先是代表意大利风格，后成为英国工人阶级反叛主流文化的标志。⑤

四　国家统合下的中国居民消费

在中国，国家调控消费发展。改革开放之前，政治身份主导中

---

① Bourdieu, Pierre, *Distinction: A Social Critique of the Judgement of Taste*, Translated by Richard Nice, London: Routledge, 1984.

② 玛丽·道格拉斯、贝伦·伊瑟伍德：《物品的用途》，载罗钢、王中忱主编《消费文化读本》，中国社会科学出版社 2003 年版，第 52—53 页。

③ 罗钢、王中忱主编：《消费文化读本》，中国社会科学出版社 2003 年版，第 46 页。

④ 丹尼尔·米勒：《物的领域、意识形态与利益集团》，载罗钢、王中忱主编《消费文化读本》，中国社会科学出版社 2003 年版，第 67—91 页。

⑤ 迪克·海布迪奇：《作为形象的物：意大利踏板摩托车》，载罗钢、王中忱主编《消费文化读本》，中国社会科学出版社 2003 年版，第 497—552 页。

国居民的身份认同，消费不构成居民展示自我的途径。改革开放之后，消费自主性获得发展，自我表达的私人消费得以可能。[①]

（一）中国城市的消费发展渐与西方相似

私人消费获得自主性，资本操纵下的媒体与广告便有了空间，欲望消费成为新的消费形式。黄平与陈昕将消费主义视为现代社会的一种欲望形态，一种被刺激起来的生活方式，它使人们始终处于欲购情节之中。[②] 在成伯清看来，消费主义是人们的日常生活实践和价值取向，[③] 以信用赊买、广告等为代表的商家造就消费主义。[④] 莫少群亦将消费主义视为人们的占有实践，消费主义主要存在于高收入群体以及精英阶层的日常生活中，有向下层扩散的趋势。[⑤] 童星认为以高档消费品为主要内容的交换性消费才是消费主义的表现形式。[⑥] 郑也夫认为人们对刺激、快乐的追求促成消费主义。[⑦]

改革开放初期，分层消费初步显现。分配收入的双轨制与隐性收入存在，中国城市居民的社会分层不能够完全依靠职业与收入测量，消费分层被学者关注。李培林与张翼基于修正后的恩格尔系数，以重庆市入户调查数据为例，讨论中国城市居民的消费分层状况。其研究发现，教育在社会分层中扮演重要角色，代际存在消费差异，高消费阶层与低消费阶层具有高消费欲望，中等消费阶层对

[①] 郑红娥：《社会转型与消费革命——中国城市消费观念变迁》，北京大学出版社 2006 年版，第 89—139 页。戴慧思、卢汉龙：《中国城市的消费革命》，上海社会科学院出版社 2003 年版。

[②] 陈昕、黄平：《消费主义文化与中国社会》，《上海文学》2000 年第 12 期。

[③] 成伯清：《消费主义离我们有多远》，《江苏行政学院学报》2001 年第 2 期。

[④] 成伯清：《消费主义离我们有多远》，《江苏行政学院学报》2001 年第 2 期。

[⑤] 莫少群：《当代中国的消费主义现象：消费革命抑或过度消费》，《南京师大学报（社会科学版）》2010 年第 4 期。

[⑥] 郑红娥：《社会转型与消费革命——中国城市消费观念变迁》，北京大学出版社 2006 年版，序言。

[⑦] 郑也夫：《后物欲时代的来临》，上海人民出版社 2007 年版。

消费持保守态度。[①] 李春玲基于耐用品消费指数讨论中国消费分层的基本形态。她发现农村呈现金字塔的消费分层结构，城区呈现菱形消费分层结构，各阶层之间在消费水平上存在差异、不具同质性。阶层化的消费文化初现。[②]

随改革推进，阶层消费文化逐步成形。2007 年、2010 年的抽样数据分析显示，中产阶层与其他阶层在家庭消费结构、消费模式、家用电器、住房与汽车等方面呈现消费差异，中产阶级重视感官与物质享受的消费文化逐步形成，但其消费不具超前和炫耀特征。[③] 王建平发现，城市中间阶层追求舒适、享受的理性消费。[④] 朱迪发现，北京中产阶级呈现追求乐趣与舒适的消费倾向，且以保持收支平衡的方式建构这种消费倾向的合法性。[⑤] 2015 年特大城市居民的文化消费调查表明，年轻者更倾向于大众品味的文化消费，经济收入高者与教育程度高者更倾向于杂食文化消费。朱迪认为，历史原因使得人们对高雅文化认知模糊，当代文化的个体化与商业化发展下年轻人更易受到流行文化的影响。[⑥]

在王宁看来，现代社会中消费主体作为行动单位，不仅具有消费自主性一面，而且具有消费脆弱性一面。消费领域的社会转型，是国家为实现社会与经济发展目标、通过集体消费与私人消费领域的制度安排与政策设置建构文化合法性的过程。其中，自 1949 年以来实行的低成本发展战略导致消费者与生产者并存的双轨化社会

---

① 李培林、张翼：《消费分层：启动经济的一个重要视点》，《中国社会科学》2000 年第 1 期。
② 李春玲：《当代中国社会的消费分层》，《中山大学学报（社会科学版）》2007 年第 4 期。
③ 李春玲：《中产阶级的消费水平和消费方式》，《广东社会科学》2011 年第 4 期。
④ 王建平：《中国城市中间阶层消费行为》，中国大百科全书出版社 2007 年版。
⑤ 朱迪：《品味的辩护：理解当代中国消费者的一条途径》，《广东社会科学》2013 年第 3 期。
⑥ 朱迪：《高雅品味还是杂食？——特大城市居民文化区分实证研究》，《山东社会科学》2017 年第 10 期。

结构，这使得部分居民在日常生活消费中转变为两栖消费者。而迄今为止，社会分配制度的不公、不完善的社会保障制度使被动卷进风险社会的普通市民不但得不到国家的充分保护，而且要自担风险。[1]

（二）生产视角下的农村居民消费

在日渐活跃的中国农民日常生活研究领域内，生产、社会结构、家庭、文化等领域一直是农村社会学研究的主要关注点。其中，自生产—消费的视角观之，农村的个体、家庭、社会组织几乎是作为生产单位在被研究，村民个体、家庭、社区的消费景观的研究相对薄弱。杨善华、周大鸣等人关注过村民个体的消费，吴薇关注过农村居民消费结构，陈昕把乡村作为城市消费主义文化的扩展对象。关于农村消费的著述多集中于农村消费结构、消费者行为等领域，农村消费文化也多是作为学者研究农村问题的"边角料"出现，如杨善华、孙秋云、贺雪峰、曹锦清、张乐天等人的研究。从整体上看，中国村庄的消费文化研究有待发掘。正如阎云翔所说，"时至今日……基本没有谁去研究农村家庭作为消费单位是如何影响了家庭成员的日常生活"[2]。

第五节　消费知识谱系与自我表达

表达型消费文化的演进脉络，主要基于欧美社会 200 年来的历史而做出的总结。在中国的都市社会里，表达型消费文化的发展脉络基本与西方无异。[3] 在低收入的熟人或半熟人社会的农村社区，

---

[1] 王宁：《家庭消费行为的制度嵌入性》，社会科学文献出版社 2014 年版。

[2] 阎云翔：《私人生活的变革：一个中国村庄里的爱情、家庭与亲密关系（1949—1999）》，龚小夏译，上海书店出版社 2006 年版，序言。

[3] ［英］葛凯：《中国消费的崛起》，曹槟译，中信出版社 2011 年版，第 13—27 页。

国家、现代性与地方性知识的互动产生与城市不同的景观。

一 分析框架：消费知识谱系

生活在当代商品世界中的个体，对物质消费文化（使用、交换及符号价值）有着明确的认知。生活在家庭、组织及社区、社会中的个体，对消费规范有着明确的认知。从结构主义思路看来，社会个体既生活在商人、媒体所营造的物质等级体系里，也生活在利己与利他、洁净与肮脏、安全与危险、成功与失败、富贵与不幸、自由与约束等二元价值规范的制约下，他们在消费文化中的积极性、主动性、能动性或将丧失。不过，换一种建构主义的思路，如在读者决定论的框架里，社会个体习得物质消费文化与规范消费文化，则会在适合的场所、时机运用相关知识消费。同一个知识体系中的行动者，基本共享通用的实践知识，并以其行动进一步构建该时空的消费文化。这种充分运用消费规范知识，积极展示自我的消费文化，即是我们所要讨论的表达型消费文化。

之于中国农村居民，我们要讨论的具体问题是，其一，中国农村居民在日常生活消费中所调用的实践知识是什么？其二，中国农村居民如何调用实践知识以消费展示自我？其三，城市文化浸染下，中国农村居民的地方知识谱系将走向何方？关于农村居民在日常生活消费中所调用的实践知识，我们曾在《当代东北农村消费文化：物质与规范》中做过讨论，[①] 我们亦在本书附录的各地农村的经验调查中具体呈现。中国农村居民自我呈现路径与效果是本书的主要观察点。

之于中国农村居民自我表达的路径与效果，需要注意的是：表达型消费文化受到经济、政治、文化等因素的深刻影响。当社会多

---

① 李洪君：《当代东北农村消费文化：物质与规范》，吉林人民出版社 2017 年版。

数个体尚为满足温饱需求而挣扎时，他们很少能通过消费来展示其自我。当社会对消费行为通过社会等级制度予以严格限制，如衣食住行（甚至颜色、符号）都被要求按等级消费时，很难想象普通的社会个体能够通过消费行为来展示其理想中的自我及尊严。当社区成员普遍缺乏足够的文化素养去理解物质消费文化及一些"狄德罗"原则式的消费规范，[①] 该区域的表达型消费文化或将呈现出不合"常理"的景象。

中国农村居民是否已经具备以消费展示自我的可能性？这构成本书的第二章的内容。第二章，我们以国家统计局的消费统计数据为例说明，中国农村消费水平逐渐提升，与城市居民的消费水平差距缩小。不过，各地农村的田野调查经验亦提醒我们，乐观的统计数字背后有着根本性的城乡消费差距，故我们将镜头拉近至中国农村居民的日常生活消费逻辑。

表达型消费是充分展示消费者自我的领域，而自我涉及主体对其社会身份的认同。一直以来，自我的认同研究偏重于生产领域。近来，中国学者开始关注消费过程中的"自我"与主体性，有学者提出，当代中国低收入的打工妹通过物质消费获得"新自我"的路径并不成功。[②] 吴翠丽、周萍提出，女性在消费主义的诱惑下实行的消费使女性丧失自我。[③] 在我们看来，这些研究仍然从消费的生产机制出发，沿袭着批判学派的精英思路；另外，正如布鲁默（Herbert Blumer）所强调的，个人身份是与外部条件及与他人的互

---

① 即消费品之间的搭配在文化系统内表现出协调，而非冲突，如西装与旅游鞋的搭配，一般被视为不协调。语出自麦克拉肯，参见王宁《消费社会学》，社会科学文献出版社 2011 年版，第 169 页。

② 余晓敏、潘毅：《消费社会与"新生代打工妹"主体性再造》，《社会学研究》2008 年第 3 期。

③ 吴翠丽、周萍：《主体性的消蚀——后现代视域下的女性消费》，《深圳大学学报》2010 年第 7 期。

动相联系的持续的自我评价的产物。[①] 消费文化中消费者自我的呈现，是社会整体或某群体之集体意志的产物。自我的认知需要参照群体，将弱势群体置于强势群体的背景之中观察，难免会影响到结论的客观性。

我们在多地的田野调查中发现，在城市乃至一线城市消费文化主导的话语体系、消费景观中，来自农村、县城的青年群体在面对城市的消费文化时，缺少消费自信。出自三四线的城市青年怯于说出"县城中没有像 HM、ZARA 专卖店或者说喜茶这样的饮品店（而喜茶大城市随处可见）"。城市尚且如此，小城镇、农村出生的青年群体如何，接收讯息慢于青年群体的中老年村民又如何。第三章我们描述青年群体的消费文化，证明追逐时尚并不总是民众向精英看齐的过程。当社会多元化，流行或只发生于特定的地域与人群。

村民的日常生活消费既是自我表达的过程，也是再生产消费知识的过程。我们在辽宁 W 村的调查发现，处于消费时尚、消费知识体系末梢的农村社会，村民的住房消费实践同时是习得住房消费知识的过程，现代消费知识积累程度会影响村民的住房消费实践。这引起我们的警觉。即，一方面，我们过往对于社会主体的消费知识的处理是否过于想当然，而忽视社会主体的消费知识的累积过程。另一方面，住房消费之外，农村日常生活消费其他部分是否亦是如此？毕竟消费规范滞后于物质消费，不同消费领域的变化程度可能不同。故第四章与第五章讨论农村消费知识与表达。我们发现，中国农村居民能够以消费表达自我，中国农村消费的发展过程同时是中国农村地方性知识的再生产过程。

---

　　① ［美］萨拉·贝里：《时尚》，载［美］托比·米勒《文化研究指南》，王晓路译，南京大学出版社 2009 年版，第 383 页。

二　资料与方法

本书研究对象为辽宁、吉林二省普通村庄居民的日常消费逻辑。普通村庄，即经济、社会发展水平位于全国中等水平的村庄（第二章可见数据）。本书延续既有的消费文化研究思路，将日常消费逻辑置于物质、规范与表达的消费文化框架内，讨论辽、吉二省农村居民以消费表达自我的路径与效果。

田野点的选择，出于如下考虑。其一，丰富东北农村的经验研究。农村研究中，华中村治研究提供区域比较视野，勾勒中国大部分农村的日常生活样貌，东北农村是中国农村具有代表性的村落样态。阎云翔曾分析黑龙江下岬村私人生活变化，[1] 吉国秀曾解析辽宁抚顺的婚姻彩礼，[2] 詹娜呈现辽宁本溪农耕技术民俗，[3] 李洪君呈现东北物质与规范消费文化变迁，[4] 本书期望在此基础上丰富东北农村研究，在具体而微的日常生活消费实践中呈现东北农村居民的日常生活样态以及变化。其二，田野点隶属辽宁、吉林二省，村庄类型涵括农业村庄、沿海村庄、城郊村庄、远郊村庄、老龄化村庄。辽、吉二省有着共同的文化基础：辽文化、山东移民、东北内部移民、抗战区域，同时辽、吉二省系笔者家乡，这有助于我们在两省的经济、社会结构基础上把握村民的日常生活逻辑，做村庄消费领域的"深描"。关于调查村庄的经济、社会、文化等内容，呈于各章节的表述中。

---

① 阎云翔：《礼物的流动》，李放春、刘瑜译，上海人民出版社 2000 年版。阎云翔：《私人生活的变革：一个中国村庄里的爱情、家庭与亲密关系（1949—1999）》，龚小夏译，上海书店出版社 2006 年版。阎云翔：《中国社会的个体化》，陆洋译，上海译文出版社 2016 年版。

② 吉国秀：《婚姻仪礼变迁与社会网络重建：以辽宁省东部山区清原镇为个案》，中国社会科学出版社 2005 年版。

③ 詹娜：《农耕技术民俗的传承与变迁研究》，中国社会科学出版社 2009 年版。

④ 李洪君：《当代乡村消费文化及其变革：一个东北村庄的物质、规范与表达》，博士学位论文，华中科技大学，2014 年。

研究节点主要选自 1990 年以来出现的消费文化。时间节点的划定，一是因为此前已有专题民族志的研究，时间跨度为 1978 年至今。本书为此前研究的继续。二是自实行"家庭联产承包责任制"以来，村民的生产与消费空间大为扩张，展示出丰富的个性，消费文化的发展脉络也充分展开。村民的消费在改革开放伊始即已呈现出消费革命的态势，以住房、耐用消费品为主要代表消费品大量进入村民日常生活领域。而至 20 世纪 90 年代，消费革命初步完成。继之而来的是农村居民的生存消费质量提升，享受消费发展。

小结

笔者以"自我"为线索，综述卡尔·马克思、马克斯·韦伯、格奥尔格·西美尔、埃米尔·涂尔干四位古典理论家对"自我"概念的理解，发现：个体本原或者社会本原的出发点使得他们形成对"自我"概念的不同理解，"自我"在现代社会危机背景下具有不同的表现形式。马克思在物质生产关系中论述"自我"概念，将"自我"理解为个体为满足生活所需而在物质生产活动中所结成的人与人、人与物的关系。资本主义社会，资产阶级通过商品拜物教的形式掩盖其对无产阶级的剥削，使得人与人、人与物品的关系发生异化，"自我"以异化形式出现。韦伯从个体角度出发，在社会行动中理解"自我"概念，将"自我"表达为个体的行动取向，其中包括个体对他人以及与他人关系的思考。但不同于马克思所理解的"自我"在物质生产关系中的客观性，"自我"概念在韦伯的理解中是个体主观动机表达，具有主观性。伴随资本主义社会不断发展，韦伯所理解的社会行动中的"自我"日益处于理性的包围之中，既表现为理性的行动取向，又置身于理性的物质世界。西美尔亦论及形式"自我"，但他所论述的"自我"并非个体的理性行动取向；西美尔也提及个体与个体之间的关系，但其对"自我"的理解并不是物质生产关系中所体现出来的人的社会性与历史性。在西美尔看来，"自我"存在于个体与个体的互动形式中，体现在货币互动形式和时尚互动形式之中。涂尔干赋予社会以优先性，将"自我"置于个体与社会的依存关系之中理解。个体从社会中获得生存与发展的精神与物质能力是"自我"的表现。

四位古典社会理论家均是在对社会秩序何以可能的问题思考中理解"自我"，在社会语境中理解"自我"概念。随着工业化生产的日益精进，人与物的关系的思考构成社会理论发展的另外一条主线。他们将对"自我"概念的理解放置于人与人、人与物的关系之中，虽然彼此之间因为研究视角的不同而存有差异。但这与中国语境下的"自我"理解不无启示：关于"自我"的理解需要摆脱哲学意义上的纯思，结合中国的社会结构转变，结合全球化的发展背景，在个体与社会、个体与物品之间的关系中理解"自我"。伴随消费时代的来临，自我正获得新的表达形式。

第 二 章

农村消费概况

表达型消费文化受到经济、政治、文化等因素的深刻影响。中国农村居民是否已经具备以消费展示自我的可能性？中国农村居民的消费水平发展如何？此章我们以国家统计局的消费数据为例，描述中国农村居民已经基本解决温饱的社会事实，作为我们讨论农村表达型消费文化的背景。

第一节 指标说明

在农村居民经济收入逐年增加的发展趋势下（图2—1），中国农村消费发展特征如何？为在整体层面理解中国农村消费发展，我们从农村居民日常生活消费水平、消费支出结构、耐用品普及程度三个方面，在城乡比较维度上呈现中国农村消费发展的一般性特征和区域发展特征。

选此三个测量指标的原因如下：农村居民日常生活消费水平是农村居民日常生活消费的总体性呈现，以之为测量指标可以具体呈现城乡之间、区域之间的消费发展差异。家庭消费结构可以反映某一区域居民在消费取向与消费模式等方面的独特性与区域之间的一般性，也可以呈现那些作用于农村居民家庭日常生活消费的影响因

素。"家庭拥有现代家用电器的情况，在一定程度上反映出其家庭
成员的消费水平和生活方式，同时它也能体现出个人和家庭的消费
差异。"① 从农村居民家庭耐用品普及程度可看出农村消费接近以城
市消费为代表的现代消费的发展程度和区域之间在此方面的差异。

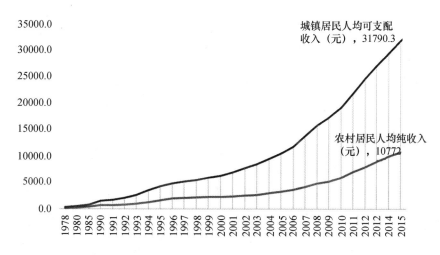

图2—1 城乡居民家庭人均收入历时性变化

数据来源：中华人民共和国国家统计局：《中国统计年鉴2017》，表6—16 城乡居民人均收
入（http://www.stats.gov.cn/tjsj/ndsj/2017/indexch.htm）。

关于区域分类，采用国家统计局关于"三大地带"区域分类标
准：中部、西部、东部。鉴于东北地理气候与产业结构等方面的发
展的特殊性，我们从上述三区域中分出东北区域，最后划定东部、
东北、中部、西部四个区域。其中东部区域为北京市、天津市、河
北省、上海市、江苏省、浙江省、福建省、山东省、广东省、海南
省；东北区域为辽宁省、吉林省、黑龙江省；中部区域为山西省、
安徽省、江西省、河南省、湖北省、湖南省；西部区域为内蒙古自
治区、广西壮族自治区、重庆市、四川省、贵州省、云南省、西藏

---

① 李春玲：《当代中国社会的消费分层》，《湖南社会科学》2005年第2期。

自治区、陕西省、甘肃省、青海省、宁夏回族自治区、新疆维吾尔
自治区。

第二节 农村消费水平缓步提升

　　总体来看，与城镇居民的消费水平的发展趋势相比较，农村居民消费水平缓步提升。1978 年，农村居民消费水平为 138 元；2016年，农村居民消费水平为 10752 元，约是 1978 年的 80 倍。以农村居民消费水平为 1，城镇与农村消费水平差距呈现先增大，自 2010年缩小的发展态势。

表 2—1　　　　　　　　　　居民消费水平

年份	居民消费水平 （元）	城镇居民 消费水平（元）	农村居民 消费水平（元）	城乡消费水平 对比（农村 = 1）
2016	21228	29219	10752	2.7
2015	19397	27210	9679	2.8
2014	17778	25424	8711	2.9
2013	16190	23609	7773	3
2012	14699	21861	6964	3.1
2011	13134	19912	6187	3.2
2010	10919	17104	4941	3.5
2009	9514	15127	4402	3.4
2008	8707	14061	4065	3.5
2007	7572	12480	3538	3.5
2006	6416	10739	3066	3.5
2005	5771	9832	2784	3.5
2004	5138	8880	2521	3.5
2003	4606	8104	2292	3.5
2002	4301	7745	2157	3.6
2001	3987	7324	2032	3.6

年份	居民消费水平 （元）	城镇居民 消费水平（元）	农村居民 消费水平（元）	城乡消费水平 对比（农村＝1）
2000	3721	6999	1917	3.7
1995	2330	4769	1344	3.5
1990	831	1404	627	2.2
1985	440	750	346	2.2
1980	238	490	178	2.7
1978	184	405	138	2.9

数据来源：中华人民共和国国家统计局：《中国统计年鉴 2017》，表 3—16 居民消费水平（http：//www. stats. gov. cn/tjsj/ndsj/2017/indexch. htm）。

分区域看，东部、东北、中部与西部四个区域农村居民的消费水平逐年增加，东部区域的农村居民消费水平高于其他三个区域的农村居民消费水平。对比四个区域农村居民消费水平的历时性发展看，东部农村的居民消费水平在增加的同时与其他三个区域农村居民消费水平的差距逐渐增大，中部农村与西部农村的居民消费水平相差不大，东北农村居民消费水平在 2008 年前后渐与中部和西部农村居民消费水平呈现出差异（见图 2—2）。

从城乡居民消费水平差距看，以 1993 年为参照，四个区域城乡居民消费差距均在缩小，且均呈波动发展。相较之下，东部城乡居民的消费水平差距最小，西部城乡居民的消费水平差距最大，2005 年前后中部城乡消费水平差距大于东北城乡消费水平差距。四区域城乡消费水平差距的变动特征也不同，东部城乡消费水平差距的波动幅度要小于其他三区此方面的波动幅度；四区域中，西部城乡消费水平差距最大，且波动幅度也较大（见图 2—3）。

消费水平反映的是某一区域城乡居民在物质与服务消费方面的综合发展程度，城乡消费水平差距反映城乡之间的消费发展差异。由此看，在东部区域，作为边缘区域的农村消费发展与作为核心区

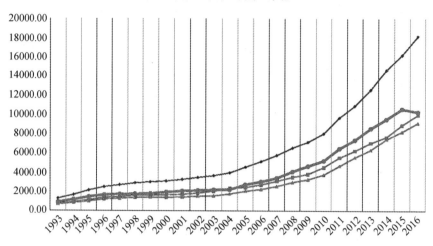

图 2—2　农村居民消费水平分区域比较

数据来源：中华人民共和国国家统计局：分省年度数据"居民消费水平"（http：//
data. stats. gov. cn/easyquery. htm？cn = E0103）。图 2—2 中数据计算方法为：加总求和各区域的
农村居民消费水平，后除以对应区域的省数。如东北区域农村居民消费水平均值为吉林、黑龙
江、辽宁三省的农村居民消费水平之和除以 3。

域的城市消费发展差距小，而恰与之相反，在后发展的西部区域，
核心（城市）与边缘（农村）的消费差距大。就此而论，在农村
居民的日常生活消费以城市日常生活消费为参照的前提下，中国农
村的区域发展差异不只是体现在经济发展方面，而且体现在消费发
展方面。

　　这一点在中国各省市的城乡消费差距对比中亦得到证明。历时
性看，除 2001 年与 2002 年两年外，城乡消费差距的最大值均定位
在西部区域，主要是在西藏、贵州和陕西三省。城乡消费差距的最
小值无一例外定位在东部区域（见表 2—2）。

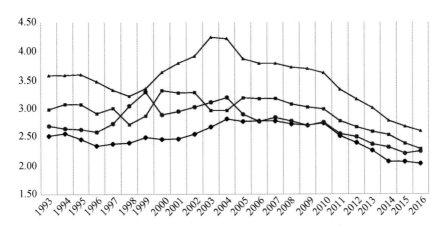

图2—3 城乡居民消费水平差异分区域比较

数据来源：中华人民共和国国家统计局：分省年度数据"居民消费水平"（http：//data. stats. gov. cn/easyquery. htm？cn＝E0103）。图2—3中数据为区域消费水平差异之均值，计算方法为：加总各区域的农村居民消费水平之差异后，除以对应区域的省数。如东北区域城乡居民消费水平差异的均值为吉林、黑龙江、辽宁三省的城乡居民消费水平之比值（以农村为1）、加总求和，以此和除以3。

表2—2　　历年各区域城乡消费差距最大值与最小值的城市定位

年份	各地区城乡消费差距最大值	最大值对应省份	各地区城乡消费差距最小值	最小值对应省份和城市
2016	3. 15	西藏自治区	1. 60	浙江省
2015	3. 23	西藏自治区	1. 67	浙江省
2014	3. 34	西藏自治区	1. 83	天津市
2013	3. 61	西藏自治区	1. 92	天津市
2012	4. 18	西藏自治区	2. 06	江苏省，浙江省
2011	4. 11	西藏自治区	2. 12	上海市、江苏省
2010	4. 30	西藏自治区	2. 01	北京市
2009	4. 36	贵州省	2. 00	北京市
2008	4. 55	贵州省	2. 11	北京市
2007	4. 72	贵州省	2. 26	北京市、上海市
2006	5. 21	贵州省	2. 03	上海市

续表

年份	各地区城乡消费 差距最大值	最大值对应 省份	各地区城乡消费 差距最小值	最小值对应省份和 城市
2005	5.59	西藏自治区	2.05	上海市
2004	6.94	西藏自治区	1.84	安徽省
2003	7.05	西藏自治区	1.92	安徽省
2002	5.57	湖北省	1.69	江苏省
2001	5.16	湖北省	1.66	江苏省
2000	5.00	贵州省	1.78	江苏省
1999	4.85	甘肃省	1.79	福建省
1998	4.43	甘肃省	1.80	福建省
1997	4.99	贵州省	1.82	上海市
1996	4.84	贵州省	1.72	上海市
1995	5.22	西藏自治区	1.71	上海市
1994	5.33	西藏自治区	1.69	上海市
1993	5.22	西藏自治区	1.61	上海市

数据来源：中华人民共和国国家统计局：分省年度数据"居民消费水平"（http：//data. stats. gov. cn/easyquery. htm？cn = E0103）。表中城乡消费差距为城市居民的消费水平除以农村居民的消费水平。

第三节　农村消费结构：与城市比较

一　恩格尔系数：农村高于城市

消费水平提升下，农村居民家庭的消费结构如何？恩格尔系数的变化表明居民家庭消费结构随经济收入变化而来的改变，以此来看，中国农村居民日常生活消费正从满足温饱之需转向其他方面的消费。

历时性看，农村居民家庭恩格尔系数呈现波动发展，至2012年的演变结果是恩格尔系数下降，为历年最低值（39.3%）。1989年城乡居民家庭恩格尔系数数值几近持平，其后二者差距逐渐增

大，至 2008 年前后二者之间的差距逐渐缩小（见图 2—4 和
表 2—3）。

图 2—4　城乡居民家庭恩格尔系数历时性变化

数据来源：中华人民共和国国家统计局：《中国统计年鉴 2013》，表 11—2 城乡居民家庭人
均收入及恩格尔系数（http://www.stats.gov.cn/tjsj/ndsj/2013/indexch.htm）。国家统计局自
2013 年起采取新的测量口径，城乡之间可比。为呈现历时性变化，笔者搜集的数据未涉及
2013—2016 年。

表 2—3　　　　　　　　　　城乡居民家庭恩格尔系数

年份	城镇居民家庭恩格尔系数（%）	农村居民家庭恩格尔系数（%）
1978	57.5	67.7
1979		64
1980	56.9	61.8
1981	56.7	59.9
1982	58.6	60.7
1983	59.2	59.4
1984	58	59.2
1985	53.3	57.8
1986	52.4	56.4
1987	53.5	55.8

续表

年份	城镇居民家庭恩格尔系数（%）	农村居民家庭恩格尔系数（%）
1988	51.4	54
1989	54.5	54.8
1990	54.2	58.8
1991	53.8	57.6
1992	53	57.6
1993	50.3	58.1
1994	50	58.9
1995	50.1	58.6
1996	48.8	56.3
1997	46.6	55.1
1998	44.7	53.4
1999	42.1	52.6
2000	39.4	49.1
2001	38.2	47.7
2002	37.7	46.2
2003	37.1	45.6
2004	37.7	47.2
2005	36.7	45.5
2006	35.8	43
2007	36.3	43.1
2008	37.9	43.7
2009	36.5	41
2010	35.7	41.1
2011	36.3	40.4
2012	36.2	39.3

数据来源：中华人民共和国国家统计局：《中国统计年鉴2013》，表11—2 城乡居民家庭人均收入及恩格尔系数（http://www.stats.gov.cn/tjsj/ndsj/2013/indexch.htm）。国家统计局自2013年起采取新的测量口径，城乡之间可比。为呈现历时性变化，笔者搜集的数据未涉及2013—2016年。

就此看，位处现代消费文化边缘位置的农村与作为核心区域的城市，二者在消费支出结构转向方面已初步显露相似性。但二者之间的差距也表明，在农村生产力发展水平落后于城市生产力发展水平的情况下，消费结构优化，农村仍然滞缓于城市。

二 农村的住房支出占比稳居第二

总体看，食物消费支出是城乡居民家庭消费支出的首要项目。居住消费支出占比在农村居民消费支出中排名第二，这构成农村消费结构与城市消费结构的不同之处（见图2—5）。

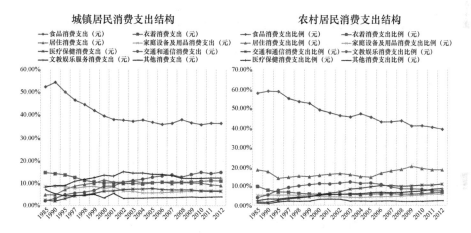

图2—5 城乡居民消费支出结构的历时性变化

数据来源：中华人民共和国国家统计局：年度数据"城镇居民家庭基本情况""农村居民家庭平均每人消费支出"（https：//data. stats. gov. cn/easyquery. htm？cn = C01）。图中数据为城乡居民各项消费支出占总消费支出的比例。

食物消费与居住消费外，衣着消费、文教娱乐、交通通信、医疗保障的消费支出在总消费支出中所占的比例方面，城乡之间的消费发展具有相似性。这从侧面证明居住消费可以识别城乡消费结构的差异。

国家统计局自2013年采用新的统计口径测量城乡居民的收入

与消费情况，关于城乡居民各项消费支出占总消费支出的比例，见表2—4。与上述数据分析所得相同，2013—2016 年，农村居民的居住消费支出占比在其各项消费支出占比的排名中仍位居第二。有所变化的是，城市居住消费支出占比与食物之外的其他消费支出占比与原来相差不大，自 2013 年开始，其位于城市居民各项消费支出占比排名的第二位。考虑到城市化进程的推进这一宏观结构背景，各地房产价格的增加可能是促成城市居民住房消费支出占比排名变化的原因。

表2—4　　　　　2013—2016 年城乡居民各项消费支出占比　　　　（单位:% ）

年份	区域	食品	衣着	居住	生活用品及服务	交通和通信	教育、文化和娱乐	医疗保健	其他用品和服务
2016	城镇	0. 29	0. 08	0. 22	0. 06	0. 14	0. 11	0. 07	0. 03
	农村	0. 32	0. 06	0. 21	0. 06	0. 13	0. 11	0. 09	0. 02
2015	城镇	0. 30	0. 08	0. 22	0. 06	0. 14	0. 11	0. 07	0. 03
	农村	0. 33	0. 06	0. 21	0. 06	0. 13	0. 11	0. 09	0. 02
2014	城镇	0. 30	0. 08	0. 22	0. 06	0. 13	0. 11	0. 07	0. 03
	农村	0. 34	0. 06	0. 21	0. 06	0. 13	0. 10	0. 09	0. 02
2013	城镇	0. 30	0. 08	0. 23	0. 06	0. 13	0. 11	0. 06	0. 03
	农村	0. 34	0. 06	0. 21	0. 06	0. 12	0. 10	0. 09	0. 02

数据来源：中华人民共和国国家统计局：年度数据"城镇居民人均收入与支出（新口径）""农村居民人均收入与支出（新口径）"（https：//data. stats. gov. cn/easyquery. htm？cn = C01）。

三　农村衣着消费、文教娱乐和通信消费变化明显

历时性角度看，农村家庭设备及用品、医疗保健消费和其他消费支出占总消费支出的比例，有所增加，变动较小。与之相对，变化明显的是衣着消费、文教娱乐消费与通信消费。第一，农村居民的衣着消费支出占总消费支出的比例在 1978 年时位于各项消费支

出比例的排名的第三位，但是其后呈现减小发展之势。就衣着消费的历时性发展看，其占农村居民家庭消费总支出的比例与医疗保健支出和家庭设备及用品支出的占比日益接近。第二，原本占比接近为零的文教娱乐消费支出占比历时性增长，在1995—2006年间一直位于各消费支出占比排名的第三位。其后下降发展，排名第四位。第三，通信消费支出在1978—1985年间波动明显，其后平稳增长发展，自2007年开始，在各消费支出占比排名中位于第三位。

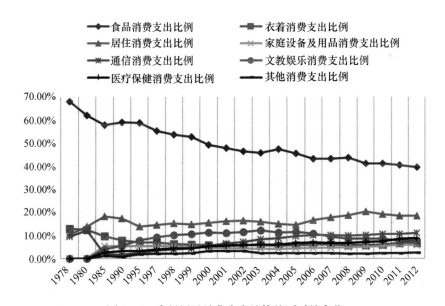

图2—6　农村居民消费支出结构的历时性变化

数据来源：中华人民共和国国家统计局：年度数据"农村居民家庭平均每人消费支出"（https：//data. stats. gov. cn/easyquery. htm？ cn = C01）。图中数据为农村居民各项消费支出占总消费支出的比例。

四　耐用品消费发展，农村滞后于城市

（一）彩色电视机与移动电话普及于农村

就2016年城乡居民各耐用品的普及率看（见表2—5），彩色电视机和移动电话为城乡居民日常生活中普及性耐用品，且近乎每

户居民有 2 部移动电话。

农村未普及的耐用品中，洗衣机、电冰箱二者在农村的普及率要低于其在城市的普及率。洗衣机、电冰箱之外的家居用品中，空调在城市为普及性耐用品、约每户 1 台，农村中空调的普及率尚不足 50% 。热水器、计算机、排油烟机、微波炉为城市中的高普及程度的耐用品，这四类耐用品的普及率在农村分别为 59.7% 、27.9% 、18.4% 、16.1% 。从此看，未来在农村，热水器要快于其他三类耐用品实现普及。

代步工具的普及方面，摩托车在农村的普及率约为其在城市普及率的 3 倍；电动助力车在农村的普及率略高于其在城市的普及率；家用汽车在农村的普及率约是其在城市普及率的 1/2 。综合考虑城乡居民的职业差异、同一地域内的出行距离以及公共基础设施的配套程度，农村电动助力车与摩托车的普及率高于城市中二者的普及率，可以解释为，电动助力车和摩托车是农村居民满足出行需要的必需品，在此方面，城市居民则缺少消费二者的必要性。

家用汽车与照相机属于享受消费需要层次的耐用品，就此看，城市居民的享受消费需要的满足程度要高出农村居民的享受消费需要的满足程度。

表 2—5　　2013—2016 年城乡居民平均每百户年末主要耐用消费品拥有量

年份	2013		2014		2015		2016	
区域	城镇	农村	城镇	农村	城镇	农村	城镇	农村
家用汽车（辆）	22.3	9.9	25.7	11	30	13.3	35.5	17.4
摩托车（辆）	20.8	61.1	24.5	67.6	22.7	67.5	20.9	65.1
电动助力车（辆）	39	40.3	42.5	45.4	45.8	50.1	49.7	57.7
洗衣机（台）	88.4	71.2	90.7	74.8	92.3	78.8	94.2	84
电冰箱（柜）（台）	89.2	72.9	91.7	77.6	94	82.6	96.4	89.5
微波炉（台）	50.6	14.1	52.6	14.7	53.8	15	55.3	16.1

续表

年份	2013		2014		2015		2016	
彩色电视机（台）	118.6	112.9	122	115.6	122.3	116.9	122.3	118.8
空调（台）	102.2	29.8	107.4	34.2	114.6	38.8	123.7	47.6
热水器（台）	80.3	43.6	83	48.2	85.6	52.5	88.7	59.7
排油烟机（台）	66.1	12.4	68.2	13.9	69.2	15.3	71.5	18.4
移动电话（部）	206.1	199.5	216.6	215	223.8	226.1	231.4	240.7
计算机（台）	71.5	20	76.2	23.5	78.5	25.7	80	27.9
照相机（台）	34	4.4	35.2	4.5	33	4.1	28.5	3.4

数据来源：中华人民共和国国家统计局：《中国统计年鉴2017》，表6—10城镇居民平均每百户年底主要耐用消费品拥有量、表6—15农村居民平均每百户年底主要耐用消费品拥有量（http：//www.stats.gov.cn/tjsj/ndsj/2017/indexch.htm）。

（二）农村的耐用品消费发展滞后于城市

从洗衣机、电冰箱、彩色电视机、移动电话等在农村的普及率看，农村居民的耐用品消费发展滞后于城市。不过，就城乡普及上述各耐用品的发展历程看，城乡居民各耐用品的拥有率的差异在缩小（见图2—7）。

与此同时，农村居民的耐用品正在消费升级。历时性看，黑白电视机的普及率逐年下降，至2012年年底已近乎为0（1.4%）；同时，彩色电视机的普及率逐年递增，至2012年平均每户1台。固定电话与移动电话的发展方面呈现相似变化，自2000年开始统计，农村居民固定电话的发展趋势呈现缓步增长、自2010年开始下降（2010年为60.8%、2012年为42.2%），移动电话的普及率则自2000年以来递增。农村居民自行车的普及率呈下降发展趋势，同时间段摩托车的普及率直线增加。[1]

---

[1]　数据来源：中华人民共和国国家统计局：年度数据"农村居民家庭平均每百户年底耐用消费品拥有量"（http：//data.stats.gov.cn/easyquery.htm？cn＝C01）。

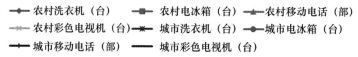

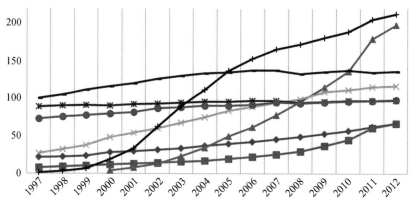

图2—7　城乡居民耐用消费品拥有量的历时性变化

数据来源：中华人民共和国国家统计局：年度数据"城镇居民家庭平均每百户年底耐用消费品拥有量""农村居民家庭平均每百户年底耐用消费品拥有量"（http：//data. stats. gov. cn/ easyquery. htm？cn = C01）。

第四节　农村消费结构：区域对比

一　东北农村消费发展靠前，东部农村消费发展为四区域最快

前文提及，农村消费结构整体呈现如下特征：农村总消费支出中，食品消费支出占比最大，其次为居住消费。区域对比看，呈现相似特征。各区域农村居民各项消费支出占其总消费支出的比重（就2016年看），食品消费支出占比为最大，其次为居住消费，再次为交通通信消费，其后由大到小依次为：教育文化娱乐消费、医疗保健消费、生活用品及服务消费、其他消费（见图2—8）。

具体到各项消费支出，区域之间略有差异。除居住消费和生活用品及服务消费两项外（东北农村均位于四个区域排名的末位），东北农村的各项消费支出比例在四个区域中均排名首位；而消费水

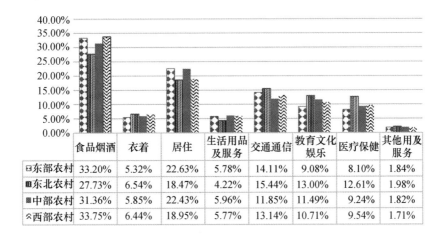

	食品烟酒	衣着	居住	生活用品及服务	交通通信	教育文化娱乐	医疗保健	其他用及服务
□东部农村	33.20%	5.32%	22.63%	5.78%	14.11%	9.08%	8.10%	1.84%
田东北农村	27.73%	6.54%	18.47%	4.22%	15.44%	13.00%	12.61%	1.98%
■中部农村	31.36%	5.85%	22.43%	5.96%	11.85%	11.49%	9.24%	1.82%
⬠西部农村	33.75%	6.44%	18.95%	5.77%	13.14%	10.71%	9.54%	1.71%

图 2—8　2016 年农村居民消费支出结构分区域比较

数据来源：中华人民共和国国家统计局：《中国统计年鉴 2017》，表 6—20 分地区居民人均消费支出（2016 年）（http：//www. stats. gov. cn/tjsj/ndsj/2017/indexch. htm）。图中数据为各区域农村居民各项消费支出占总消费支出的比例。以食品烟酒消费为例，计算方法：首先分别计算各省市食品烟酒消费支出占消费支出的比例；其次分别计算四个区域的农村居民家庭食品烟酒消费支出占比的均值。

平排名首位的东部农村，其在衣着消费、医疗消费与教育文化娱乐消费方面位于四区域排名的末位。这是否意味着东北农村消费发展快于其他区域农村消费发展？

分别看四个区域各消费支出的变动特征，四区域农村居民的食品烟酒消费支出占总消费支出方面的差距在缩小。西部农村居民的食品消费支出占比为四区域最大，东北农村为四区域最小，东部农村在食品烟酒消费支出方面的发展较其他三个区域农村在此方面的发展更为平缓（见图 2—9）。

四区域农村居民的居住消费均呈波动发展之状。其中，东部农村居住消费支出占总消费支出比例的发展较其他三个区域农村在此方面的发展更为平缓（见图 2—10）。

四区域农村居民的通信消费支出占比增加发展的同时，发展趋势有所差异。东部农村、中部农村与西部农村呈现的是先增后缓的

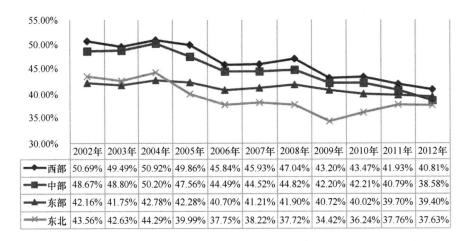

	2002年	2003年	2004年	2005年	2006年	2007年	2008年	2009年	2010年	2011年	2012年
西部	50.69%	49.49%	50.92%	49.86%	45.84%	45.93%	47.04%	43.20%	43.47%	41.93%	40.81%
中部	48.67%	48.80%	50.20%	47.56%	44.49%	44.52%	44.82%	42.20%	42.21%	40.79%	38.58%
东部	42.16%	41.75%	42.78%	42.28%	40.70%	41.21%	41.90%	40.72%	40.02%	39.70%	39.40%
东北	43.56%	42.63%	44.29%	39.99%	37.75%	38.22%	37.72%	34.42%	36.24%	37.76%	37.63%

图2—9 农村居民食品烟酒消费支出的历时性变化

数据来源：中华人民共和国国家统计局：分省年度数据"农村居民家庭平均每人全年消费支出"（https：//data. stats. gov. cn/easyquery. htm？cn = E0103）。

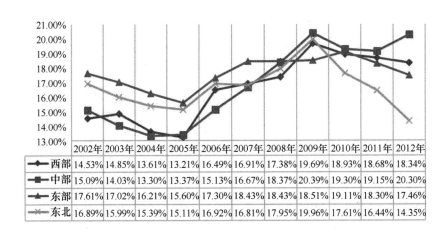

	2002年	2003年	2004年	2005年	2006年	2007年	2008年	2009年	2010年	2011年	2012年
西部	14.53%	14.85%	13.61%	13.21%	16.49%	16.91%	17.38%	19.69%	18.93%	18.68%	18.34%
中部	15.09%	14.03%	13.30%	13.37%	15.13%	16.67%	18.37%	20.39%	19.30%	19.15%	20.30%
东部	17.61%	17.02%	16.21%	15.60%	17.30%	18.43%	18.43%	18.51%	19.11%	18.30%	17.46%
东北	16.89%	15.99%	15.39%	15.11%	16.92%	16.81%	17.95%	19.96%	17.61%	16.44%	14.35%

图2—10 农村居民居住消费支出的历时性变化

数据来源：中华人民共和国国家统计局：分省年度数据"农村居民家庭平均每人全年消费支出"（https：//data. stats. gov. cn/easyquery. htm？cn = E0103）。

发展特征，东北农村居民的通信消费支出占比在2009年、2010年的数值较前几年（2005—2008）有所下降。总体看，四区域农村居民的通信消费支出占比存在一定差距，历时性变化中彼此差距有所变化（见图2—11）。

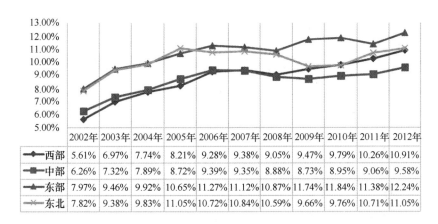

	2002年	2003年	2004年	2005年	2006年	2007年	2008年	2009年	2010年	2011年	2012年
西部	5.61%	6.97%	7.74%	8.21%	9.28%	9.38%	9.05%	9.47%	9.79%	10.26%	10.91%
中部	6.26%	7.32%	7.89%	8.72%	9.39%	9.35%	8.88%	8.73%	8.95%	9.06%	9.58%
东部	7.97%	9.46%	9.92%	10.65%	11.27%	11.12%	10.87%	11.74%	11.84%	11.38%	12.24%
东北	7.82%	9.38%	9.83%	11.05%	10.72%	10.84%	10.59%	9.66%	9.76%	10.71%	11.05%

图2—11　农村居民交通通信消费支出的历时性变化

数据来源：中华人民共和国国家统计局：分省年度数据"农村居民家庭平均每人全年消费支出"（https：//data. stats. gov. cn/easyquery. htm? cn = E0103）。

衣着消费方面，东北农村亦高于其他三区农村，与其他三区农村彼此的差异比较，东北农村与其他三区农村的差异较大。四区农村居民的衣着消费支出占比增加的同时，东北农村与东部农村在此方面的发展大体相似（见图2—12）。

四区域农村居民的文教娱乐消费支出占比发展呈下降趋势，在降至一定数值后平缓发展。相较其他区域农村此方面的变化，东北区域农村的发展呈波动之状。西部农村文教娱乐消费支出占比一直为四区域农村中最低（见图2—13）。

医疗保健消费支出方面，四区域中东北农村始终最高，其他三区农村彼此相近。其中，西部农村发展相对平缓，中部农村与东部农村有所波动，波动幅度不大，相较之下，东北农村此方面的发展波动特征明显（见图2—14）。

就家庭设备及用品的消费支出占总消费支出的比例的发展趋势看，东北农村始终为末，东部农村发展相对平缓，中部农村与西部

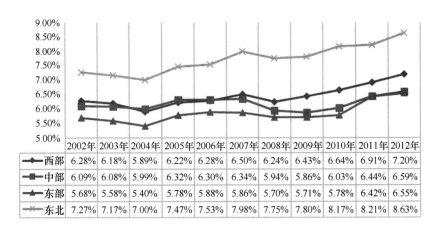

	2002年	2003年	2004年	2005年	2006年	2007年	2008年	2009年	2010年	2011年	2012年
西部	6.28%	6.18%	5.89%	6.22%	6.28%	6.50%	6.24%	6.43%	6.64%	6.91%	7.20%
中部	6.09%	6.08%	5.99%	6.32%	6.30%	6.34%	5.94%	5.86%	6.03%	6.44%	6.59%
东部	5.68%	5.58%	5.40%	5.78%	5.88%	5.86%	5.70%	5.71%	5.78%	6.42%	6.55%
东北	7.27%	7.17%	7.00%	7.47%	7.53%	7.98%	7.75%	7.80%	8.17%	8.21%	8.63%

图2—12　农村居民衣着消费支出的历时性变化

数据来源：中华人民共和国国家统计局：分省年度数据"农村居民家庭平均每人全年消费支出"（https：//data. stats. gov. cn/easyquery. htm? cn = E0103）。

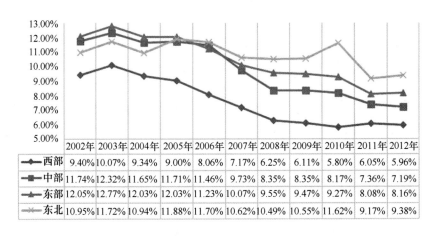

	2002年	2003年	2004年	2005年	2006年	2007年	2008年	2009年	2010年	2011年	2012年
西部	9.40%	10.07%	9.34%	9.00%	8.06%	7.17%	6.25%	6.11%	5.80%	6.05%	5.96%
中部	11.74%	12.32%	11.65%	11.71%	11.46%	9.73%	8.35%	8.35%	8.17%	7.36%	7.19%
东部	12.05%	12.77%	12.03%	12.03%	11.23%	10.07%	9.55%	9.47%	9.27%	8.08%	8.16%
东北	10.95%	11.72%	10.94%	11.88%	11.70%	10.62%	10.49%	10.55%	11.62%	9.17%	9.38%

图2—13　农村居民文教娱乐消费支出的历时性变化

数据来源：中华人民共和国国家统计局：分省年度数据"农村居民家庭平均每人全年消费支出"（https：//data. stats. gov. cn/easyquery. htm? cn = E0103）。

农村呈现增加发展，中部农村的增加发展之势要甚于西部。

总体而言，东北农村各项消费支出占比在四区域农村中排名靠前，并不意味着其消费发展就快于其他区域农村的消费发展。数据分析显示：东北农村消费发展快于中部农村，但整体上仍然滞缓于

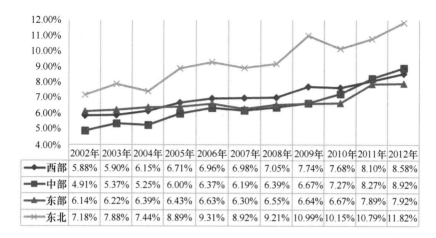

图 2—14　农村居民医疗保健消费支出的历时性变化

数据来源：中华人民共和国国家统计局：分省年度数据"农村居民家庭平均每人全年消费支出"（https：//data. stats. gov. cn/easyquery. htm？ cn = E0103）。

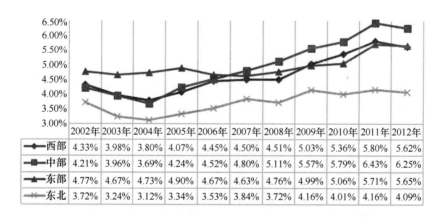

图 2—15　农村居民家庭设备及用品消费支出的历时性变化

数据来源：中华人民共和国国家统计局：分省年度数据"农村居民家庭平均每人全年消费支出"（https：//data. stats. gov. cn/easyquery. htm？ cn = E0103）。

东部农村（东部农村在各消费支出项目上的发展均相对平缓，东北农村波动特征明显）。这可能是因为，东部农村与东北农村受益于较好的经济基础，具备更好的消费发展平台。东北经济落后于东部农村，故在消费结构变化上，东北居民更注重饮食之外的消费。

二   东部农村为四区域农村的耐用品消费发展先驱

在农村已经普及的耐用品消费方面，四个区域农村的移动电话普及率由高到低依次是：西部农村、东部农村、中部农村、东北农村。其中，西部农村、东部农村与中部农村三区域之间的移动电话普及率存在一定差异（按先后顺序相邻两者比较，彼此的普及率差异不足10%），东北农村与其他三个区域农村在移动电话普及率方面的差异相对较大。四个区域农村的彩色电视机普及率从高到低依次是东部农村、中部农村、西部农村、东北农村。其中，东北农村与西部农村两个区域的普及率几近持平，二者与东部农村、西部农村的普及率存在一定差异（按先后顺序相邻两者比较，彼此普及率差异不足10%），东部农村的普及率高出其他三个区域较多。

洗衣机、电冰箱属家居耐用消费品，此方面，四区域农村的洗衣机普及率从高到低依次是东北农村、西部农村、东部农村、中部农村，四个区域之间的普及率存在一定差异（按先后顺序相邻两者比较，彼此普及率差异不足10%）。四区域的电冰箱普及率从高到低依次是：东部农村、东北农村、西部农村、中部农村。其中，东部农村与东北农村的普及率持平、二者与另外两个区域之间的普及率存在一定差异（相邻两者比较、普及率差异不足10%）。

代步工具消费方面，四区域的摩托车的普及率由高到低依次是西部农村、中部农村、东北农村、东部农村。其中，中部农村与东北农村两个区域的普及率几近持平（相差0.57%），二者与另外两个区域的普及率之间存在一定差异（不足10%）。四区域的电动助力车的普及率由高到低依次是东部农村、中部农村、西部农村、东北农村。其中，东部农村电动助力车的普及率远高于其他三个区域，中部农村电动助力车的普及率高出西部农村与东部农村的电动助力车的普及率在27%以上，西部农村与东北农村二者之间的差异虽然不如与其他两个区域的差异明显，但是也存在一定差异（不足10%）。四区域家用汽车的普及率从高到低依次是东部农村、西部农村、东北农村、中部农村，其中，东部农村的家用汽车普及率高出其他区域农村的家用汽车普及率相对较多，西部农村、东北农村与中部农村汽车普及率存在一定差异。

综合看电动助力车与摩托车在四个区域的普及率，对于东北农村和西部农村居民而言，二者似为两区域农村居民的代步工具的消费偏好选择，如西部农村的摩托车的普及率高达72.78%，与此同时其电动助力车的普及率不足为29.5%；再如东北农村摩托车的普及率为63.10%，其电动车的普及率为23.23%，两个区域两类代步工具普及率之和近乎100%。就此看，在农村代步工具的普及率方面，东部农村高出中部农村，同时高出东北农村与西部农村。

其他在城市中高普及、农村中低普及的家居耐用品方面，四区域的排油烟机的普及率从高到低依次是东部农村、中部农村、东北农村、西北农村。其中，东部农村的普及率高出其他三个区域的普及率较多，其他三个区域的普及率虽有差异，但差异不明显。四区域的计算机与照相机的普及率从高到低依次是东部农村、东北农村、中部农村、西部农村，其中，照相机的普及率四个区域均较低。照相机一定程度上是文化品味的展示、需要具备一定的专业技能，照相机于农村居民的实用功能不强，且农村居民简单的拍照需求可由手机实现，就此看，各区域农村照相机的普及率普遍不高倒可理解。不过，即使如此，东部农村照相机的普及率也高出其他三个区域农村照相机普及率许多。区域之间的计算机的普及率差异，东部农村高出其他三个区域较多，另外三个区域存在一定差异。微波炉、空调、热水器在四个区域的普及率从高到低依次是东部农村、中部农村、西部农村、东北农村。其中，东北区域在上述三类耐用消费品的普及方面无一例外为最低，且空调的普及率只有

1.60%。这可以从气候方面做出解释，东北一年四季多微寒、寒冷的气候限制该区域农村居民的空调与热水器的使用；东北农村地区独特的取暖方式（火炕）也证明空调与热水器的普及率之低亦有农村居民对两类耐用品在寒冷气候下的实用功能的考虑。

	移动电话(部)	彩色电视机(台)	洗衣机(台)	电冰箱(台)	摩托车(辆)	电动助力车(辆)	家用汽车(辆)	空调(台)	热水器(台)	排油烟机(台)	微波炉(台)	计算机(台)	照相机(台)
东部农村	239.75	135.17	82.80	94.13	55.73	86.73	25.58	89.85	81.67	38.39	35.91	42.71	7.16
东北农村	221.07	108.77	89.03	94.13	63.10	23.23	15.73	1.60	12.53	12.20	7.97	31.27	2.97
中部农村	234.82	118.00	76.67	87.38	63.67	56.83	12.85	49.55	56.58	13.95	10.05	25.12	2.35
西部农村	249.08	108.95	85.41	83.08	72.78	29.50	16.94	12.01	42.42	9.23	8.49	16.11	2.01

图2—16 2016年农村居民年底耐用品消费拥有量分区域比较

数据来源：中华人民共和国国家统计局：《中国统计年鉴2017》，表6—34分地区农村居民平均每百户年末主要耐用消费品拥有量（2016年）（http：//www.stats.gov.cn/tjsj/ndsj/2017/indexch.htm）。

综合看四区域农村的普及程度不高的耐用品，无一例外东部农村为四区域耐用品消费发展的先驱，除去气候原因外，东北农村与中部农村在各耐用消费品普及方面高出西部农村。

小结

笔者从农村居民的消费水平、消费支出结构和耐用品消费拥有量三个方面，以国家统计局的统计数据为据，呈现中国农村整体和区域农村的现代消费发展程度。

　　结果显示，城乡之间的消费发展存在一定差距，东部农村的消费发展要快于其他三个区域农村的消费发展。与城市居民消费水平发展趋势相较，农村居民消费水平呈缓步增加发展趋势。分区域看，东部区域农村居民消费水平高于其他三个区域农村居民消费水平。且，农村消费水平与城乡消费差距呈现负相关关系，东部区域城乡居民的消费差距要小于其他区域城乡居民的消费差距。

　　农村居民的消费支出结构已经从基本生存的饮食消费转向其他层面消费，但是饮食消费仍被农村居民看重。与城市居民相较，居住消费为农村居民所看重。农村居民的食品消费支出虽然整体呈现下降发展，但其间一直处于小幅度波动的发展状态。各项消费支出中，饮食与居住消费之外，交通通信消费支出占比为大。分区域看，除居住消费和生活用品及服务消费外，东北区域的发展要快于东部区域，但是东北农村呈波动发展，与之相较，东部农村发展更为平缓。

　　与城市相比，农村耐用消费品发展滞后。彩色电视机、移动电话、摩托车、电动助力车为农村居民日常生活的重要构成；东部农村为中国农村奢侈性耐用品发展先驱，气候因素影响农村居民的耐用品消费。

　　上述数据表明，中国农村居民解决温饱，在提升生存消费质量提升、满足享受消费需要方面已做出消费尝试。在以消费表达自我具有可能性的前提下，中国农村居民的自我消费表达如何呢？下一部分，我们将呈现与中国农村居民有着相似社会文化位置（边缘位置）的青年群体的自我表达。

第 三 章

农村消费参照:城市青年消费文化

德国古典社会学家西美尔（Simmel）认为，消费时尚首先由上层社会创立，其次被附庸风雅的中产阶级附和，最后再传达到社会底层人士。[①] 他的这种理论被称为消费文化发展的方向论（Direction）。有人批评方向论者忽视了时尚接受者的主动性，认为，时尚是社会互动的产物，上层社会的产物未必就能成为下层社会效仿的对象，这要看接受者对该事物的认同态度。意即，只有正面的积极向上的时尚信息易于为模仿者接受并传播。然而，事实上并不总是民众向精英看齐的过程。

第一节　分享互动：青年群体的微信晒食

"上菜后手机先吃""每次晒满九张图"，这些戏语道出青年群体的晒食行为的某些特征。网络大众以"炫食族"界说青年群体的晒食行为，炫食族是指"随着社交网络普及发展起来的新族群，泛指有饭前拍照习惯的年轻人"。[②] 从青年晒食者以饮食图片刷爆朋友

---

① ［德］西美尔：《时尚心理的社会学研究》，载刘小枫编《金钱、性别、现代社会风格》，顾仁明译，学林出版2000年版，第100页。

② 360百科：《炫食族》（http：//baike.so.com/doc/7021483－7244386.html）。

圈,到特拉维夫的 Gatit 餐厅推出插槽餐盘方便食客拍照。① 从他者的"瘾"与"刷存在感"的评述,到青年晒食者自身的"我是吃货我乐意""唯美食不可负"的回应,青年群体的晒食行为的社会角色与经济文化影响已不可忽视。本节讨论青年群体晒食的行为逻辑。

一 青年群体的晒食研究综述

就我们搜集到的国内文献来看,青年群体的微信晒食的分析有两大类。国内为数不多的、关于晒食的学术类研究主要限于新闻传播学内,这些研究融晒食分析于晒图分析中,将晒食、晒图理解为个体塑造自我形象的策略。② 这类研究提出晒食作为个体自我呈现方式的分析思路,强调个体建构理想自我形象的目的性。非学术类期刊的晒食分析中,诸如网页新闻、报纸常见"晒食族"的字眼,其中多见"心理医生建议""专家建议"等字样,这些解读视晒食为需要晒食者加以控制的心理疾病:瘾或强迫症,进一步将晒食理解为现代人的压力表征。③

既有研究将晒食理解为个体的自我呈现方式,但于下述三个问题并未予以回应。首先,晒食行为早在人们的视野中显露痕迹,但人们对其的关注却是在微信晒食出现之后。如果晒食作为个体的自我呈现方式,那为何时下才凸显其特征?其次,诸如对晒自拍照的"自恋"评述,抑或"晒幸福死得快"的话语评说,与之相比,人

---

① 张慧:《晒食:食物好吃吗?照片说了算!》(http://qnck.cyol.com/html/2015-05/20/nw. D110000qnck_20150520_1-25. htm)。

② 张珍珠:《基于微信熟人关系圈的自我呈现探析》,硕士学位论文,暨南大学,2015 年。童慧:《微信的自我呈现与人际传播》,《重庆社会科学》2014 年第 1 期。凌彬:《微信相册自我呈现的文化研究》,硕士学位论文,上海交通大学,2014 年。

③ 赵歆:《四成网友为炫食族 专家称逢吃必拍是自恋强迫症》(http://news. xinhua-net. com/food/2013-07/22/c_ 125044864. htm)。

们对晒食的态度要温和得多，为何其中存在这样的差异？再次，"晒食族"的称谓表征着青年群体的行为特征，着重强调的是对社交工具的运用。微信的出现意味着社交方式的创新，青年群体往往是新事物的易受者。这是否意味着微信晒食仅是青年群体的求新行为？微信较之于其他社交工具的优势在于即时性与隐私性，这其中似暗含着社会互动的作用。基于这样的考虑，我们从社会互动的角度出发来解读青年群体的微信晒食。

二　研究设计

本节文字以滚雪球的抽样方式，选择年龄在 19—30 岁之间的 11 位青年晒食者做深度访谈。研究方法的选择与问题设计出于以下考虑：日常生活中微信晒食者具有非外显性，滚雪球抽样方法易于寻找微信晒食者，深度访谈可以获得丰富的晒食信息。

时下关于晒食者的各种解读，诸如"瘾""刷存在感""强迫症"似折射人际关系出现危机与晒食者对技术工具的依赖。故探索晒食者的晒食动机与晒食体验，以获得晒食者在晒食过程中所内含的对人际关系的理解、对晒食工具（如美图软件、微信等各种网络社交平台）的理解等。访谈过程中询问受访者为何晒食、如何晒食、晒什么、晒食情境以及晒食体验五个方面的问题。

三　青年群体微信晒食的行为特征

（一）分享型的生活记录

微信晒食青年乐于以"吃货""唯美食不可负""美食传道士"等界说自己的晒食行为与喜欢吃的偏好。他们认为微信晒食是一种生活记录，可以记录饮食时的心情。他们也会定期地翻看之前晒过的食图，回顾当时的感觉。如有受访者表示："（问：为什么喜欢晒图？）可能对我来说，这个只是我生活记录的一部分而已。（问：你刚刚提到生活记录,那你会翻回去看吗?是心情不好的时候,还是?)会啊。我有的时候,也不一定心情不好啦,就对这种东西,我可能会从头翻到尾,翻到我第一张,有一些我现在觉得可以不留的我就会删掉,但是大部分也会留下来,就看一下嘛。我有这种习惯,包括以前,我们经常在用微博的时候,就是回顾一下之前的自己那种感觉。"(C-21-20160518)①

在记录生活方面,微信晒食具有与传统纸质日记相似的功能,但又与传统日记的隐私性不同:微信晒食具有分享性。微信晒食青年往往有意无意地希望将记录下来的心情,与饮食相关的信息传递给他人。笔者所访谈到的微信晒食青年的分享动机主要有两种。其一,借助微信晒食传递自身特点与自身所代表的群体形象,如有受访者希望借助微信晒食传递自身的特点:"表达我是一个爱吃的人。我是一个爱吃、会吃的人。我是一个爱吃、会吃并且会做的人。"有受访者致力于传递生活态度:"我发的目的:一是分享我的生活,不在意别人是否 care;二是从生活中给别人传达一些我的态度;三是会有跟风或者要我帮她们买东西,那是信任程度上的相互帮助。我也会信任别人,帮忙带一些他们领域内比较靠谱的东西。"(Q-29-20160527)其二,借助微信晒食分享品尝过的美食以及与美食相关的信息,如有受访者表示:"其他的东西可能只是一种,比如说我对于某一种事情的态度,可能就是,情感或是意见上的分享,但是食物因为它是具体的嘛,那如果你真的去到这家店,那你就真的可以吃到这种食物。"(C-21-20160518)也有受访者提到:"那其中一大目的就是为了给大家看一看当地的吃的是什么才能介绍到当地的特色嘛。……是觉得如果以后有人可能会去,或者是已经去

---

① 访谈记录的编码说明:按顺序依次指代受访者的姓氏、受访者的年龄、访谈日期。下同。

过的人有可能跟我有这种共鸣嘛，然后之后会去的人我觉得他也可以参考一下，因为我觉得好吃的要推荐给大家，大家知道，就是分享出来才有意思嘛。"（W-24-20160427）

于微信晒食青年而言，微信晒食是一种分享型的生活记录，记录的是他们的心情、需求与分享的偏好。但这种分享与记录，并非简单地在晒图、刷屏，而是在晒食程序与内容等方面遵循着一定的标准，微信晒食传递的是晒食青年的审美准则与生活态度。

（二）复杂的晒食过程

微信晒食青年享受晒食过程。有些晒食青年享受晒食过程中的拼图乐趣，但他们并不迷恋技术；有些晒食青年喜欢借助晒食传递正面、阳光的心情与形象，他们认为不开心时晒图太过矫情。他们也并不严格遵照"饭前拍、饭中吃、饭后发"的标准化程序，而是会依据饮食情境、食物构成、食物色泽与口感决定晒图与否。

首先，饮食情境会影响晒食。受访者普遍表示：会发私人场合的饮食图片，但诸如师门聚会或有领导在场的场合，这样的饮食图片则不会发到朋友圈。也有受访者表示不会发日常生活中较为平常的饮食图片，但如果这些平常的饮食中有特别之处则会发图。如有受访者提到："食堂吃的有什么可拍的，大学这么多人，我的天哪，大家都在吃，有什么好拍的啊。除非是，但有种例外，食堂当年出了冰皮月饼，就是非常高大上的，就是一般那种西点店啊，竟然一个小食堂出了，我当时就拍了发了呀，就是跟大家说，我们食堂也是非常高大上的，并不是你们以为的那种日常三餐，还有我们的冰皮月饼。"（W-24-20160427）

其次，食图的内容、食物的观感与口味影响晒食者的拍图与发图。如有受访者表示"自己做出来的会比较想发，但需要做得好看或者好玩，还要刚好照得好（问：好玩是指什么？）就是带点创意的，不是正常的家常菜，比方说我折腾出来的汤圆。"（G-24-

20160524）也有受访者提到"我会定店的位置嘛。所以如果想发的话，就是在店里面吃完，或者吃的过程当中发。就是说，有一些我可能觉得，就是首先拍，要选择会拍的时候，就是它卖相还比较好。而且前期我也可能知道它评价比较好，就很大程度上它会好吃，然后我在试过之后，它的确好吃。那在这种情况下我可能就会分享。"（G-21-20160518）

如上所述，微信晒食是青年群体的分享型的生活记录，是晒食青年在晒食过程中的选择性行为。这证实已有的研究结论：晒食是青年群体的自我呈现。但是，晒食作为自我呈现的方式在微信之外的其他社交平台上也曾出现，为何青年群体微信晒食引致人们的普遍关注？微信作为一种社交工具的技术特征，加之青年群体往往是技术求新的先导，这似乎折射出技术变迁对青年群体微信晒食的影响，即微信晒食可能只是青年群体的技术求新。

访谈过程中，也确有晒食者讲述自己对新技术、美食方面尝新的行为偏好。但亦如上所述，微信晒食也传递出晒食青年的饮食偏好、生活态度与审美准则等私人信息，这预示着未来社会互动的可能，即点赞、交流厨艺或饮食信息。因此，我们从社会互动角度出发，在技术变迁的影响之外，探索青年群体的微信晒食行为的社会文化规则。笔者发现：微信晒食是青年群体应对时代变迁所建构的一种新型的互动方式。

四　时空分延背景下的分享型互动

时空分延的社会背景影响着流动个体间的社会互动，一方面，既有互动情境中所结成的社会关系（诸如亲密关系）可能因为时空距离而变得疏远，又有原来情感牵绊较弱的非亲密关系也因时空距离面临中断的可能；另一方面，当个体不断嵌入到新的互动情境中时，个体之间建立新的情感纽带则有赖于时间、信任、关系性质等因素。① 上述两方面使得身处现代社会中的个体面临着矛盾的互动情境：一方面，个体有满足社会交往的基本需要；但另一方面，个体又希望在因时空限制而缺少亲密关系、缺少信任关系的社会互动中保持日常生活的私密性。这种矛盾性的互动需要同样也体现在青年群体的日常生活中。也正是于此，微信晒食作为一种新型的互动方式，提供给青年群体满足互动需要以可能。较之于 QQ 空间、微博、人人网等社交网络平台，微信以即时性和相对私人性的特质契合青年群体的社会互动需要，食物以其自身的可述说性构成青年群体互动的媒介。继而，青年群体以微信晒食建构出一种新的互动方式：分享型互动。

（一）人际关系的维系与巩固

微信晒食可以帮助晒食青年突破传统在场互动的时空限制，实现符号的同时在场。借助食图及食图所内含的饮食信息、晒食青年的个性化信息，晒食青年可以和微信朋友进行虚拟与现实的互动，维系与巩固因时空距离而面临疏远或可能中断的人际关系。如有受访者表示："就是你长时间不更新了，你就会从这个圈子中淡化，你要加紧这种社会联系啊，就你不发你的动态，别人都不知道你在干嘛。就很多人沟通是从朋友圈开始的，我们不会莫名地去问一个朋友，唉，你最近怎么样？但是如果这个朋友发他的朋友圈，我们可能就在线上回复，哎，你最近怎么样、忙什么呢。这也算是一种增进沟通的方式吧。"（W－24－20160427）

除借助微信晒食证明存在痕迹、告知朋友生活近况外，微信晒食也为那些不善表达的青年提供融入朋友圈的途径。有受访者表示："就是平时很少和朋友来往，偶尔发发朋友圈觉得

---

① ［英］安东尼·吉登斯：《现代性的后果》，田禾译，译林出版社 1998 年版，第 15—18 页。

能促进一下和朋友的交流，至少有些人会搭几句话，但最近没有什么好发的，刚好有做饭，就发了这些。或者说这算是我想通过朋友圈展现给别人关于我的一些特点，因为平时我也不太善于交际，所以希望能通过这个让别人多了解我一些。朋友圈这种交流方式确实让我和很多不怎么来往的同学朋友保持了交流联系"。（G－24－20160524）

正是基于这样一种互动的可能与预期，晒食青年在晒食过程中会预设他人存在，赋予自己的晒食以分享的意涵。"我觉得，有分享的感觉在里面。我会想说，因为我朋友圈也有一些很爱吃的嘛，而且他们有时也会问我，怎么样啊，在下边评论，跟我确定一下到底好不好吃啊，这样子。所以，还是比较希望能够分享给他们美食。"（C－21－20160518）

（二）关系性质的界定

微信晒食除了可以维系与巩固人际关系之外，晒食青年也通过微信晒食界定人际关系的性质。笔者所访谈到的青年晒食者均明确地区分出微信晒食与微博、QQ空间晒食的差异，限定微信晒食于私人领域内。如有受访者表示，其微信朋友圈内"或者是很熟悉的朋友，至少见过一面"。（L－24－20160525）也有受访者指出："我只在微信发，微博不会发。因为微博现在很少用，因为感觉公共性比较强吧，然后可能会像是关注一些明星，或者新闻，或者一些热点事件，微博现在对于我来说主要是这个功能。那在私人朋友圈里分享的话，还是主要是用微信了。"（C－21－20160518）

如上所述，微信晒食框定了晒食者的互动范围，界定微信晒食的私人性质。不止于此，晒食青年在框定的互动范围内也进行着人际关系的细致定性。如有受访者表示："我的朋友圈都比较是私人生活记录吧，不过饮食这些不觉得是隐私的事，对于较为隐私的东西我一般不会发。"（C－21－20160518）也有受访者表示："因为现在有很多时候，虽然说现在加的朋友挺多的，但是有些只是工作关系的，我可能会设分组，会分工作类的，朋友啊，大多的时候是想屏蔽老师（笑）。如果是饮食方面，我会屏蔽老师，因为觉得，就是不太想打扰老师啊。"（L - 24 - 20160525）

上述访谈记录在表明微信晒食可以界定互动关系性质的同时，也折射出这样两个事实：其一，微信朋友圈的互动关系的复杂性，即在非陌生人的互动范围内，存在着同事关系、师生关系、同学关系（如同门）、闺蜜、室友关系等正式与非正式、私人与非私人、熟悉或非熟悉等性质的复杂关系；其二，微信晒食具有相对私人性，即微信晒食是在相对私人的互动范围内表达非隐私性信息的方式。

（三）食物的可述说性与分享型互动的建构

微信晒食的相对私人性取决于青年群体对微信晒食的性质界定，也取决于食物本身的特性。微信朋友圈虽然在一定程度上缩小了可能的互动范围，保有一定程度的隐私性，但仍内含各种非亲密关系的存在。食物的可述说性，可以在这样一种相对私人的互动空间内，满足青年群体的矛盾性的互动需要。

食物的这种可述说性首先体现在：食物是日常生活之所需，可以构成各种关系性质的微信朋友所共同关注、讨论的兴趣话题。如有受访者表示会屏蔽一些微商广告或者经常发自拍图的非熟人，但是对微信朋友发的食图会有所保留，无聊时也会翻看这些食图。也有受访者认为食物、晒食可以表达彼此之间相似的特性，建构未来互动的可能。"（问：你觉得晒食对于人际关系会有影响吗？）肯定会有啊，就是我们都 share 了同样的东西，就证明了我们的品味，或者说我们的口感，对于食物的选择是有相似性的嘛，我们就有共同的聊天话题了，然后就有可能以后约着一起去这家店之类的。"（W - 24 - 20160427）

　　食物的可述说性也体现在：食物可以作为微信朋友彼此的互动载体，帮助青年晒食者跨越互动关系的边界。诸如自拍照、化妆品、服装、心情记录等展示个体生活状态或生活品味这样私人信息的晒图与生活记录，食物的普遍性以及对隐私性的弱化可以使晒食者在互动过程中不必担心私人信息泄露。就食物而言，虽然食图所内含的信息，一定程度上会构成晒食者生活品味、生活方式的展板，展示出晒食者的私人性特征，但一方面，各种关系性质的微信朋友彼此互动时又需要有一定私人展示，以作为彼此的沟通与信任的基础；另一方面，在晒食者借助食色等专业的晒食软件拼食图与配标签，通过口味与观感等晒食标准的过滤后，晒食所展示出的私人信息一定程度上被弱化。借助晒食工具形成独特的晒食风格，一定程度上展现出晒食者的审美品味，但晒食工具的辅助在一定程度上也弱化了这种审美风格，如上述受访者清楚地意识到某些看起来诱人的食图是出自晒食者的拍图技术。

　　正是基于食物的这种可述说性，青年群体可以在相对私人的互动范围内，面对复杂的人际关系，借助微信晒食满足矛盾性的互动需要。一方面基于食物的日常生活所需性、拍照技术等弱化私人信息；另一方面以晒食适度展示自身的私人性特征，提供给他人以可信赖感，如经常晒食可能意味着该晒食者对饮食抱有兴趣，分享自身的信息给他人，建构以食物为载体的分享互动的可能。

五　结论与讨论

　　我们从社会互动角度解读青年群体的微信晒食行为，发现微信晒食是青年群体应对现代社会变迁所建构出的分享型的互动方式。时空分延的社会背景中生活的青年群体，一方面面临着因外出求学、工作而致的人际关系中断的可能，以及嵌入到新的互动环境中的信任与隐私方面的难题；另一方面，秉有社会属性的青年群体有着社会互动的基本需要。作为新事物的易受者，青年群体以微信社交工具为平台，以食物为载体，建构出一种分享型的互动方式。主要体现如下。其一，青年微信晒食者喜欢吃，他们乐于记录心情与饮食相关的信息并分享给微信朋友。这种记录与分享并非简单地刷屏，而是在微信晒食过程中传递着青年晒食者的生活态度、审美准则等私人信息。其二，微信晒食作为传递晒食青年私人信息的分享型生活记录，帮助晒食青年突破传统在场互动的人数与时空限制、维系与巩固已有人际关系的同时，帮助他们框定互动范围与细分人际关系，构成社会互动的媒介。其三，喜欢吃是青年群体微信晒食的前提，他们以"吃货""唯美食不可负""美食传道士"等界说自己对饮食的偏好与微信晒食行为。这样一种分享型的生活记录传递给微信朋友以晒食者私人性信息、建构互动的信任基础的同时，也因食物的可述说性与美图等技术工具的存在保留隐私性，满足现代社会中人们的矛盾性的互动需求。

基于青年群体微信晒食的事例，我们认为，经典社会学理论对现代社会时尚现象的解释（方向论）缺乏有效性。现代社会异质性程度高，文化多元。标准的确立，不再是官方或上流社会或某一种意识形态所能左右。特别是当下社会对时尚的定义与把握，出现了完全市场化的态势。在这个市场里，畅销的产品不必然是昂贵的、华美的或是高尚的、体面的，意即，能够吸引民众注意力的不必然是官方或上流社会认可者。因之，时尚所经由的路径未必就是自上而下。如布鲁默（Blumer）在有关时尚的社会学研究中发现，巴黎的时装设计师们正是从寻常百姓的生活那里获得设计的灵感。

不过，即使如此，我们也认为，商品化浪潮下，生活阅历有限的青年群体并非被市场操纵的呆瓜，他们的文化消费中有着主体思考。接下来两节我们讨论青少年的粉丝投入。

第二节 偶像、归属感与粉丝经济①

一 问题的提出

大众文化衍生的"粉丝经济"愈演愈烈,相关的文化研究也日益成为显学。受到传统大众文化的结构主义研究进路的影响,多数研究认为粉丝经济系商人利用粉丝对偶像的崇拜心理,引导或控制粉丝的非理性消费行为。在相关研究中,偶像的形象往往被视为大众文化媒介所生产、塑造出来的符号。笔者认为,粉丝在偶像身上的自我投射更能代表粉丝群体在消费过程中所追求的符号意义。若将文化工业视作消费文化产生的前提,技术性的文化生产在法兰克福学派学者眼中成为一种霸权,那么消费社会中的消费者面对文化产业便会处于弱势,文化的统一性和标准化剥夺消费者选择的权利。在目前的大环境下,文娱产业的这种可操作性导致人们常常忽略偶像崇拜的多元化,将受人追捧的偶像形象当作是文化工业生产出来的市场化、商品化的产品,粉丝在追星过程中的消费行为便会或多或少受到影响,但其自主性、选择权的归属究竟该如何界定,依然值得进一步探讨。本书更多地站在粉丝的角度,从社会归属感的角度解读这类消费行为。

有人将粉丝经济看作"是基于粉丝参与的品牌社群,在其信任关系之上的社会资本平台和商业经营行为"。② 张嫱在《粉丝力量大》一书中对"粉丝经济"做出的定义则是:"粉丝经济是以情绪资本为核心,以粉丝社区为营销手段的增值情绪资本。粉丝经济以消费者为主角,由消费者主导营销手段,从消费者的情感出发,企

---

① 本节文字由徐欣、李洪君共同完成,征得徐欣同意,录于此。
② 叶开:《粉丝经济》,中国华侨出版社 2014 年版,第 7 页。

业借力使力，达到为品牌与偶像增值情绪资本的目的。"① 在粉丝经济的相关研究中，这两种定义引用频率较高，无论是侧重于分析粉丝经济操作方法的研究，还是探析粉丝经济成因、影响的研究，都以利用粉丝的"信任""情感"为主要视角。关于粉丝消费行为，在其文化意义层面的相关研究中，围绕偶像衍生的产品被视作代表着粉丝品味、生活方式的符号，这种消费行为也由经济行为进而演变为被符号化了的文化行为。② 此外，杨玲认为，"就文化领域而言，粉丝经济崛起的根本意义在于打破中心化的权力结构，重新分配生产、流通和消费环节中的权力和责任，为消费者赋权"。③

偶像崇拜由道德崇拜到自由崇拜再到价值崇拜，由崇拜传统的道德楷模转变为明星崇拜，这是偶像多元化带来的结果。偶像崇拜是由于大众心理需求而产生的，对于偶像的社会认同和情感依赖实际上都是内心的投射和放大，无论是投射、补偿还是认同，本质上都是自我的现实化和理想化。④ 关于偶像崇拜的变迁研究，大多数落脚点都在关注偶像崇拜商品化上，这既是我国转型时期价值观念发生的变化，又是大众文化媒介推动的结果。在大多数相关研究中，依托于大众传媒的文化工业及其产物时常遭受延续传统大众文化研究者的反对，对于文化工业产物的界定却往往停留在早期研究者的判断上，这方面还存在进一步讨论的空间。

二 偶像形象何以产生：情感寄托

文化工业的统一性和商品化可以消解艺术品以及个体的个性化特征。诸多研究将偶像明星视作文化工业的产物，视为具有强制性

---

① 张嫱：《粉丝力量大》，中国人民大学出版社 2008 年版，第 19 页。
② 马竹音：《粉丝消费行为的社会学分析》，硕士学位论文，吉林大学，2009 年。
③ 杨玲：《粉丝经济的三重面相》，《中国青年研究》2015 年第 11 期，第 15 页。
④ 秦攀博：《大众偶像崇拜中的社会心理及其疏导》，《理论研究》2016 年第 2 期。

和控制性的文化工具。诚然,偶像形象的塑造离不开大众文化媒介,也逐渐形成固定模式,但以微观的视角观察不难发现,文化娱乐产业的发展方向与大众审美相互制约,并非单向度的影响,更谈不上控制。偶像形象的形成也同样并非单纯受到文娱产业的刻意引导,作为追星主体的粉丝对于偶像的期许、幻想才是他们所追求喜爱的偶像形象。本书选取参与观察法和访谈法,从粉丝个体的角度出发,探究何种形象在粉丝眼里才足以成为偶像。

1. 因相似的性格特征、经历、爱好等共同点而产生的偶像崇拜。科比的粉丝 Monsieur Zhang 将科比奉为全联盟带伤打球的典范,认为科比好胜心十足。Monsieur Zhang "从小被教育的就是要当第一才光荣",是好胜心较强的人。相同的性格特质以及孜孜不倦追求的态度使得他在众多 NBA 球星中选择科比当作自己的偶像。Comptine 曾经因黄雅莉性格开朗而成为粉丝,又因身边开朗的朋友多,将开朗的黄雅莉和自己身边开朗的朋友们作类比,将其代入"朋友"的身份并心生喜爱。网友"西伯利亚的冰箱"因与长相清秀的鹿晗同样遭受过人身攻击,又发现两人共同爱好足球,因而产生与其相似的感觉,并因此成为粉丝。[1]

2. 受到自身所缺少的特质的吸引,进而演变为对拥有这种形象特质的偶像的崇拜。Hanabusa 年少时喜欢比较叛逆的动漫角色,这种她本人不具备的性格特质使其心生向往。DQicon 追星时,偶像身上一些周围人身上看不到的特质,会成为她被吸引的原因;对"咖啡不拖兔"来说追星这件事本身就是未曾接触过的,因而在追星过程中的经历都是其本身未曾拥有的,喜欢的偶像跳舞很好也使不善舞蹈的她产生崇拜的心理。这种因为向往自己本身没有的特质

---

① 个案材料来源于对虎扑论坛网友"Monsieur Zhang"、豆瓣论坛网友"Comptine"、"西伯利亚的冰箱"三人的访谈。

而追星的行为出于补偿心理发生，偶像能给粉丝带来一种替代性满足，粉丝将对自己本身的认可投射于偶像，将对自己的期待寄托于偶像。①

3. 出于逆反心理而发生的追星行为。大众对于打破规则心怀渴望，对于具有反叛精神的人物形象产生崇拜也较为常见。M 路 M 对于网民的跟风行为不满，认为因为喜欢某位明星就被无条件冠以"脑残粉"的称号不合理，进而出于争辩的心态加入追星的行列，反对大多数人的看法是她追星的缘由。Hanabusa 接触到性格叛逆的动漫角色后，因为年少时期的逆反心理对于这类具有叛逆精神的形象产生崇拜。②

4. 出于对偶像所具有的优越特点的仰慕，比如长相、才华、能力等。"梅梅姐 May"认为"演员就要演戏好，歌手就要唱歌好"，容易被演员的演技所吸引，较为看重明星完成本职工作的能力，能够理解并接受明星身上的包装痕迹，认为根据自己喜好选择的偶像会比较容易得到她的欣赏。"呦悠优"对于明星优越的外表感兴趣，长相符合其审美的明星更能吸引她的注意力，即使是在人数众多的组合中也是如此，进而成为粉丝。③

很多人因为日常生活中缺乏情感寄托而将热情倾注于追星，心理满足的缺失使得他们容易被某种自身向往或熟悉的形象所吸引，又因为偶像明星过人的优势而产生崇拜。偶像身上的某种特质是吸引粉丝的关键，粉丝对于偶像的崇拜和喜爱实际上是依托于偶像所代表的形象，偶像本身作为这种形象的载体，所代表的符号意义远远大于其本身的意义。正因为如此，被塑造出来的偶像形象尽力迎

---

① 个案材料来源于对天涯社区网友"Hanabusa"、新浪微博网友"DQicon"、"咖啡不拖兔"三人的访谈。

② 个案材料来源于对新浪微博网友"M 路 M"、天涯社区网友"Hanabusa"两人的访谈。

③ 个案材料来源于对新浪微博网友"梅梅姐 May"、天涯社区网友"呦悠优"两人的访谈。

合大众的需求，却无法控制大众对这些种种形象的选择，正如赵倩所说，"粉丝之所以成为粉丝，是因为自身具有辨识力与生产力。粉丝自身很清楚自己的喜好，并且能够在自己喜爱与厌恶的人或物之间划出清晰的界限。比如，Lady Gaga 的粉丝 Monster（粉丝对自己的称呼）很清楚，值得他们着迷的必须以奔放的曲风和前卫的衣着为主，并且能够以女权主义者的身份向男性社会不断反击"。[①] 近年来明星们热衷于"卖人设"的营销方式也表明，粉丝们崇拜的偶像形象不在于偶像本身，偶像展现在大众面前的形象比其真实的一面更招人喜爱，因而可以说是粉丝的喜恶决定偶像形象应该是什么样。

三　粉丝主导的消费行为：粉丝经济

在粉丝经济盛行的今天，文化娱乐行业内的投资方、厂商对于商品化的追星行为乐见其成，并针对粉丝特有的心态打造出一系列周边产品的产业链。正是这样的现状，让相关研究对于粉丝群体的自主选择权持悲观态度。即便如此，许多研究是站在粉丝的立场对其消费偏好进行分析，并以此为基础提出相关产业运营策略，主张投其所好地运用粉丝经济，向着满足粉丝需求的方向发展。这样看来，粉丝反而成为消费中的主导者。通过访谈调查，可以清楚地了解到粉丝在追星过程中的经济投入，那么粉丝的这种消费行为究竟反映出怎样的心态，下面试图给出答案。

（一）以个人实际需求、经济状况为主导，兼顾偶像崇拜

对于个人生活中需求较大的快销品，"梅梅姐 May"会在有需求的基础上首选偶像代言的产品，并可能会因偶像的代言而对以往不关注的产品产生兴趣，但不会盲目购买自己完全不需要的物品。

---

① 赵倩：《近十年中国粉丝文化研究》，硕士学位论文，新疆大学，2012 年，第 2 页。

对于"咖啡不拖兔"来说，能用到的化妆品会选择偶像代言的品牌，用不到的偶尔也会买来当作礼物，但总体以自己的需求和习惯为主，用不惯的洗发产品不会因偶像代言而购买。"暂时的不死马"因为学生身份在追星的经济投入上较为理智，偶像代言的日常用品在她会选择购买的范围内，她将自己的需求和经济承受能力当作消费的首要标准。[①] 这里很容易看到粉丝们的理性所在。大部分粉丝在为明星消费时首先出于对实际的个人需求以及经济状况的考量，其次才会受到明星效应的影响。这类消费通常不会过量，将实用主义的考量放在首位，以追求产品的使用价值为主，在此基础上兼顾产品的符号价值。

（二）基于支持和喜爱偶像的情感需求

DQicon 希望自己购买的偶像周边产品或代言产品能够帮助偶像提升商业口碑，进而在事业上有所发展，也怀抱着让偶像增加经济收益的想法，但对于超出自己消费能力的、用不到的产品依然不会选择购买。"西伯利亚的冰箱"认为大数据时代偶像的网络数据十分重要，因此会为偶像刷数据甚至是买数据，认为这种消费能够展现偶像的人气和商业价值，是对偶像实实在在的帮助。Hanabusa 直言追星时花钱才能让明星赚到钱，对于有机会和偶像接触的消费行为十分热衷，认为和偶像的近距离接触能够得到心理满足，即使知道自己喜欢的明星也有让自己讨厌的一面，让人喜爱的一面有可能是包装出来的假象，甚至人品并不好，调侃自己"人傻钱多"。[②] 粉丝希望自己的消费行为能为喜爱的偶像带来经济上以及口碑上的收益，此时粉丝的消费行为未必会考虑自己的需求。这类消费行为

---

① 个案材料来源于对新浪微博网友"梅梅姐 May""咖啡不拖兔""暂时的不死马"三人的访谈。

② 个案材料来源于对新浪微博网友"DQicon"、豆瓣论坛网友"西伯利亚的冰箱"、天涯社区网友"Hanabusa"三人的访谈。

带有粉丝特有的"无私",属于为偶像着想的经济奉献,尽管如此我们依然可以从访谈中看出,粉丝对于粉丝经济背后的运作模式较为了解并且不排斥。

(三) 粉丝经济中也存在炫耀性消费

昂贵的篮球鞋在 Monsieur Zhang 看来属于奢侈消费品,并表明大部分男生会在篮球鞋上存在炫耀心理,也怀抱着想和偶像穿同款的想法,认为和偶像挂钩的奢侈消费品能够吸引人眼球。"呦悠优"认为自己比其他粉丝更具购买力,会选择较为昂贵的偶像代言产品,不仅如此,她还将偶像代言大品牌当作一件值得在其他粉丝社群面前炫耀的事。[①] 粉丝将购买、使用偶像代言的高端奢侈产品当作自己身份地位的象征,不仅仅是炫耀购买力、品味,偶像的行业地位也成为其炫耀的一部分。吸引旁人和粉丝社群内的炫耀行为往往能够使炫耀者成为焦点,在粉丝社群内的定位也得以明确和巩固,由此所获得的注意力可以带来心理满足。

(四) 炫耀性消费往往引发攀比现象

"呦悠优"认为,帮助偶像刷销量使其能与更高级别的明星比肩,偶像代言高端大牌的产品,都是她愿意消费的理由,与别的明星和粉丝社群之间的攀比是她消费的动力之一。DQicon 不希望偶像在与别的明星对比时被压制,包括商业价值方面的压制,因而愿意以消费换取偶像占据上风位置。部分粉丝的消费行为是出于攀比心理,将攀比的心态投射于追星行为以及消费行为,偶像有能力与高端产品合作成为一件可以在别的粉丝社群面前炫耀、攀比的资本。在粉丝文化的潜规则中,偶像地位在一定程度上可以等同于粉丝群体的地位,对于偶像成就的攀比来源于粉丝的自我投射,同时也饱

---

① 个案材料来源于对虎扑论坛网友"Monsieur Zhang"、天涯社区网友"呦悠优"两人的访谈。

含着粉丝对于自身可能有所成就的期许，此时粉丝与偶像感同身受、共同进退的意味十分明显。与第二种奉献型消费比起来，炫耀和攀比两种心理支配的消费行为更多是为了粉丝的自我满足，偶像只是该过程中的工具。

（五）粉丝消费或迫于偶像社群的压力

M 路 M 受到贴吧、微博等社交平台其他粉丝的影响参与应援活动的集资，而其本身并未曾在应援活动中接触过偶像，只是觉得"大家都这样""不参加不太好"，她的消费行为是在响应粉丝群里的号召。"呦悠优"受到邀请一起去韩国追星，因被别的粉丝质疑而多买专辑晒购买量。这都是迫于粉丝群体带来的压力，尽管本人并不喜欢偶像的歌，也会因集体的压力而消费。[①] 这是一种在粉丝社群中彼此之间的相互影响甚至是鼓动带来的被动的消费行为，此时的消费也脱离需求的因素，大多是过度消费。受到集体行为影响的消费带有无奈的色彩，从众心理引发的消费行为常常并非出于消费者本意，更不是因其需求或心理满足而发生。

从上述访谈材料中能够看出，除了第一种原因引发的消费行为，其余均属于过度消费。粉丝的过度消费常常是粉丝文化批判者们常用的依据，但上述几种缘由也使我们清楚地看到粉丝参与过度消费时的动机，即使是迫于群体压力的消费行为也并非没有选择，消费与否、投入多少都是由粉丝自主掌控，更不必说并非所有粉丝都会在追星的过程中有经济方面的投入。粉丝们十分清楚造星的"套路"，粉丝愿意配合粉丝经济的商业模式是粉丝经济得以持续活跃的根本原因，大部分人在追星过程中较为清醒，明白自己消费的偶像形象带有商业包装的意味，但却并未觉得自己受到引导或控制，认为自己的行为具有自主性，拥有选择权，同时也承认实际上

---

① 　个案材料来源于对新浪微博网友 M 路 M、天涯社区网友呦悠优两人的访谈。

消费的并非是物品而是偶像的形象。粉丝文化视角下的消费行为是为了凸显自我,消费的意义是以消费凸显自我主体。[①] 粉丝经济学的相关研究表明,粉丝的消费行为从目标群体的划分开始便在相关产业的掌握之下,他们消费的产品更是被有针对性地生产出来。但是所谓粉丝经济的"受众群体"的确定,该过程的主动权是否完全掌握在产业手里,消费者是否会顺应其意图成为目标群体的一员,粉丝又是否都会加入粉丝经济的浪潮,这些问题在相关研究中都鲜有提及。

四 专属于粉丝的消费品:符号化

商品化的偶像不再是"奉献型"偶像,消费偶像的形成带来隐性的生产力,因而围绕追星行为产生的可能成为商品的东西越来越多,尽管粉丝经济并非将偶像本人商业化,但很显然如今的偶像已然成为商品,越来越多的新兴产品能够随之成为专属于粉丝的消费品。

1. 能与偶像产生共鸣的产品:偶像自创品牌的产品,有纪念意义的周边产品,如明星自传、写真集、见面会衍生产品、为应援活动集资购买的产品等,偶像同款的产品。消费这类产品能给粉丝带来心理满足,从心理上拉近与偶像的距离。

2. 能强调偶像身份、地位的产品:对歌手来说指的是唱片、专辑的销量,对演员来说指的是电影票房、电视剧收视率,代言方面则以奢侈品为主,国民度高的口碑品牌也包括在内。应援活动也属于这类产品,粉丝组织的应援活动能够突显该粉丝社群的组织能力、策划才能、财力、忠诚度乃至整个粉丝群体的情商,

---

① 李文明、吕福玉:《"粉丝经济"的发展趋势与应对策略》,《福建师范大学学报(哲学社会科学版)》2014 年第 6 期。

应援活动的质量一定程度上代表着明星及其粉丝的质量。消费这类产品能使粉丝的奉献精神得以释放，也给粉丝带来可以炫耀、攀比的资本。

3. 有实际需求的产品：以明星代言的快销品为主，如日化用品、食品、服饰、连锁超市或快餐店等，这类产品因需求量大而占据大部分市场份额，粉丝作为消费者在市场上筛选时会依据偶像的代言、合作状况做消费决策。

4. 虚拟产品：消费虚拟产品的现象并不少见，但在大多数粉丝群体中这部分消费比例并不高，反而会根据不同定位的偶像以及不同市场需求而异，如短信投票，微博送花，打赏，热搜、点赞、转发、评论数量等网络数据的购买，粉丝俱乐部会员费用等。并非所有偶像都依靠虚拟产品的销量安身立命，因此不同粉丝在该类产品上的消费也有所差异。

5. 粉丝文化产品：粉丝社群内的粉丝小说、视频、歌曲、绘画作品等文化产品，在粉丝社群内流传、共享，基本上并不需要支付版税，作为礼物免费共享。[①] 该类产品产生的侧重点并非消费，而是作为维系粉丝身份认同的工具活跃于粉丝社群。

偶像成为商品离不开产业背后的商业运作，偶像及其衍生品之所以以上述形式成为消费品，还是基于其符号意义。泛商品化带来的符号拜物现象早在现代社会中扩展到非经济领域，粉丝经济的盛行归根结底和偶像的符号化紧密相连。由于功利性的目的容易被满足，满足后人们的热情往往大不如前，因而要为粉丝们塑造出某种诉求，以维持"追"星。文娱产业所打造的偶像形象便是具有这样作用的载体，将粉丝对于物的追求转化为对于形象的渴望，维持其持久性，并结合粉丝群体之间的攀比心态营造出一种竞争环境，提

---

① 杨玲：《粉丝经济的三重面相》，《中国青年研究》2015 年第 11 期。

升粉丝的忠诚度以及积极性。正如费斯克所说，"大众文化迷具有生产力"①，粉丝的追星行为激励他们生产自己的文本，例如粉丝文化产品、应援活动等。这种自主生产进一步增强粉丝的主体性，他们在追星时并非处于被动，在消费市场中也并非处于弱势地位，选择权的掌握是粉丝开始追星的根源，也是粉丝在追星时拥有的强有力的资源。

　　从微观视角对人的行为构建经验性的假设，这是本书的立足点。通过访谈材料分析粉丝个体的特征，发现追星时粉丝的自我投射，追求心理满足而产生偶像崇拜，这实际上影响着偶像形象的塑造。通过调查发现，粉丝的消费行为比我们想象的理智得多，他们清醒地点明粉丝经济的逻辑并乐于主动接受、配合这种运作，粉丝消费品的符号化是偶像商品化得以成形的基本原因，粉丝在追星时的消费行为来源于对归属感的寻求。值得注意的是，无论是在适度消费还是过度消费中，粉丝手中掌握的选择权都不曾变更。粉丝消费品大多具备情感寄托的功能，根据王宁对"情感消费品"相关产业的分类，②其中流行文艺产业、娱乐产业、体育产业、大众传媒产业、电脑网络产业都与偶像崇拜紧密联系，这些产业及其产品给粉丝带来社会情感支持。

　　粉丝经济大行其道的当下，人们对于控制性大众文化的担忧层出不穷，却时常忽略其真正的定位。偶像崇拜以及与其相关的消费行为还有巨大的讨论空间，"鸦片"式的定论不公且盲目，粉丝在追星行为中寻求归属感的心理具有明确的主动意图，粉丝群体的主体性值得在相关研究中占据更多的注意力。

---

　　①　［美］约翰·费斯克：《理解大众文化》，王晓珏、宋伟杰译，中央编译出版社 2001 年版，第 173—174 页。

　　②　王宁：《消费社会学》，社会科学文献出版社 2011 年版，第 94—96 页

第三节　归属感：青少年的粉丝
投入与粉丝文化①

　　偶像崇拜是个人对所喜好人物的社会认同和情感依恋，其本质是对崇拜对象的社会学习和依恋。基于对偶像最真实性的信任，人们崇拜偶像。② 依古典精神分析理论，个体在 12 岁以后性欲开始觉醒，青少年偶像崇拜是为解决日益增强的性欲和社会文化之间的冲突而采取的防御反应。新精神分析理论的代表人物艾里克森认为，青少年面临着"同一性对同一性混乱"的危机，这个阶段的发展任务是要建立稳定而恰当的"自我同一性"。因此青少年热烈地寻求可以信仰的人和观念，偶像崇拜即是体现之一。③

　　偶像崇拜行为所带来的粉丝投入，基本受到学术界精英主义视角的批判，被视为资本主义文化工业的牺牲品。陆晓禾把"大众传媒、经纪公司和其他经济体对粉丝进行了不符合伦理的利用"视为偶像崇拜与粉丝投入的主要原因。刘丹丹认为，节目传播伴随符号生产，这一过程直接激化大众在符号接受中的感性反馈和消费活动。④ 当然，也有"民粹思路"的观察者从归属感、亚文化等视角同情、肯定偶像崇拜与粉丝投入。如徐欣等人在《偶像、归属感与粉丝经济》一文中认为，"偶像在逐步成为商品的过程中，其形象代表的符号意义乃是粉丝在消费时所追求的目标。是否消费、投入多少取决于粉丝对这种符号的认同程度，以及归属感的诉

---

① 本节文字由孙雨晴、李洪君共同完成，征得孙雨晴同意，录于此。
② 岳晓东：《青少年偶像崇拜与榜样学习的异同分析》，《青年研究》1999 年第 7 期。
③ 石晓辉：《中学生偶像崇拜现状调查》，《青年探索》2005 年第 6 期。
④ 转引自李增云《消费主义视野中的粉丝消费行为研究》，硕士学位论文，中国传媒大学，2008 年，第 23 页。

求程度。"① 我们遵循这种研究思路，以 H 市在校青少年为例，从青少年自身入手，分析青少年偶像崇拜现象的基本状况，探讨促成相关现象的社会机制。

一　H 市在校青少年的偶像崇拜与粉丝投入

本书采用问卷调查与访谈的方式调查 H 市青少年偶像崇拜现象，在 H 市的初高中以及大学范围内做随机抽样，抽取十七中、六中及黑龙江科技大学三所学校的学生 260 人，发放以"青少年偶像崇拜现状调查研究"为主题的自填式调查问卷。其中，回收有效问卷 240 份，有效回收率约为 92.3%。从总体上看，240 名青少年中，220 名青少年崇拜偶像，占被调查总人数 91.67%。

（一）偶像崇拜对象以文体明星为主

中国青少年的偶像崇拜经历跨时代的过程。20 世纪 60 年代青少年崇拜的偶像是焦裕禄、王进喜、雷锋这样为国奉献之人。20 世纪 70 年代精神解放后，青少年崇拜的偶像类型如陈景润、邓丽君等人。20 世纪 80 年代青少年崇拜的偶像类型由单一走向多元，一类是传统社会道德楷模，如张海迪、赖宁等人；另一类是在各行各业取得辉煌成就的成功人士，如中国女排、舒婷、金庸、三毛、琼瑶等人。90 年代罗大佑、崔健、王朔、周星驰、王菲等人涌入青少年崇拜的偶像队伍中。中国青少年崇拜的偶像类型更加多元化，同时每个偶像的持续周期越来越短是当今青少年偶像崇拜的特点之一。

可以看出，从雷锋、王进喜到陈景润、邓丽君再到张海迪、崔健、王菲，青少年崇拜的对象从单一走向多元，且近年来随着大众

---

① 徐欣、李洪君:《偶像、归属感与粉丝经济》，《党政干部学刊》2017 年第 6 期，第 55 页。

媒体"造星"运动的逐渐发展，娱乐明星频繁地出现在大众视野，榜样模范销声匿迹。

问卷调查结果表明，偶像崇拜是存在于青少年中的普遍现象。绝大多数在校青少年有崇拜的偶像，且大致主要由"文体明星""企业家""学术科研者""政治军事家"四种类型构成。被调查的220名在校青少年中，崇拜文体明星的青少年有142人，占比64.5%，比例最大；崇拜企业家的青少年有33人，占比15%；崇拜学术科研者的青少年有35人，占比15.9%；崇拜政治军事家的青少年有10人，占比4.6%，比例最小。

（二）H市青少年的粉丝投入

偶像崇拜带来的粉丝投入包括时间投入与金钱投入两方面。

被调查的220名在校青少年中，平均每周用于追星的金钱花费在0至100元有22人，占比10%；平均每周用于追星的金钱花费在100至200元有70人，占比31.8%；平均每周用于追星的金钱花费在200元以上有128人，占比58.2%。从以上数据明显看出，H市在校青少年每周都会在追星方面花费金钱，并且绝大部分青少年的花费在100元以上。这些消费主要用于购买偶像的CD、写真、影视DVD、海报及官方周边产品，参加偶像演唱会、见面会、综艺节目录制、比赛等，以及购买偶像代言的产品、赠送偶像生日礼物，制作应援物品，和同类群体之间联系交友等方面，此为一种偶像崇拜的直接消费形式。

被调查的220名在校青少年中，平均每周用于追星的时间花费在0至10小时有22人，占比10%；平均每周用于追星的时间花费在10至20小时有50人，占比22.7%；平均每周用于追星的时间花费在20小时以上有148人，占比67.3%。从以上数据明显看出，H市在校青少年每周都会在追星方面花费时间，并且绝大部分青少年的花费在10小时以上。这是偶像崇拜的间接消费形式，主要表现为青少年在收集偶像最新信息上的时间投入,如浏览官方网站,通过微博等方式搜寻偶像最新信息,和粉丝群体聊天,通过网络观看偶像比赛、影视制作、演唱会及其他影视资料等。

偶像崇拜对青少年的身心健康发展发生着重要的影响。青少年时期是社会化至关重要的时期,在这一阶段内,父母、老师、同学、亲戚等成为影响青少年的主要人物。随着网络媒体(微博、微信、电视、报刊)的快速发展,其包装下的一系列偶像也随之加入到影响青少年的人物行列当中。可以发现,H市绝大部分在校青少年粉丝追星过程中存在金钱投入与时间方面的投入。那么,青少年在缺乏独立经济能力和学习任务繁重的情况下,缘何如此"忠诚"于自己的偶像?

二　"粉丝忠诚",源自情感归属需要

1943年美国心理学家亚伯拉罕·马斯洛在《人类激励理论》论文中提出"需求层次理论",将人的需要依次分为生理需要、安全需要、爱和归属感、尊重和自我实现五类,并指出当人的生理需要和安全需要得到解放时,可能会出现更高级的、社会化程度更高的需要,如爱和归属感。青少年正处于青春期,此阶段爱和归属的需要恰恰是青少年所要面临的重要问题。

为更好地探究青少年偶像崇拜背后深层次的原因,笔者利用SPSS统计软件分析青少年崇拜偶像的原因与是否崇拜偶像之间的关系,相关分析的结果表明,"生活中缺少存在感""身边许多人喜欢""在追星中找到自我"是青少年归属感在现实生活中的具体表现形式。即青少年粉丝对偶像的崇拜与青少年自身归属感二者之间有着不可忽视的联系。

正如徐欣等人在《偶像、归属感与粉丝经济》一文中所说"很多人因日常生活中缺乏情感寄托而将热情倾注于追星,心理满

足的缺失使得他们容易被某种自身向往或熟悉的形象所吸引，又会因偶像明星过人的优势而产生崇拜。偶像身上的某种特质是吸引粉丝的关键，对于偶像的崇拜和喜爱实际上是依托于偶像所代表的形象，偶像本身作为这种形象的载体，所代表的符号意义远远大于其本身的意义。"①

（一）青少年粉丝对偶像成就与贡献的崇拜

在某个领域具有突出成就和贡献的人物是青少年崇拜的偶像类型之一。本研究发现青少年崇拜偶像时并非依据"潮流"标准选择崇拜对象，成就与贡献的大小是青少年衡量崇拜对象的重要准绳。一部分青少年自身的要求和期望较高，对未来有着严格规划，百度创始人李彦宏、物理学家杨振宁等类型偶像在此类青少年群体中颇受欢迎，在青少年心中占有独特的、重要的位置。青少年自觉地把他们作为中心，加以喜爱和尊崇。青少年在他们身上寻找生活中没有经历过的事情，幻想自己将来和这些人具有同样成就或贡献，渴望自己归属于这些人的群体，并以此在生活和学习中激励自己。大多数研究者认为，榜样人物在青少年中扮演模式角色，青少年对科学文化知识的追求和先进思想价值观念的树立都得益于偶像榜样对他们思想、行为等方面的积极影响。

（二）青少年粉丝对偶像精神与才华的欣赏

偶像具备的可贵精神和出众才华是部分青少年偶像崇拜的前提条件。研究发现，许多青少年表示偶像"奉献精神""专业能力强"是偶像能够吸引自己的重要原因，如具有奉献精神舍己救人的美女教师张丽莉、音乐才子周杰伦等。有受访者表示"偶然间听到一首歌曲时，可能会因歌曲的旋律优美，或是歌词感人戳中人心，

---

① 徐欣、李洪君：《偶像、归属感与粉丝经济》，《党政干部学刊》2017年第8期，第56—57页。

又或是歌者独特的嗓音，而喜欢上这首歌的演唱者。"由于青少年自身缺少歌者的这种特质，并在周围人身上无法找到，由此认为歌手的内心与自己不谋而合，产生归属情感并渴望向歌手倾诉，得到理解与支持，这是青少年对偶像的认同感。青少年以偶像为榜样，在生活中的行为表现自觉或不自觉地受到偶像的影响，并且当行为的结果经常受到周围人的夸赞时，青少年的归属感会愈加强烈，对偶像的崇拜进一步加深。

（三）青少年粉丝对偶像个性与相貌的关注

诚然，青少年更喜欢具有独特个性，同时相貌漂亮的偶像。现代社会的"快餐式文化"使得"追赶潮流趋势"成为青少年偶像崇拜对象选择的风向标。调查中也发现青少年对新鲜事物的敏感程度高，热衷于标新立异、追求个性，喜欢非主流的装扮和独树一帜的"范儿"，比如更加关注韩流明星、追韩剧等行为。这与青少年的生活环境有关。青少年在日常学习生活中，更多的往返于学校、家庭两个特定场所，在这种场景下，青少年受到学校规章制度及家长要求的约束，个性尽量收敛，外在有"学生样"。而此年龄段的青少年又有释放个性的需要，明星鲜明的特点强烈地吸引着青少年归属其中，继而将偶像视为自己最亲密的伙伴和知音，跟随偶像的步伐。在追星过程中，青少年的情感得以寄托，精神得到慰藉。

（四）外部环境的推力作用

从生命历程看，青少年处在"心理断乳"的阶段。如情绪不稳，叛逆的性格，与家长老师的沟通存在困难，自我认同感降低，具有某种孤独感，认为"身边没有人能了解自己内心真实的想法"。这些促使青少年内心产生对爱和归属的强烈需要，从而寻找一种情感依恋和归属需要。

这与家庭和学校施加的压力有关。从家庭和学校角度看，青少年正是处于备战中考和高考的重要阶段，学校和家长的期望、繁重的学业、教师的管教以及家长的督导，可能使青少年的归属感下降，心理承受能力减弱，急于宣泄压力，释放情感，而对明星偶像的崇拜是他们宣泄情绪的出口之一，也成了他们的精神支柱。

随着青少年年龄增长，其社交范围也在不断向外扩展，其情感的依赖开始由以家庭为中心的内部依赖逐步转向以同伴等群体为主的外部依赖。布朗和斯楚特持二人认为青少年正处于心理认知的成熟期和过渡期，他们渴望迫切寻求心理认同的同时又深受同辈群体的影响。偶像崇拜之所以成为青少年心理认知的一种次文化，很大一部分原因是他们迫切地想把自己和成人文化区别开来。[①] 受到周边朋友同学影响和青少年追求个性的影响，当青少年为突出自己与其他人不同时，常会选择一个标志性代表，偶像就是其中之一，但为了不让自己在同侪群体中显得突兀，或是落后于同侪群体，而脱离群体受到排挤，他们又会接受同侪群体文化的影响，从而根据同侪群体的喜好选择自己的偶像。调查中一位男同学表示："初中时我喜欢的球员是梅西，他是一名足球运动员，放学我经常踢踢球，但是当我升入高中发现身边的男同学经常讨论篮球，可我什么都不懂，渐渐我感到很失落，从那以后我就开始关注一些篮球的信息，就像我现在喜欢的篮球运动员是科比，他的比赛我都会看，还会和同学讨论投篮的动作怎么样"。在群体无形的压力下，当青少年发现自己的行为举止和说话谈吐与身边同学思想有悖或落后时，为让自己与群体成员和谐相处，青少年会努力参与到团体活动中。同侪群体约定俗成的价值观念、态度文化、行为模式便成为青少年自觉执行的团体文化，偶像崇拜行为应运而生。

作为网络时代的产物，粉丝社群为青少年在找寻归属感的道路

———————————

① 转引自杨依溪《大学生偶像崇拜现象及引导研究》，硕士学位论文，中北大学，2016年，第3页。

上提供方向。粉丝群不仅可以使青少年掌握偶像基本动向,青少年在粉丝群里还可以倾诉心情,从而缓解紧张情绪。这种情感的宣泄使得青少年将粉丝群的其他成员看作是自己的"同类"。虽然粉丝之间具有匿名性,但这种借助网络的独特交流方式,让青少年在与其他粉丝的互动中找到自身存在的价值,增强归属感。

三　粉丝文化与粉丝投入的有机结合

在现代社会中,偶像已不单单作为公众人物出现在大众的视野中。经过商业利益集团的包装,偶像已成为具有商业消费性特征的产品,并广泛流通市场,拥有市场价值。同时,作为"偶像"商品直接的受众群,粉丝群体也被纳入这一市场经济的运转轨道上来,并且由于粉丝群体的整合程度相对较高,在受到集群效应的影响下,粉丝群体的消费数量是一个惊人的数字。因此偶像崇拜背后蕴藏着巨大的现实经济效益。

研究发现,H市第十七、第六中学为H市重点中学,在学校生活中,学习节奏快,课业任务较繁重,通常情况下,青少年每天都处于家庭和学校这两个基本单位中,按作息时间来看,青少年可支配的自由时间大概4个小时;按照一周5天的学习时间来看,每周青少年可支配自由时间大概20小时。在调查中,82.5%的青少年每周花费10小时以上的时间去"追星"。而且在没有任何收入的前提下,超过90%的青少年每周在追星上花费的金钱超过100元。青少年粉丝在追星过程中时间与金钱的投入形成一种特定的粉丝文化。这种文化具体表现在以下三个方面。

(一) 理性支配下的粉丝文化

我们的调查表明,青少年粉丝基本能够做到健康理性地追星。他们不仅仅注重明星的外表,而且关注其演技、品行、才华等方面。后者也是明星吸引青少年的主要因素。偶像明星对社会具有一定的影响力，他们的公信力影响着更多的人立志向上，他们以成功人士的身份引领着时尚生活、引领着时代潮流。实际上粉丝与明星偶像都是商品经济的主要承担者。商品经济一方面塑造偶像的影响范围、知名度，另一方面偶像凭借这些影响吸引大批青少年粉丝。"粉丝经济"的产生是偶像与粉丝相互作用的结果，也是二者相互联系的最终目的。其中，粉丝是达成这一最终目的尤为关键的一环，没有粉丝的参与，偶像的产生便失去意义。对此，青少年有着清楚的认识。

一部分青少年粉丝认为对偶像的崇拜在于对偶像的本身精神品质、才华贡献、作品的支持与关注，例如在生活中以偶像为榜样，在学习生活中勤奋刻苦、创新求实；观看偶像的影视、音乐等作品，从中得到思想的提升或精神的愉悦。在这种类型的粉丝文化中，青少年主要从偶像个人魅力方面寻求认同，寻找归属感。

（二）可承受范围内为偶像投入金钱与时间

不可否认，受到粉丝文化的影响，青少年在购买相关明星产品时并不是基于自身的真实需要，大多数情况下是出于对偶像的崇拜产生的消费。不过，调查结果表明，绝大部分青少年选择购买的有关偶像的物品，如写真、唱片、自传、专辑，偶像代言的生活必需品、影院观影、线上赠送礼物、微博打榜、粉丝会员等，是在自己有限的金钱与时间合理分配前提下进行。此种消费既满足粉丝对偶像的情感支持，又不落后于实践支持。诚如蒋淑媛认为"粉丝将追星行为更多地看成一种倾注了自身情感寄托的仪式性活动……在特定的时空环境中，和有着共同喜好的陌生人所进行的体验性情感消费活动"。[①] 与第一种粉丝文化相比，在这种类型的粉丝文化中，青

---

① 蒋淑媛：《粉丝电影背后的粉丝消费心理和参与行为探析》，《中国青年研究》2015 年第 11 期。

少年将自己与偶像个性特质融为一体以求得安全感,他们对偶像文本及周边的投入、参与程度低,产生的粉丝投入少。

(三) 感性主导下的粉丝文化

粉丝经济具有持续时间长、影响范围广的特点。随着青少年粉丝对偶像的认同和依赖程度加深,偶像的行为举止会不断唤起青少年粉丝的兴奋感、认同感、归属感,在青少年粉丝的内心深处产生依恋和忠贞感。这导致少部分青少年粉丝文化变得狂热、缺乏理性与思考,他们认为尽可能地在情感和行动上倾注自己的所有才是追星的最佳方式。这时粉丝经济中青少年消费的商品已经超出传统意义上"消费品"的意义,而是作为一种能够与偶像相联系的代表符号被青少年粉丝消费。这种"符号"消费包括购买偶像代言的服装、箱包等奢侈品,参加偶像应援活动、见面会,集资为偶像送礼物,目的是与偶像的生活产生情感联系。在这种类型的粉丝文化中,青少年将同其他粉丝一起活动,除对偶像本身的情感依附外,谋求伙伴群体的认同与归属感也是粉丝文化的重要部分。在对这一"符号"消费的过程中,青少年粉丝为了满足自身的需要,投入更多的金钱、时间、精力、情感,以此来衡量作为粉丝的资深程度,使其追随偶像步伐的愿望得以实现,找到自身生活的意义,由此获得心理上的满足。

通过对 H 市在校青少年的偶像崇拜的表现与原因的分析,我们发现,青少年的偶像崇拜现象源于其成长过程中对归属感的诉求。偶像的人格魅力、贡献成就、内在个性与外在形象被青少年视为一种象征性的符号或图腾,因而获得青少年认同与情感寄托。青少年粉丝对其偶像的认同,会产生粉丝投入,粉丝投入是青少年崇拜偶像的主要方式,包括经济投入与时间投入。调查结果表明,绝大部分的青少年粉丝能将自己的投入控制在合理的范围内,做到理性崇拜。

小结

通过对微信晒食与粉丝追星的分析，证明追逐时尚并不总是民众向精英看齐的过程。当社会多元化，流行只发生于特定的地域与人群。只要是影响它可能影响的地域与人群，它便能制造时尚。微信晒食是青年群体记录与分享心情、信息的日记，传递着青年晒食者的生活态度、审美准则，亦是青年群体应对现代社会变迁所建构出的分享型互动。粉丝追星过程中的消费投入并非完全由偶像主导。偶像崇拜过程中寄托情感，此乃粉丝对归属感的诉求。偶像在逐步成为商品的过程中，其形象代表的符号意义是粉丝在消费时所追求的目标。追星过程中，是否消费、投入多少取决于粉丝对这种符号的认同程度，以及归属感的诉求程度。

既然追逐时尚并不总是民众向精英看齐的过程，那么，对于那些基本以城市为消费参照的中国农村居民，其消费行为，也并不是对城市消费文化景观的亦步亦趋，而是基于一定时空和知识体系的自我表达。

第 四 章

表达型消费文化的萌生

　　表达型消费文化受到经济、政治、文化等因素的深刻影响。当社会多数个体不再为满足温饱需求挣扎时，或可转而通过消费来展示自我。此时，村民自我表达的路径如何、结果如何？此章我们从参照群体（村庄及基层市场共同体）及消费领域（物质及精神文化产品消费）两方面入手，讨论吉林河村村民的自我呈现。

　　河村在行政区划上隶属于吉林省华田市赤石镇枣子河。河村位于长白山余脉的一盆地之内，距离赤石镇 20 千米，距离华田市 55 千米。枣子河为行政村，共有 440 户，1602 名村民，辖 6 个自然村（屯）。河村便是 6 个自然村之一，目前有 55 户，220 名村民。河村产业以农业种植为主，副业基本围绕山林资源开展。农业种植占村民收入的 2/3 左右，自 20 世纪 90 年代以来，这个比例基本不变。即使粮价多年低迷，这里也未出现抛荒现象。村民之中的外出打工者渐增，但收入状况多不理想。故，除却少数成功者之外，村民家庭收入仍以农业种植为主。环村皆山，村民便能靠山吃山。种植贝母、捕捉林蛙、采摘山野菜是常见的副业。

第一节 以物质依赖为基础的自我
呈现：地方性时尚

　　早期的时尚研究强调时尚及阶层的差异。在西美尔的都市时尚生活中的"方向论"里，时尚的追随者把上层社会的时尚作为自己模仿的对象。[①] 塔尔德（Jean Gabriel Tarde）在《模仿的法则》中将消费时尚看作是人们从对祖先的模仿转为对当代的革新者与具有异国情调的外国人的模仿，从而揭开现代时尚研究的序幕，即把时尚看作既要求不断革新又要求个人决断的习俗体系，是个人化权利的开始。[②] 欧洲中世纪时期《反奢侈法》（如禁止中产阶级穿纺织物）的失败，验证时尚与相对的个人自主性之间的联系。在当代中国城乡二元社会结构中，乡村因经济、社会的相对不发达，时尚的方向论在这里可化约为乡村以城市为自己的时尚追求方向。城市是一个宽泛的体系，对于河村来说，遥远的北京、上海，基本只存在于大众媒体之中，以影像的形式存在；河村多数居民在现实生活中追逐的是华田市、赤石镇的城市时尚。河村居民的日常生活方式在保持着农业社会基本特性的基础上向城市靠近，并在此过程中发展出一些"地方性时尚"。

一 服饰

（一）男性服饰的地方性时尚：混搭

河村男人服饰的装饰性功能被压到低点。男性村民普遍要求服

---

　　① ［德］齐奥尔格·西美尔：《时尚的哲学》，费勇译，文化艺术出版社2001年版，第72—77页。

　　② ［美］萨拉·贝里：《时尚》，载［美］托比·米勒《文化研究指南》，王晓路译，南京大学出版社2009年版，第381页。

装具有明晰的性别属性。从颜色上看，以灰色、棕色、草黄色、黑色等深色系为主。从布料上看，以棉、涤纶为主。在款式方面，男性村民没有特别的时尚追逐要求，只要过得去就行。这个过得去，当然是指与镇、村多数居民的服饰风格相仿。

1968年建村以来，至20世纪90年代，中山装是河村男人的主流服装。在这种同质化消费中，男人们没有自由选择服饰的权利空间，却也省却了相关烦恼。有些村民甚至形成"路径依赖"，不习惯再穿其他款式的衣服。WM长期担任村中的会计，一直钟情于中山装，其左胸前常插支钢笔。中山装似乎承载着WM长期担任村里会计时的记忆，他说："这两件中山服我穿了好多年了，这衣服有里子。除了这两件衣服，我也没有别的合适的衣服。现在的那些衣服我也穿不惯。"

约自20世纪80年代中期始，西装开始在村里男青年群体中流行。在冬季漫长的闲暇时间里，个别青年会穿着西装上街，或参与村里的家庭聚会。NM是村中第一个穿西装的人。个子不高的他当时在外面打工，冬天回村里时，穿了一套灰色竖纹西装，配着锃亮的皮鞋，在村庄引起轰动。在他的带动下，XCC、LHZ、MSR等同龄人相继购买西装。LHZ的母亲在提到当年他儿子穿西装与皮鞋时的情景，仍要哈哈大笑，说："俺那儿子哈，穿上西装、皮鞋，在屋里走来走去，一边照镜子，一边问我：'妈，我穿上这皮鞋，怎么走道儿这么难受，好像不会走道了呢？'哈哈哈！"

20世纪90年代里，河村穿西装的男人渐多，有些人还搭配着胶鞋。大家见了，一边相互取笑，一边还学着小品东北中演员赵某独特的走路姿势。笔者曾特意在小卖店问过这个问题，ZX说，"都知道西服要配皮鞋穿，那是刚开始流行西服的时候，都怕穿错了。现在就是知道了（怎么穿），也不管它了。西服就是个衣服，随便披在身上，就出来玩（耍）了，谁还特意洗了脚，换上袜子，再穿上皮鞋呀？不够费事的。你在城里，穿西服的时候，也总是穿皮鞋吗？"的确，城市里并不总是用皮鞋搭配西装，有时穿运动鞋或户外鞋。大家似乎不觉得这样混搭之举可笑。为什么农民穿西服配胶鞋或运动鞋就成为笑点呢？ZX的话正说明，村庄居民知晓服装搭配学问中的和谐原则，即时尚研究者所说的"狄德罗原则"。村民只是让服装服从于村庄的生活环境，而不是让人被服装"异化"。

20世纪90年代，河村男青年出现过一次"皮夹克热"。此后，村里男人服饰再没有出现过类似的时尚"迷狂"。究其因，或许源自20世纪90年代开始普及的摩托车。20世纪90年代中期以后，河村的摩托车经历了一次更新换代，大排量摩托车开始取代原来的小排量摩托，有挡位的摩托取代无挡位者。尤其是后者，被村里男青年看作是女人骑的摩托车。幸福90、铃木、嘉陵100、125，甚至幸福250型摩托车，都开始夹杂着悦耳的"突突"声，驰骋于山村之间。厚重的皮夹克一则可以帮助摩托车手抗御骑行时产生的疾风，具有明显的实用功能。二则，皮夹克并不适合从事耕作、筑猪舍等农活，穿皮夹克是有闲暇者的特权，也是村民脱离繁重的体力劳动后的轻松体现。当然，村庄居民仍用厚厚的棉帽来搭配皮夹克，具有浓郁的"混搭风格"。村民泰然处之，正如他们把西装与胶鞋混搭一样，让皮夹克这件贵重的衣服与棉帽混搭，以服从村民的生活所需。

（二）女人的服饰时尚：向城市看齐

20世纪80年代以来，河村妇女的服饰消费一直与城市亦步亦趋。喇叭裤、羽绒服、皮夹克、健美裤、牛仔裤、尖头船鞋、长筒靴、铅笔裤，等等。从发型上看，烫发、山口百惠发型、晚妆发型甚至板寸，农村女性一直都在紧随时尚脚步。2007年夏，村里来了一位卖服装的（YS），几位"4050"妇女蜂拥而至，挑拣了一会儿之后，都摇头，说："这些衣服太露了，没法穿。"卖主劝道："现在都这么穿。你还没看见华田大街上人家都怎么穿的！电视里人家更厉害。"XM说："这料也太薄了，胸脯子都露出来了。"卖主说："得穿胸罩，穿上胸罩就好看了。"并将自己上衣拽起，将自己的穿着展示给众人看。[①] 又说："你们这次先买着，下次我带些胸罩过来。"

XM后来说，"我在电视上看到过别人都那样穿。就是在咱们这儿地方穿不合适"。可见，XM她们是认可YS带来的衣服款式的，只是社区对突出身体"性征"的服饰消费存在着明确的否定性规范，这使她们踌躇。女性对美丽的追求总是永无止境。村妇们觉得电视人物中的服饰距村庄现实生活太远，不能效仿，只可欣赏。这次，待商贩示范现代服饰，她们亲眼看到城里来的同龄人的穿着，便欣然接受。XM她们在商贩YS的示范下会有一定的心理压力，如果仍不肯依YS所劝，有可能被市民YS视为"不懂穿衣服"。这种压力下的选择，并非纯然的被动选择，而是女性村民长期羡慕的心思在偶然的机会里被激发，遂成事实。

20世纪80年代以来，河村男女新款服饰流行的背后，是人们对城市居民的服饰消费方式的向往。在社区中，他们只需要考虑新款服饰是否会引起社区消费规范的抵触，不需担心这样的消费是否被城里人轻视。这种将服装服从社区生活的便利、舒适及审美，而不是让服装的尚同与示差的符号意义主宰消费者的状态，或许正是福塞尔等人所主张的"另类消费"、英格拉哈所提倡的"后物质主义"的"自我型消费"文化的表征。[②]

---

① 此景于农村社区亦非常见。估计是当时女性较多，个体行为所遭受的压力减轻，且年纪又普遍偏大，对身体禁忌不再严格遵从，故有此举。

② 相应地，笔者将另一种被符号所异化了的消费行为称为"他我型消费"。

二 食品的时尚追求：寻常与不寻常之间

(一) 细粮

在人民公社时期，河村很少种植水稻，人们所食谷物以玉米、高粱等粗粮为主，大米、白面基本为市民消费，且需要凭证购买。这一点，让村民对大米、白面充满向往。改革开放以来，随着水稻种植面积的扩大及经济收入的增加、粮食市场的开放，人们迅速改变了食品中的谷物构成，大米、面粉等细粮成为餐桌主流。粗粮的食用形式，仅限煎饼（玉米、大豆及大米混合而成）、高粱或二米饭（小米与大米掺和而成）。

(二) 酒及饮料的"寻常"与"不寻常"

20世纪90年代，啤酒开始在河村慢慢普及，由不寻常食品渐渐转变为寻常食品。经过短暂的接触后，很多中老年男性村民回归白酒；河村的年轻人很少喝白酒，他们只习惯于喝啤酒。当然，随着年龄的增长，人们对酒类的偏好会发生变化。近些年，LN等一些返村青年陆续在春节时购买干红，人们初尝之下，颇不习惯，但仍有人在春节、中秋节买瓶"不寻常"的葡萄酒助兴。

20世纪90年代中期以后，可乐渐渐进入小卖店的柜台。因地近长春，故百事可乐更为常见（百事可乐公司在长春市设有灌装厂）。2000年之后，娃哈哈的"非常可乐"在河村崭露头角。不过，可乐类饮料终未流行，只有年轻人偶尔消费。小卖店店主ZF的妻子说，"就是刚来时卖了几瓶，现在基本没有人买。还是美年达、雪碧之类的汽水好卖一点。"美年达、七喜与可乐的价格相仿，人们不喜欢可乐的口味，但有村民会在春节时买几罐可乐。七喜与可乐，一个成为日常的"寻常"食品，一个成为节庆时的"不寻常"食品。这两种饮料的不同遭遇，与经济、价格无关，完全因美年达与河村人们所习惯了的汽水口味相仿，而可乐的"中药味儿、有点儿辣"与河村人们口味不符。可乐尽管"不好喝",但又能作为节庆时的"不寻常"食品而出现,应是人们对它所代表的城市生活方式的认同态度的体现。

（三）烧烤

20世纪90年代,随着河村小卖店之间的竞争而引进的烧烤,成为村民夏季越来越喜爱的消费项目。烧烤之物有羊肉、牛肉、干鱼、青菜、土豆片、毛蛋等,一般会搭配啤酒、白酒。有些人(LM、LQ、WM)还购置了烧烤设备,在家里烧烤。当初,只是年轻的男性村民（当然还有小孩子）参与,现在越来越多的老人、妇女参与其中。烧烤不是高消费,50元即可购置全套烧烤设备,前期投入并不大,但后期的消费过程中所费颇多,[1]让购置烧烤设备的男人的妻子们怨声载道。

食品偏好的变化,既是经济能力的因变量,也是社会、文化的作用结果。河村呈现的若干食品的时尚追求,是拥有特定经济条件的人们对以华田市、赤石镇为代表的城市生活方式的追求。从社会与文化角度来看,以干红与可乐为代表的食品全球化的步伐,只有在基层市场共同体中的核心（华田市及赤石镇）被同步之后,才有可能在河村这样的村庄由"不寻常"转变为"寻常"。不过,河村居民并没有对自己喝不惯干红、可乐而自卑。他们在有客人来的时候,会摆上这些饮料,只是觉得,这些是全球化了的食品口味,应予尊重,而已。

三　住房消费中的时尚追求:地炕、客厅与浴室

20世纪80年代的住房更新热之后,河村很少再有人建房。20世纪90年代以来,有些村民开始将自己家的房屋"装修",重新设

----

① LN的妻子说,"吃一次烧烤,至少三十、五十（块）,要是请客,就得一百来块"。

计格局。饭厅、客厅、浴室等几项内容充分反映出村民在住房消费
方面的时尚追求。

20 世纪 80 年代之前的老式住房只有卧室与厨房两类房间。卧
室兼做起居、客厅与饭厅。如图 4—1 所示：

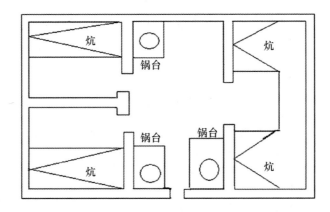

图 4—1　20 世纪 80 年代初，村民林某家住房结构示意图

这里住房情况如下。（1）东屋为尊，南炕为尊。老人住在东屋
的南炕。年轻人住在北炕。（2）炕多。打开房间门，迎面及左右两
侧都是炕。这种格局安排主要是考虑到联合家庭的人口结构及居住
模式。

1980—1995 年，第一批砖瓦房出现。新砖瓦房基本为三间房结
构。中间为厨房，两侧为卧室。在房间设计上，取消传统的"万字
炕"。即满族风格的南北大炕及中间的小火墙。只保留一铺炕，另，
为了获得更好的取暖效果，卧室与厨房之间的墙被改制成中空的火
墙。从多数村民的住房经验来看，这种房屋取暖效果不好。因取消
了炕的数量及面积，又无暖气设备，以致冬季室温太低。20 世纪
80 年代后期所建的砖瓦住房中，有的还增加了浴室或会客厅。如
图 4—2 所示。

村民 YD 的房子设置了浴室。浴室为一小房间，里面设有一小

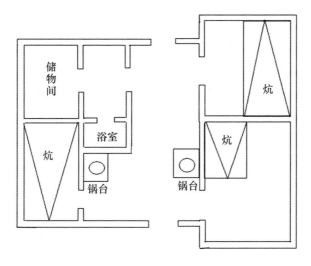

图4—2　20世纪90年代，河村居民住房结构示意图

浴缸。洗浴时，要先将热水注入。因无下水设施，只能在室外挖一深池，用导管将浴缸之水从地下排到室外深池。原则上，浴池可以在春、夏、秋三季使用（因室外排水设备在冬季会被冻裂），但村民基本只在夏季使用，且使用率极低。多数类似格局的浴室被当作杂物间。YD自嘲地说："一直就羡慕城里人可以在家洗澡。现在，还是得考虑现实，自己搭个洗澡棚吧。天冷还得去镇里洗。"2000年以来，一些村民开始在院子里搭建一个临时沐浴棚。夏天的时候，将水泵到棚顶的储水池内，利用午间日照加热，下午及晚上可以洗浴。

1996—2008年，此一时期的住房格局有了新变化。（1）增加地炕。即在卧室地面下边挖出一块空地，砌上烟道，覆盖上水泥板及瓷砖。这样，冬天里，卧室地面也是热源。村民可以坐在室内地面上吃饭、聊天、娱乐、睡觉。可以说，这种做法是将传统的两铺炕改为一铺火炕加一铺地炕。新房自不必说，即使是旧房，多数村民也将自家卧室地面改为地炕。由此，一些村民开始改变生活习惯：卧室需要换拖鞋才能进入。此举对村民生活习惯影响较大。YYX

家的房间较大，左邻右舍喜欢到他家里去玩，RA说："现在我们到YYX家去玩牌了，他家的地炕大，就是得穿拖鞋。俺这袜子还得现换（临时）一下，要不（否则），一脱鞋，把别人都熏跑了。"YYX也不清楚河村流行的地炕究竟源于何处。他说："可能是从延边那边传过来的做法。原来，咱们不把朝鲜族的地炕当回事，现在，各个电视台都播韩剧。这地炕也跟着火了。"

（2）增设饭厅。这种做法尚不多见，但似乎已成为趋势。新盖的房子多在厨房与卧室之间隔离出饭厅，即设计原则是"不再在卧室吃饭"。也有人在原来的房间格局内做文章，开辟出用餐的空间来。

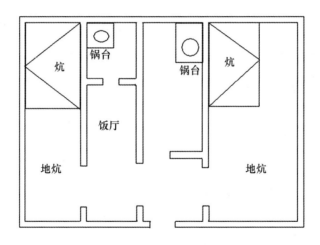

图4—3　2007年，村民李某家住房结构示意图

综上所述，河村人们在房间格局的安排上，一直处于变动之中：撤掉"万字炕"，设火墙，改地炕，设浴室，增客厅，改饭厅。促使人们做出上述行为的背后，既有经济条件改善，导致居住空间增大，房间数目增加，也有向城市为代表的现代生活方式靠近的时尚追求需要，更反映出村民因地制宜，择善而从，制造出富有地方色彩的"地方性时尚"。

四　出行的自由、便利及私人化

村民的主要活动范围，多限于以华田市为核心的基层市场共同体。从河村出发，西行 20 千米到赤石镇，再行 35 千米到华田市。

赤石镇是河村人经常出行的目的地。1968 年开始，至 1980 年，河村人前往赤石镇，主要靠步行（4 个多小时）、搭乘林场载木卡车（所需时间不等，靠机遇）、骑自行车（近 2 小时）的方式出行。20 世纪 80 年代，人们借助公共汽车（近 1 小时）、自行车出行，出行时间很不自由：公共汽车每天只有早晨、中午各有一辆次，自行车的出行只限于晴暖的季节与天气。20 世纪 90 年代，人们开始越来越多地借助私人交通工具（摩托车、三轮车，基本 40 分钟），但仍受限于季节与天气。2000 年以来，随着面包车渐入人们视野，出行大为自由便捷（去赤石镇约半小时）。河村的三辆面包车并非营运车，村民在车主去赤石镇时，可以免费搭乘（有时会给车主一包烟等作为酬谢）；村民临时有事，也可请车主开车专程送达。① 这两年里，村里增加了小汽车的拥有量，出行更为便捷。

面包车、小汽车、摩托车在河村具有明显的标签，"烧汽油的车"。河村的机动车，多是拖拉机等农业机动车，噪音大、速度慢、悬挂差，乘坐不适。烧汽油的，则恰好相反，且功能集中，只适合公路行驶，而非农业用具。

在"汽油车"刚刚开始进入河村的时候，人们似乎不讲求商品的品牌符号价值。河村众多"汽油车"车主，对品牌并不关心。正如他们对家用电器的态度一样，WM 曾对笔者说过，"各个牌子的东西，都差不多，能用就行"。在后发展地区的经济—社会框架内，村民以实用为主要目标的商品选择，很少出现"选择焦虑症"。他

---

① 在这种情况下，车主一般不会收费，但村民会在其他时机以不同方式予以回报。

们不需像许多市民临购物前去网络逛论坛，对比分析各品牌商品（甚者将相关资料建立一个 Excel 表格做分析、选择）。村民们只是走进商店，看着哪个顺眼，足矣。WH 把夏利升级为捷达后，又换回了一辆夏利。他说："我在这山沟里面跑，基本就拉两三个人。也用不着大点儿的车，贵，还费油。"

在河村所观察到的村民在交通工具方面的时尚追求，表明在熟人社会里，明显超出生产能力的消费行为，要受到社区消费规范的制约。在陌生人社会里，人们会为了品牌而纠结，因为他们关心品牌所象征的符号差异。在河村这个熟人社会，人们还是看重其使用价值。当然，村民虽然不很重视车辆的品牌符号，但重视"汽油车"的象征价值。农用机动车是农村的专属工具，村民 GM 说："开三轮去镇里，就是觉得不得劲（舒心），骑摩托车去，感觉就不一样。"不一样之处正在于，摩托车等"汽油车"是公路车，没有农用工具的标签。出行工具变革的背后，反映的是村民对适于农村社区的现代交通方式的向往。

村民在以物质依赖为基础的衣食住行各领域的时尚追求，反映出其对以城市为代表的"文明的进程"的认可。时尚的追求过程，并没有完全与城市同步，固然有经济、社会结构的原因，但地方性知识的制约、经济能力的限制，以及村民对收支平衡的理性判断、对个人形象的印象管理，都使村庄的时尚生活充满地方色彩及个性特征，反映出村民在消费过程中的自我，亦即，在消费过程中村民获得了主体性。

这里需要提及的关键一点是，村民在时尚消费过程中的参照群体，主要是以（县级）华田市为核心的基层市场共同体。这里的市民生活方式远不如北京、上海那样现代化，与长春市、吉林市也有较大差距。河村村民 GMF 自信地说："咱们这沟里的日子，跟吉林、长春差得太多。跟华田、赤石镇比，差不了多少。大家吃得、穿的、用的，我觉得都差不多。"村民时尚消费过程中的参照群体，很多时候正是村庄居民。在河村衣食住行各领域引领时尚之风者，都曾引起村中同龄群体的羡慕，正说明这一点。在这些群体的参照下，河村居民能够自信地将城市的时尚变通为本地的"地方性时尚"。

在西美尔的时尚论里，时尚总是表现为下层向上层的模仿。[①] 在河村，我们发现，在基层市场共同体范围内，在总体上，尽管河村居民会模仿共同体中心城市的时尚，但居民能够在同质性较强的群体的参照下，因地制宜。以男子服饰为例，村庄日常生活中常见的西装配胶鞋，皮夹克配棉帽，凡此种种，皆让服装服从于地方生活，服从于村民主体。这种以我为主的"自我型"消费，而非穿给他人看的"他我型"消费，正是对时尚的"再创作"，正如 20 世纪 90 年代东京低收入的少年"酷族"一样。[②]

第二节　精神文化中的自我呈现：休闲消费

河村村民的闲暇时间较多，且呈现明显的季节性。春种秋收之外，即每年元旦到开犁（4 月 20 日左右）的百余天里，以及 7 月至 9 月的"挂锄"期间，村民基本处于闲暇生活之中。如此规模的闲暇时间，已然引起许多社会观察者的注意，如何打发这段时间，关涉村民的生活质量与生活意义。换言之，休闲不只是生存的一种样态，更是生活的一部分。作为一种以快乐为指向的生活方式，休闲一直受到社会观察者的注意。亚里士多德将休闲时间视为哲学产

---

①　［德］齐奥尔格·西美尔：《时尚的哲学》，费勇译，文化艺术出版社 2001 年版，第 72—77 页。

②　李洪君、张小莉：《十年来的日本时尚特产："酷族"》，《中国青年研究》2006 年第 1 期。

生的必要条件之一。荷兰学者赫伊津哈甚至认为，"休闲（游戏）作为一种特殊的活动形式，作为一种有意义的形式，一种社会功能，正是我们生活的主题"。① 凡勃伦在《有闲阶级论》中也提出，休闲已经成为一种社会建制，成为人的一种生活方式和行为方式。②

本节主要讨论河村居民的电视节目消费及休闲体育消费。

一　精神文化的民主化：电视节目的消费

将电视节目作为消费对象的消费行为及其文化的研究领域内，存在两种针锋相对的观点，一种以批判学派为代表（如马尔库塞的《单向度的人》），他们援引葛兰西的文化霸权，痛心疾首于电视节目对人的休闲生活的宰制；一种以文化研究中的日常生活及后现代学派为代表，如费斯克，肯定电视节目的消费给人们带来积极的精神文化生活。③ 本节先描述河村村民对电视节目的消费状况，再以村民的主位视角展示村民日常生活中电视节目消费的图景。笔者与村民访谈时，围绕着电视节目消费，将访谈集中于如下问题：休闲时间是否被"看电视"所控制；电视节目中的农村、城市题材；电视节目展示的时尚，以及电视节目引发的物质消费。

（一）河村居民电视节目消费的偏好

村民观看电视节目的行为具有季节性特征。冬夏多，春秋少。因东北天寒，庄稼一年一熟，春种秋收。六月到九月的"挂锄"时期、漫长的冬季，都是村民看电视的集中时期。当地电视台趁机播放大量电视连续剧。④

---

① 马惠娣：《休闲：人类美丽的精神家园》，中国经济出版社 2004 年版，第 31 页。

② ［美］凡勃伦：《有闲阶级论》，蔡受百译，商务印书馆 2009 年版。

③ ［美］约翰·费斯克：《理解大众文化》，王晓珏、宋伟杰译，中央编译出版社 2001 年版，第 111—168 页。

④ 村民 G 说，"2005 年冬，他闲着没事儿，就天天看电视。我一般时候不看韩剧，待着没事啊，我就把《澡堂老板家的男人》看完了"。2007 年夏访谈。

不同年龄、性别的村民，有着不同的节目偏好。笔者选择河村北街两侧的村民家庭作为样本，获得如下信息。该街两侧共有 12 户，33 名村民，其中儿童 7 名、中青年女性 7 名、中青年男性 8 名、老年女性 6 名、老年男性 5 名。从中归纳分类群体共同的节目偏好。反馈信息如下表所示：

表 4—1　　　　　　　　　　村民喜爱的电视节目

村民群体分类	喜欢看的娱乐节目	喜欢看的新闻节目
儿童	无一例外地喜欢儿童频道节目，尤其是动画片	无
中青年女性	喜欢当代社会生活题材电视剧、时尚娱乐（小品、流行音乐电视）	民生类、法制类新闻等
老年女性村民	喜爱传统题材电视剧、传统娱乐节目（如二人转、相声等）	民生类新闻
中青年男性村民	喜欢男人味儿电视剧（反腐败、打黑、战争、武侠等）	民生类、法制类新闻、动物世界、体育及农业科技节目
老年男性村民	偏好传统电视剧	政治新闻、农业生产等节目

　　除此样本之外，在村庄的访谈中，笔者也在全村范围内进行类似的信息搜集。总体看来，民生、法制类节目受到绝大多数成年村民欢迎。《焦点访谈》《艺术人生》《实话实说》《每日说法》《法制在线》《拍案说法》等节目所以受欢迎，在于其真实性、知识性。村民 WQ 本来不喜欢看这类节目，但丈夫喜欢看，她也慢慢习惯这类节目。她说，"看这样儿的电视（节目）吧，能知道点儿东西。"她特别举了一个借款的案子说明。"咱们这儿借钱都不打欠条。前两天看电视，四川的事儿，就是因为借给人家钱没要借条。钱就打水漂了（没有收回来）。咱们以后也得记着点儿，就是跟别人借钱，也得主动给人家打个借条。"
　　电视剧是诸多节目中的重头戏，在河村具有较高的收视率。女性及老年村民多喜爱。唯有相当多的中青年男性村民表示，"最烦电视剧，又臭又长"。在河村，最受欢迎的电视剧类型是家庭情感与生活片，其次为战争片、武打片、历史剧、侦探片、都市剧。我2006年的一次简单抽样调查中，90%以上的受访对象都表示喜欢家庭情感与生活片。多数村民，对《渴望》《篱笆女人和狗》《人生》《空镜子》《爱情是什么》《大长今》《三国演义》《刘老根》《马大帅》《射雕英雄传》《武林外传》等流行一时的电视剧耳熟能详。

与电视剧相比，相声、小品类节目更能给村民带来快乐。相声小品等娱乐节目与"二人转"有相通之处。地方电视台（吉林省电视台，华田市电视台及赤石镇或赤石水电电视台）常常播放传统曲艺节目。赵本山、冯巩、宋丹丹、潘长江、魏三等以二人转、小品起家的艺人的知名度，要远比张艺谋、王菲、章子怡、杨丽萍、俞丽娜等其他专业领域艺人的知名度要高。

针对村民普遍喜欢听评书的习惯，地方电视台经常在17—19时播出"评书连播"。前些年，田连元主讲的《杨家将》极为流行。许多村民早早收工回家，以便收看18时播出的评书节目。更有村民为了能与他人交流"观后感"，特意跑到别人家去一起看电视，交流一番心得之后再回家做饭。在夏天，有村民喜欢将饭桌搬到庭院，这时便将电视机音量开大些，一边吃饭一边听评书。20多年前，村民边吃饭边听收音机，如今，很少有人还在听收音机，都改成"听电视"。

总体说来，在河村，（1）通俗易懂的节目拥有大量村民受众，如历史剧、武打片、家庭情感片等；（2）思辨性较强的节目不受村民青睐。如各种论坛、（文化）精英访谈。曾经风行一时的《百家讲坛》节目，如讲《红楼梦》、释《论语》之类，很少有村民收看。村民更喜欢通俗性较强、不需要费脑筋的节目。或许，这正合乎许多学者心目中的电视节目的定位（通俗文化）。

（二）"电视就是个工具"：村民主位视角中的电视节目消费

本节中，笔者将充分展示村庄本位视角中的电视节目消费。

1. GYF[①]

　　从你跟我说的这些问题，我就知道你大概想了解什么。我白天一般不看电视，就是下雨干不了活，我也不大看，我一般去小卖店看他们打扑克。晚上基本能看一会儿，一般是电视剧，要不就是新闻、农业频道也看一点儿，不多。

　　看农业频道当然有用。DX 种五味籽的 XR，就是从电视上知道的消息。我基本就是种地，这都是按习惯就能干的事儿。对我来说，看点农业节目就是了解一下，看看别的地方都有什么情况。要是有适合咱这边发展的项目，也可能考虑一下。

　　城市还是农村的节目，我不太在乎。以前看的那些电视，城市农村的都有。这没什么吧？城里人也看赵本山拍的那些《乡村爱情》啥的。农村人看点儿《上海滩》，都是一样的事儿。农村人也不一定都得看农村内容的节目吧。

　　买东西啊，电视节目对我没什么影响。买家电什么的，电视广告也没什么大的影响。到商店去，看着哪个顺眼就买哪个，这些东西，都差不多。电视能看，冰箱能制冷，洗衣机能洗衣服，就行呗。手机也一样，咱们这儿用的，都是山寨机。都说苹果、三星什么的好，就是个电话，能打电话，发短信就差不多了。我也不上网，家里有电脑，小孩子回来玩玩儿。

　　电视上的有钱人的生活，那当然是好。咱们比不上，也不寻思了。人家过得是人家的，咱没钱人过的是没钱人的日子。买不买什么，还得看口袋里有多少钱。

---

① 　男，1972 年生，初中毕业，农业种植为生。访谈时间：2012 年夏。

电视就是个工具，以前是听收音机、听广播，现在，就是加个图。打发时间用的。要说它在咱们的生活里怎么重要，我倒没什么体会。

2. MH[①]

我白天看电视的时候不多，太忙了，不是种地，就是打工。晚上一般能看点儿电视。除了家务活、管孩子学习，也就是看电视吧。在镇里的时候，晚上有时候出去转转，镇就那么大，也没什么可转的，两条街，两天就逛熟了。晚上的时间，也就看电视。有孩子，要早睡，晚上八点多就得睡，也看不了几个小时。

我挺愿意看电视的，轻松。电视剧、娱乐节目啥的。看电视，就是图个乐呗。我不愿意看那些哭哭啼啼的。本来就够累的了。韩剧呀？喜欢。哭的地方不算多吧。国产的剧，一哭就半天，看着就闹心。

看到电视上的人穿的衣服、用的东西，也可能跟着买吧。那还得看市场上有没有卖的，再说，跟前（附近）人都不穿的衣服，你也不能穿。太不合群了。得看各个地方的环境。

好东西就得多花钱，没钱就买一般的呗。有差别，估计了大不了多少。彩电、冰箱啥的，海尔、长虹、康佳，我看各家的都差不多，就是牌子不一样。衣服，各牌子差别大。不过有时，几个牌子的款式也差不多。广告的东西，不能一听就去买。好的东西，也用不着做广告。

总的说，电视对我买东西，还是有点儿影响吧。就是看着

① 女，1974年生，初中毕业，农业种植，其余时间在镇里打工。访谈时间：2012年夏。

看着，眼熟了，大家都那样儿，就可能跟着买了。至于说电视
怎么控制了我，有些夸张吧。那都是你们这些读书读多了的人
的想法吧。

3. TAO[①]

　　跟别人比，我算是看电视比较多的。我每天都看，新闻、
电视剧、纪实类的节目。可能是我不太愿意出去玩的原因吧。
电视节目一般都挺有意思，有些不喜欢看的，就换个台呗，这
么多台，总有能看一会儿的。

　　我原来也喜欢看点儿书、报纸啥的，现在岁数大了，看不
清了，得戴花镜，戴上去摘下来的，太麻烦。再说，也没有什
么报纸和书可看。咱们不比城里，买点儿书和报纸也不方便。

　　我觉得，看电视和看书、报纸啥的没有太大区别。就是看
里面的内容。就说《水浒》《三国演义》啥的吧，书和电视，
说的都是同一个东西。电视就是加了个声音和画面。

　　现在电视比以前好看多了。以前就是电视剧、新闻、广
告。现在的电视，娱乐节目多了，我倒是不怎么看。再有，焦
点访谈啊，面对面啊，百家讲坛啊，这些节目看了长知识。

　　你是说电视节目控制人？电视让人被动地看，不能主动地
思考？可能是这样吧。我不太明白这个。那看书不也成了让人
控制了。要是这也担心，那也担心，什么也不用做了。听人的
话，就是让人控制了吗？这要看情况吧。人家说的对，就听
呗，这也不算控制吧。听不听，还不是你说的算？

　　你不看电视？你上网啊，那都差不多吧。就是形式不一样

---

①　男，1945 年生，小学毕业，农业种植为生。访谈时间：2012 年夏。

吧。YD 他们家的电脑，也就是看新闻、看点电视剧啥的，就是广告少，上网的好处就是可以不看广告。不过，有的广告也挺有意思的。

看电视让人更想买东西？大概吧，我觉得不太可能，想不想买啥，是自己的事。

你说买电冰箱啊。我倒不是看电视里面的人家都有电冰箱，就得去买一个。前几年的时候，家电下乡。电视也说了，国家、厂家都给补贴，反正也不贵，一千多块钱，要是不补贴，就得两千块钱。合算，就买了。还是有点儿用的，买来的肉啊菜啊，剩下的饭菜什么的，都能放进去。有这东西，（生活）更方便点儿。这个吧，也不是必需的，有比没有，还是要好一点。主要看钱，钱宽裕了，就买个呗，算是改善生活。房子、电视、电饭锅这些东西，都一样。主要看钱，没钱，土房子一样住（也能够生活）。

（三）节目消费的是与非

得知笔者几年没看过电视，村民都很惊讶。电视在他们的生活中太重要。他们知道笔者用电脑，便以为用电脑看电视节目。对于很少看电视的笔者来说，非常理解德国、法国学者对电视节目的批判。但在村庄住上一阵子，笔者就习惯于这样一种主位视角：村庄生活单调，节奏慢。看电视是打发时间的有效方式。只是，他们不止一次地提到，电视跟以前的书、报纸、收音机一样，只是一种工具。这对笔者有很深的触动。笔者因不喜大众娱乐节目及不能自由选择节目内容，舍电视而近电脑。笔者的精神愉悦感更多来自有选择性地阅读，这是被长期的学习、工作环境所格式化的后果。阅读文字之于笔者，正如看电视之于村民，是同样的精神愉悦享受，工具不同、内容有异，但殊途同归：一致的精神愉悦效果。我们不愿承认，也不相信，我们在阅读的过程中被文字所控制，我们能思考、有选择、可辨析；村民看电视，也是能思考、有选择、可辨析。其道一也。

或有人认为：当代电视节目以激励消费为主，以都市生活为主，让村民在电视信息轰炸下迷失自我，逐渐认同以物质消费为幸福生活导向，以逃离农村为人生奋斗目标。上述访谈结果表明，这幅现代消费主义图景还没有在河村成为事实。这里还可进一步商榷若干问题。

问题一，电视节目内容以都市生活为主。虽然村民是当代民众的多数，但电视节目并非一定要以反映农村的生产、生活为主。电视节目源于生活，超越生活，但不可以单调。无可否认，农村生活节奏缓慢，色彩单调。看似庞杂广阔的现实生活实际多是简单的自我复制，缺乏影调的丰富性，缺少"戏剧性"之起承转合，匮乏冲突跌宕的环节。电视节目制作者不得不考虑节目本身的逻辑。

问题二，物质消费为导向。收入有限的村民是理性个体，受制于消费规范（如对"入不敷出"的负面评价）。电视节目自觉不自觉地在倡导豪宅、汽车、高档时尚用品。此举不独中国，全球皆然。优质（甚至是奢侈的）商品是人类永恒的追求。或许不是每个人都能享有，但优质产品所确立的生活水准，及其相关社会、文化观念，对社会整体文化的影响不容忽视。节目本身即精神文化产品，作为一种符号，它与它所指向的物质所代表的是两层世界。符号营造的是精神层面的意义体系，它并不必然与其指向的物质性实在"同一"。正如《星球大战》之类的科幻片之于成年影迷一样。对电视节目消费的这种批评，似乎低估村民的理性能力。

问题三，宜注意到两种不同的电视经济及文化效应。费斯克根据马克思主义政治经济学的商品交换价值与使用价值理论，将电视文化产业划分为两种经济：金融经济注重的是电视的交换价值，流通的是金钱；文化经济注重的是电视的使用价值，流通的是意义、快感和社会认同。[1] 借用费斯克的两种经济模型，我们宜注意到，电视产生的观众并不是同质的大众，而是各种亚群体。各群体可以基于自身生活经验，从不同的电视节目中获取自己所需。即，电视观众并不是被动的消费者，而是积极的取舍者。因之，我们可以提取出电视对村民社会生活的"文化"贡献：它生产着村民生存及生活的意义、感官的快乐及社会共同体成员的认同感。即使退一步，假定电视观众都采取霍尔所说的无原则接受的解码立场，在电视普及后，一个可能的场景是：在某个时刻，十多亿人都被一台晚会、一首歌曲、一段小品所左右。一张面孔、一句台词，于几秒钟内在十多亿观众的头脑中留痕，并于次日开始流行于近千万平方千米的国度。河村也不能置身事外。在批判学派及后现代主义者看来，这正是电视将社会平面化的证据。但也能从读者决定论（亦即从村民作为节目接受者及节目意义的阅读者）的角度看到，正是"家家户户看电视"这种景观，才是缩小公民之间社会文化观念差异最有力的工具。当全国人民都把若干（或由"推手"制造）网络热点当作餐桌谈资时，电视节目制造的这种"平面化"正是信息民主化的表现。如果没有电视（及正在河村出现的互联网络），河村在社会观念、信息分层等方面与城市、现代社会的"断裂"情势只能更为严重。

二　身体的自我展示及其运用：河村休闲体育的消费

身体消费是指那些以身体为对象的消费行为，主要分为男人对健美身材、女人对曲线身材及面容的追求所形成的消费行为。本节

---

[1] ［美］费斯克：《电视文化》，载陆扬与王毅《文化研究导论》，复旦大学出版社2006年版，第283页。

主要讨论河村村民的日常生活中的休闲体育，即用来休闲的体育活动。无疑，与任何一种体育形式一样，休闲体育活动中也存在竞技特征，不过，这种活动的中心意旨还是休闲。休闲体育是社会经济生活发展到一定程度之后的产物，它之存在，需要特定的空闲时间、精力，甚至一定的金钱基础。因之，能否享有休闲体育活动，选择哪一种休闲体育活动，就成为人们日常消费生活中的关注对象，甚至成为个人素质、社会地位的外在标志。本节意在通过描述河村村民对休闲体育活动的认知、评价及选择，以布尔迪厄的文化资本理论为分析框架，讨论河村人们通过休闲体育消费所形成的自我的表达。

（一）村民对休闲体育消费的认知

村民对竞技性体育知识的了解，基本来源于大众传媒。村民知道，城里人早晨会去公园散步、跑步、跳舞、打太极拳、练气功等，年轻人去游泳、打保龄球、骑自行车，去健身房用跑步机、哑铃、动感单车等进行运动。

村民也有机会目睹这样的体育活动。有一个村民的孩子吕某，参军后回村探母期间仍晨跑。村民一方面羡慕吕家的孩子，到底是在外边闯了这么多年，早晨起来去跑步，潇洒！另一方面，他们也在寻思，这段黄金时间（凉爽）如果不用来跑步，能做些什么。

体育运动可强健身体之说对村民没有吸引力。他们有资格嘲笑电视剧里为了健身而在健身房里挥汗的城市白领。虽有学者声称，农业劳动虽然也消费卡路里，也可让肌肉强健，但只是某些部位的肌肉得到锻炼，并不是真正的身体健康所需要的运动。[1]

---

[1] 郭传燕：《农村体育发展问题与发展对策的研究》，《长春师范学院学报（自然科学版）》2006年第2期。

体育运动所展现的力量之美，河村村民是认同的。河村居民有擅长游泳、台球、篮球者，其动作的潇洒流畅也能引起众人的围观与赞赏。

（二）河村休闲体育消费状况

在河村，人们会去村边的"大河"游泳，会去村里小卖店所开设的台球厅打上两杆。与其他竞技体育一样，善于此技者总会受到相关群体的尊崇。如擅长游泳的 Z、精通台球的 J 及篮球明星 WFT。

篮球是河村休闲体育运动中参与人数最多、影响最大的运动。赤石镇每届运动会都设有篮球项目。在农闲时节，年轻的河村居民结伴去学校的操场打篮球。WFT 是此道高手。由于篮球的影响最大，球技出众的 WFT 在 20 世纪 90 年代成为河村年轻人群体中的红人，甚至是非正式首领。

（三）通过休闲体育展示自我：一个案例

自镇里的初中毕业后，由于学习成绩不理想，WFT 未去县城读高中，而是回河村务农。两年后，枣子河村小学校因缺乏体育教师，鉴于 WFT 篮球球技出众，特向 WFT 发出民办教师的聘约，WFT 遂成为一名体育教师。

在做体育教师期间，WFT 发展了他的特长，篮球成为当地小学生最喜爱的体育运动形式。WFT 组织了一支校小学生篮球队，到镇中心小学进行友谊比赛，在当地产生一定影响，也为枣子河村小学在赤石镇获得荣誉。此后，河村年轻人经常成群到河村小学操场打篮球（也打乒乓球）。因 WFT 以及篮球运动的存在，河村小学操场成为当地社区颇有人气的公共领域。

2001 年，河村例行村委会换届选举。WFT 决定参与竞选。他利用河村年轻人多次到小学打篮球的机会，向他们表达自己想要参与竞选的想法。他的政治要求得到年轻人的认可。在 2001 年的竞选活动中，早已在各村知名的 WFT 以绝对优势获得村委会主任一职，完成由乡村教师至村委会主任的社会流动。

社会学家布尔迪厄曾提出，社会存在多重竞争领域，在某一竞争领域内具有优势的社会个体可以将这种优势携带到另一领域。以文化为例，有权力资源的人进入到文化领域的竞争中，会为文化领域内的智力竞争带来不均衡，打破原有的纯粹的文化竞争格局。① WFT 在与同龄群体竞争河村小学校体育教师的工作岗位时，他并不具有文化领域内的相对优势。他的优势是擅长篮球。当这种擅长成为一种稀缺资源时，它的价值在河村小学需要体育教师时显著增加。当 WFT 携带着他在休闲体育活动领域内的优势进入到文化教学领域后，他又渐渐地跨越学科界限，从事基础文化课的教学。在文化领域内积累起来的资本（教师形象、知识、言谈举止等等）又为 WFT 竞选村委会主任一职提供了相对优势。

通过上述分析，我们认为，尽管河村的休闲体育运动相对不普及，但在国家、大众传媒所营造的社会语境中获得了足够的正当性。国家通过义务教育体系为体育树立正当性：学校课程包含体育教学、村小学组织体育运动会、镇里举行体育运动会。大众传媒通过传播竞技体育及休闲体育，展示体育运动的健与美，塑造了体育的不可或缺性。在此语境中，河村小卖店通过引进台球，丰富村民的休闲体育消费项目。休闲体育成为村民展示自己身体协调性的领域。村民通过休闲体育消费，将身体的自我呈现在村庄公共领域，获得主体性，并以之为文化资本，进而建构其社会资本，例证了一个积极运用规范进行"文化实践"的能动者。

---

① ［法］布尔迪厄：《文化资本与社会炼金术——布尔迪厄访谈录》，上海人民出版社 1996 年版，第 150—248 页。

小结

我们发现，表达型消费文化表现为社会成员在消费领域内的自我认知与表达。

1. 村民在衣食住行各领域的时尚追求目标是以城市为代表的"文明的进程"，但在基层市场共同体的参照下，村民制造衣食住行各领域的"地方性时尚"，展示以"我"为主的"自我型"消费。

2. 村民在电视节目的消费过程中有清醒而完整的自我。电视节目的选择、相关符号的能指与所指，最终决定权由作为节目消费者的村民享有。这使习惯于欧陆学者"论电视"言论的我们意识到，虽然知悉霍尔的解码立场所开启的消费文化读者决定论，但我们未曾真正将它施之于中国村庄的日常生活。

3. 消费维度的"自我"也呈现于村民的休闲体育消费过程中：他们在国家意志、大众传媒、市场经济、地方性知识所确立的消费规范中，用休闲的方式消费着自己的身体，并通过实践将它转化为自己的文化资本及社会资本。

第 五 章

地方性消费知识的再生产

置身于商品与符号搭建的物质世界中，村民面对着多元消费空间与丰富的物品选择。村民提升生存消费质量、追求享受消费的过程呈现如何，是迷失在交换价值与符号价值对主体关系的遮蔽之下，还是在其中建构具有社会区分效果的品味文化？村民又如何在消费过程中寻找到自己的合适位置以保证日常生活的连续性？此章呈现辽宁省农村消费知识谱系的表达与建构过程。

第一节 使用价值到符号价值：
变动中的居民消费观[①]

在吉林河村，我们发现乡村社会的物质消费革命正在发生，从住房样式与布局的革新到电视机、冰箱等耐用消费品的普及。此节强调，与物质消费变化相伴的还有村民的消费观念、生活方式与价值导向。我们以辽宁省大连市 J 村村民的日常生活消费实践为例，说明农村日常生活消费的这种新变化。

---

① 本节文字由李洪君、孙梦共同完成，征得孙梦同意，录于此。

一 彩灯的消费竞赛

J村隶属辽宁省大连市，为临海渔村。村人口总数为4275人，耕地面积2910亩。2000年以来，J村经济发展迅速，2015年，村民人均年收入约为1.5万元。

笔者此节以"生存—享受"的需要分类讨论J村的日常生活消费。"生存—享受"消费需要是指村民在满足基本生存消费需要的基础上，有两种可能的消费实践，其一，继续在基本生存需要的维度上提升消费质量；其二，在日常消费实践中进行社会消费、表达型消费和精神文化消费。[①] 这两种可能的消费发展方向与村民对地方性知识和现代消费文化的认知有关。笔者发现，在边际效益递减效应的驱使下，J村村民将持续追加的消费投入到享受消费中。

2000年以来，J村逐渐兴起"春节挂彩灯"的消费热。村民孙某告诉笔者，起初J村村民多在春节时悬挂红灯笼，红灯笼寓意喜庆，照明的同时也可循环使用。他家起初也悬挂红灯笼，后来看到村内有其他村民悬挂着很漂亮的彩灯，遂效仿。孙某说，他当时购买彩灯主要是图个新鲜感与新奇感。但事情发展并不如孙某所料，J村村民购买彩灯的市场每年在春节前都会出售样式新、更漂亮的彩灯。孙某悬挂第一次购买的彩灯两年。第三年时，孙某扔掉旧的彩灯，重新购置新的彩灯。直至笔者调查时（2015年），孙某每年春节都会悬挂新的彩灯。因为每年购置新的彩灯，悬挂彩灯的时间也只有春节期间，孙某起初觉得有些浪费，但是当他看到其他村民也进行类似的彩灯消费，且悬挂的彩灯比自家的彩灯漂亮时，孙某改变了看法。每一年，孙某都会购置新的彩灯以图胜过其他村民。

孙某不仅每年购置新的彩灯，而且在悬挂彩灯上别出心裁。

①　李洪君：《需要视角下的精神文化消费》，《理论视野》2012年第5期。

2008 年春节前夕，孙某从市场上购置 10 米的管状彩灯。听从女儿的建议，孙某在悬挂彩灯的鞭杆上额外焊接出"2008"字样，然后将 10 米的管状彩灯缠绕在数字图案上。孙某告诉笔者，2008 年春节，他家院落上方飘浮着一个大大的"2008"数字。孙某的这一彩灯消费的创新实践引来其他村民的赞赏与模仿。在春节之后的一段时间内，部分村民仍赞赏孙某的彩灯有创意。2008 年后，部分村民模仿孙某的方式于鞭杆上焊接数字图案。村民们的热议以及部分村民的模仿让孙某感到高兴，孙某不但不再觉得彩灯浪费，而且每年会加大彩灯的消费投入。孙某告诉笔者，他的妻子起初也抱有彩灯不实用的看法，并多次提醒他不要购买彩灯。2008 年之后，当孙某的妻子听到村内其他村民夸赞她家悬挂的彩灯漂亮、有创意时，便再未阻止孙某购买彩灯。2013 年春节之前，孙某仍打算在房檐上悬挂彩灯（孙某的住房有 200 平方米），依照孙某看，妻子一定拒绝孙某的提议。孙某征求妻子的意见，不但未遭到反对，反而得到妻子的赞同。此次，孙某又别出心裁。2013 年春节，孙某的住房前门上方悬挂出一个大大的五角星彩灯。

村民孙某年复一年悬挂彩灯的消费实践似展示出凡勃伦所述的炫耀性消费。起初孙某和爱人还会觉得悬挂彩灯浪费，但当他们听到其他村民的赞赏，见到自身的彩灯消费为其他村民模仿时，孙某和爱人自觉彩灯消费具有延续下去的意义。也因此，孙某在其后的彩灯消费中特别用心地保持其彩灯消费的独特性，以持续地获得其他村民的赞赏与模仿，孙某及其爱人也不再关心悬挂彩灯是否浪费和彩灯有限的使用寿命。

J 村这样一种竞争性的彩灯消费实践正如火如荼。J 村村民春节时均会悬挂彩灯，他们不仅将彩灯悬挂在鞭杆上，而且会悬挂在住房四周、院落门前的大树上。在村民这一竞争性的消费实践中，原本寓意喜庆、具有照明功能、可循环使用的红灯笼被置换成为色彩与样式繁多的彩灯，并在村民彼此的参照与模仿中被村民赋予更多的意义。在 J 村，彩灯寓意财富与合意，村民装饰的彩灯越富丽堂皇、越出众，来年就会财源广进、顺顺利利。

二 化妆品、染发、服饰：归属导向的社会消费

彩灯因村民的相互模仿、竞争而获得额外的符号属性。这种符号价值根源于涂尔干述及的社会之力。[①] 这种基于社区共同体的符号消费在 J 村的日常生活中亦有其他表现形式。

村民邱某的化妆品消费。村民邱某，46 岁。她告诉笔者，2006 年之前，她使用的化妆品为"大宝"和"万紫千红"。"大宝和万紫千红这两种化妆品在村内较为常见。万紫千红是老牌子，物美价廉，对肌肤没有刺激性。"这是邱某在笔者访谈时对"大宝""万紫千红"的认知。邱某的这一说法，让笔者见到邱某家洗漱台的名牌化妆品时感到吃惊。笔者好奇这其中的不一致与转变，邱某告诉笔者，她起初只是在电视上看到"雅诗兰黛"的广告，后来发现村内有其他村民使用。去那位村民家看过这个牌子的化妆品后，邱某也到庄河市内的商场购买一套使用。她描述自己的使用体验："用了一段时间的雅诗兰黛之后，感觉也没太多的变化，就是味道很好闻，也没觉得皮肤变好了。"邱某虽质疑"雅诗兰黛"的功效，但"一想到大家都在使用这么贵的产品"，邱某自觉再用便宜的化妆品没面子，久而久之也就不再有那么多的顾虑。邱某给笔者举例，她平时有留意过邻居陈某（女）的皮肤，感觉和自己的皮肤没大差别。而据邱某了解，村民陈某使用的是"大宝"牌的化妆品。邱某告诉笔者，现在她就抱着"只要擦不坏"的心态使用这些化妆品。

----

① ［法］爱弥尔·涂尔干：《宗教生活的基本形式》，渠敬东、汲喆译，商务印书馆 2011 年版。

笔者调查时她正在使用"珀莱雅"品牌的化妆品，其间也使用过其他品牌，"都是电视上经常做广告的那些。虽然已经用过几个品牌的化妆品，但根本不知道这些标价几百块钱的产品好在哪里"。现在邱某也不愿再去用那些价格低廉的"杂牌"化妆品。一是担心这些产品会对皮肤造成伤害；二是觉得若使用这些杂牌化妆品，在和村内其他女性村民聊天时会插不上话。

无疑邱某在消费品牌化妆品的过程中，注重的不是品牌化妆品本身的实用功能、品牌符号，而是借由消费这些品牌化妆品在村内妇女群体中获得的地位和归属感。这种符号消费不止于邱某，也不止于化妆品消费。

宋某 2015 年春节前夕（42 岁）在市内的理发店剪短与烫头发。在此次烫发之前的两个月，宋某刚做过头发拉直。宋某的丈夫认为宋某梳长发很好，当时制止宋某的烫发之举。制止并未奏效。宋某说："其实我是看李、徐、张她们几个前两天一起烫的短头发，（尽管）也没看出来好看是不好看，就是想烫个（和）她们一样的头发。"村民李、徐、张与宋某年龄相仿，家庭经济条件居 J 村平均经济收入之上。闲暇时间李、徐、张三位村民会聚在一起聊衣服、化妆品等。

从宋某烫短发的消费动机看，宋所追求的并不是烫短头发后的美感，而是要通过这样的消费实现与李、徐、张三位村民的同一性。这与邱某的品牌化妆品消费有异曲同工之处，即通过消费获得其他女性村民的认同和建立归属感。

宋某追求认同与归属感的消费实践在其他方面也有所展示。2014 年，宋某不顾丈夫反对坚持为丈夫购买一件两千多元的皮夹克。宋某的丈夫觉得两千块钱的衣服太贵，只穿着于过年走亲访友时，过了正月十五出海穿着浪费，一年内穿不上几回，不值得买。宋某告诉笔者，她坚持为丈夫购买皮夹克是因为她曾在村内的婚礼酒席上看到同村的很多男性村民都穿着皮夹克，当时丈夫只是穿着一件很普通的外套。宋某当时觉得很不舒服。一如宋某的丈夫所描述的，宋某购置的皮夹克常年挂在宋某家中的衣柜内。这件皮夹克具备的使用价值，因为宋某丈夫出海穿不上而弱化。对比宋某丈夫所穿的普通外衣和这件皮夹克，两件服装的差异在于由商品价格标签而来的消费认同。

从村民宋某、邱某的消费实践来看，她们在消费过程中所追求的并不是商品本身的使用价值，而是商品的符号价值。而且，诸如几百元钱的"珀莱雅"化妆品消费、两千多元的皮夹克消费，村民所看重的符号价值并非是价值标签或"珀莱雅"品牌符号，而是借此消费在村庄中获得归属感。换句话说，"珀莱雅"化妆品、两千多元的皮夹克的符号价值源自于社区共同体而非市场、广告商。

笔者发现，大连J村展演着以符号消费为内容的社会消费。村民欲通过春节时的彩灯消费竞赛获得同村人的关注、羡慕，待其他村民模仿之时做消费创新，引领新的彩灯消费；女性村民借由品牌化妆品消费和染发消费同龄妇女群体获得归属感。这些虽是炫耀性消费，看起来似乎缺少经济理性，但村民却是以消费展演着社会理性，村民所追求的符号价值根源于社区共同体。

自文化工业发展，于大众商品文化的批判便从未停歇。先是欧美消费文化之于后发展国家，后是中国城市消费文化之于中国农村消费文化，后发展国家、中国农村中的社会主体消费一直被视为市场中的呆瓜。J村的经验证明，虽然村民有着看似不符合经济理性的炫耀消费，似乎证实批判学派以经验例证的炫耀、模仿、盲从，但是J村村民所追求的符号消费的价值却是源自本土社区。这即意味着，若J村妇女群体中流行的是低价的"大宝"化妆品，那新的符号消费则具有非品牌、非高价的特征。就此看，J村村民并非被市场操纵的无思者，而是在社区生活中建构着主体性。

J 村的经验亦揭示，地方性的消费知识的再生产以不断革新为特征。无论是彩灯消费竞赛，还是化妆品、染发、服饰消费，J 村村民在消费过程中均面临选择：于彩灯，装饰、美观或实用；于化妆品，大宝或雅思兰黛。村民于脱离生产情境的消费知识积累不足，需从社区获得确认。在这一过程中，地方性知识的构成被更新，品牌消费品进入村民日常生活。

第二节　住房消费的知识积累与表达

1978 年经济体制改革以来，农村的住房消费浪潮此起彼伏。社会学视角下研究农村住房消费主要依从两个维度：其一，将住房消费作为自变量，透视家庭关系变迁与村庄变迁；其二，将住房消费作为因变量，从社会文化中寻找农村住房消费变化的诱因。

前文提及，地方性的消费知识在新的消费元素引入的过程中发生变化。有趣的是，在住房消费研究领域，住房消费主体共享同一套与住房消费相关的知识被视为无须检验的前提条件。此节，我们重新提请这一前提条件的分析。因为经济区域不同，村民掌握的消费知识不同、有不同的住房消费习惯，当新的元素进入农村住房消费领域时，消费知识的再生产可能呈现出不同的特征。

我们选择辽宁 W 村。① W 村地处辽宁省北部，气候干燥少雨，冬季寒冷，夏季炎热。村民在住房上的基本消费需要是防寒保暖。

---

① （1）W 村隶属辽宁省法库县。W 村地处沈阳市西北部，法库县西北部。以沈阳客运总站为终点、W 村距沈阳市约 86.7 千米，客车所需时间约 3 小时；以法库客运站为终点，W 村距法库县约 29.6 千米，客车所需时间约 1.5 小时。法库县下辖 14 镇、5 乡，共计 233 个村民委员会。W 村所在乡为法库下辖乡之一。W 村为所在乡的行政、教育、经济中心，乡党委、乡小学（原乡中学）设址在村内。W 村既是行政村，又是自然村。由集体经济时期十二个生产队改组而成，现下设 12 个村民小组。2014 年，W 村共 1016 户，人口总数为 3020 人。总耕地面积 12000 亩（略多于此数字）。人均耕地面积三亩半，土地类型为山地、洼地。（2）本书第五章第二节至第五节中的 W 村均为此村。

经济收入来源方面，除部分村民外出务工外，大多数村民依靠土地为生，包括种植玉米、蔬菜、豇豆角、苦瓜、朝天椒等农作物。因此，村民的经济收入多寡多受劳务机会、天气、市场等非人力所能决定的外界因素影响。村民的经济收入有限，家庭年均收入在3万—4万元。在国内其他村落住房翻修与重建的过程中，W村的住房仍以土房、圆山房、烽火檐房为主。2000年左右，北京平房、瓦房才相继出现。诸如塑钢门窗、塑料推拉门、苯板、插板等建材商品也是2010年后构成村民住房消费的基本配备。如后文表述，这些建材商品于村民并不只是经济水平上的不可得，还有不知。

一　住房消费社会化

W村的住房消费发展同时是村民习得住房消费相关知识的过程。W村的住房消费包括相关建材商品的物质消费，与建材商品消费相关的审美设计（这包括室内"配套"的其他类耐用品）。依村民于村内住房消费发展的记忆，笔者将W村的住房消费发展划分为三个阶段：2000年之前、2000—2010年、2010年之后。

（一）2000年之前的住房消费

至2000年，W村已基本完成从土房到砖石结构的烽火檐房和圆山房的消费改造。住房室内布局为东、西屋（"卧室、厨房、卧室"）或西屋与外屋（"卧室、厨房"①）样式。居住空间内，村民以水泥、红砖或纯土铺设地面，以报纸糊墙或以白色涂料粉刷墙壁、以绿色油漆粉刷墙壁与地面、土炕相连处（油漆漆墙与否曾是村民"条件（收入）好坏"的一种外在展示）；冬季，村民以报纸溜窗缝或以塑料、牛皮纸粘贴门窗以挡寒风；室内村民以黄色玻璃灯泡照明。诸如黑白、彩色电视机、衣柜为村民成婚时购置或打

---

① 厨房约占卧室面积的三分之一。

造，不构成住房消费的配套商品。

在此阶段，村内有一户村民突破常规性的住房设计。该村民建造门房，住房临街而设、位于院落与街道之间。该户村民住房的室内格局与室内配套商品也属村内时尚，该户村民采用"住房、门廊、住房"的格局设计，西屋设卧室、厨房、客厅；东西屋内均安设烧煤取暖的暖气片。有其他村民提及该户村民的住房消费：

> 那家房子就盖得挺先进的，那家盖房子那人我俩还是同学呢。（问：哪年盖的?）盖了十几年了吧，好像是九几年盖的。他家挺有钱的，他爸是老木匠。他就是那个、不也留个走廊嘛，那个走廊是门洞子，往院里抱柴火什么的。完了东屋就一间，他家老头、老太太住着，自己过嘛；西屋两间，进屋那不都是客厅嘛，完了这半晃、后边那半晃（手上动作）是卧室，那半晃是厨房、客厅。人他家就是条件好嘛，那时候咱农村还安不起暖气，他家安暖气。那时候咱也没钱买煤烧，就是烧苞米瓢子，烧暖和就得呗。人他家就是他姐她们不都是上班的，住城里。挺先进的就是盖这房子。（访谈时间为 2014 年）

访谈记录中，受访者两次以"先进"形容该户村民的住房消费，同时以该村民的父亲是"老木匠"说明住房设计的来源与住房消费所需的经济条件来源，以其姐姐们在城市里工作为经济条件来源的另一说明。值得注意的是，2010 年之后村民的言谈中才有"厨房、卧室、客厅"之类与现代家居相关的话语表述，2000 年之前，村内少有村民有这样的消费认知，当时村民称"卧室"为"里屋、东屋、西屋"，称"厨房"为"外屋"。村民不仅无"客厅"的消费认知，而且室内布局方面也无客厅的消费设计。也是因此，受访村民会以"先进"形容该户村民建造门房的时尚设计。

结合20世纪90年代W村的住房消费状况看,上述案例说明如下内容。其一,城市居民的家居设计构成村民住房消费的参照。受访村民以"先进"形容建房村民的住房设计,揭示出村民的住房消费有参照性的目标。而从受访村民对"老木匠""住城里的姐姐们"的表述可知,城市居民构成村民的消费参照对象。20世纪90年代,村内已有少数村民外出务工,木匠是其中之一,城乡间的亲戚走动在90年代也相对频繁,这些地理流动的村民有机会将城市消费知识带回村内。其二,受访村民以"先进"与经济条件解释门房消费的时尚设计,这说明村内平均住房消费标准低于这一"先进"住房的消费标准。其三,村民以"苞米瓢子""烧暖和就得呗"说明住房消费与农事生产的关联。其四,结合W村其后的住房消费发展看,2000年之前的这一"先进"的住房消费无法引来其他村民的模仿消费,原因在于村民的经济支付能力有限。只是待后来村民经济支付能力逐渐提高、城市消费知识积累增多,村内的住房消费才有此"先进"发展。

(二)2010年前后住房消费的变化

因经济支付能力有限,村民一生只建一次住房,不会"拆了房子重建"(后文笔者会细说其他原因)。得益于此,我们调查时可以观察到W村自2000年以来的住房消费特征。

1. 屋顶设计的审美消费。圆山房、烽火檐房是就W村住房的房顶设计而言。W村房顶设计历经圆山房、平房、圆山房与瓦房的转变。其中,平房的设计源自村民的审美需要。平房是指北京平房,据村民所述,外出北京等地务工的木匠发现,北京平房外观优于村内的圆山房,这些外出的木匠回到村内后将习得的北京平房设计用于村内。但北京平房水土不服、夏季多发生漏雨,也因此后期新建住房的村民或回归圆山房的设计或建造瓦房。村民以"北京平,北京漏嘛"来总结这段住房消费。与审美需要推动的北京平房消费不同,瓦房消费主要源自村民的实用性考虑。瓦房的外观、滚水效果均优于圆山房,但瓦房造价更高,也因此村内 2010 年前后才开始瓦房消费热潮。且不同于 2010 年之前的瓦房消费,新建瓦房以(红色、蓝色)塑钢而不是瓦片作为房顶建材。

2. 墙体设计从审美到实用变化。2000 年之前的墙体设计或无装饰,或以沙砾、小块蓝绿色玻璃点缀。2000 年以来,因沙砾不再能免费获取、加之瓷砖商品的美观与可得性,新建住房的村民均以瓷砖粘贴住房前后的墙壁,瓷砖颜色以白色和米色为主、蓝色为辅。2010 年之后,村民的墙体设计兼重审美与实用。这主要源自之前住房消费的使用体验与邻里参照:砖石结构住房,若冬季室内无足够温度,日积月累临窗墙壁上的瓷砖多被冻掉,临靠户外的墙壁也因常年渗水而有印痕。这成为后来建房村民的参考,2010 年之后新建住房的村民在住房墙体设计中增加苯板,即砖石、苯板、砖石的墙体设计。这一墙体设计可以满足村民对墙体隔水、防冻的实用需求。

苯板的引入值得细述。2010 年之前建材市场已有苯板出售,村民讲述"虽然知道有苯板,也知道苯板有防水、隔热的功能,但从未想过苯板可以加入墙体设计中"。"砖石、苯板、砖石"的墙体设计依旧源自外出务工、从事建筑业的村民。对比不同时期的住房消费变化,如满足审美需要的北京平房设计,因为不符合气候条件而被取缔;苯板在市场上虽有出售,却因村民消费知识不足而未被充分运用,可见的是,村民住房消费的不便源自村民缺乏住房消费相关的消费知识。

村民缺少住房消费相关的知识,笔者以为深层次上实是村民的文化体系与商品体系之间的不对应。虽然"狄德罗效应"常被学者批判性地用以形容消费欲望与物体系之间的关联性,但其内涵确值得注意:那些沉溺在物品消费中的人对商品配套规则甚为精通,诸如浴袍与桌子颜色匹配与否，旧家具是否与新桌子配套等，亦即商品体系与文化体系间的对应关系。但村民缺少这样一种与商品体系所对应的消费知识储备。村民日常生活中缺少内生性的商品知识体系，村民需要通过不断的消费探索来丰富消费经验，而随着消费知识的丰富，村民则可借助商品来减少生活不便，如村民在北京平房漏雨后弃用北京平房设计，又如时下已经翻修住房或者有翻修住房计划的村民，他们已经将苯板列为必不可少的建材。住房消费方面亦见诸空间布局设计与相配套的耐用品消费。

（三）室内布局设计与配套商品消费

2010 年前后 W 村的居住格局在延续 90 年代设计的基础上有所创新。三间房的基本架构之上，村民借助建材商品创新居住空间设计，如推拉门取代部分墙壁、分隔室内居住空间，以壁镜扩展感知上的空间面积。与 90 年代室内格局不同，村民在住房消费过程中有意识地设计出厨房、客厅、餐间、洗澡间等空间布局。这一居住格局的创新来源，一是参照城市居民的家居设计，那些到城市走访亲戚的村民会留意城市里的亲戚的家居设计，如窗户与屋门如何对应、如何摆放家具等耐用商品；二是村落内部的参考，新建住房的村民会请酒，前来吃酒的村民会留意新房设计的优势与不便之处。村民新建住房时会有意识地采鉴优势、避免不便设计。2010 年后的住房格局在之前的基础上又推进一步：村民在三间房的格局之上，以墙壁柜取代砖石墙壁、以推拉门创建居住空间。

诸如洗澡间、客厅、餐间等是城市常见的家居设计，与农村生活习惯并不相适应，村民通过电视节目与地理流动习得，在住房消费过程中并不完全遵循。村民李某购置橘黄与蓝色两台花朵形状的壁灯，准备将其安置在客厅两侧的墙壁。李某购置与安设壁灯本为实用与美观，但李某事先已在客厅安放壁镜、立柜，壁镜与立柜使壁灯无法对称悬挂。依据物品的配套规则，追求壁灯审美效果的李某本应重新安放壁镜与立柜或不再安放壁灯。但是李某并未挪动壁镜、立柜,李某觉得,"为了两盏壁灯颠来倒去的麻烦",最后忽略对称设计、将壁灯不对称地安放在客厅墙壁两侧。

商品体系与文化体系的错位也体现在与住房相配套的耐用品消费方面。与住房相配套的耐用品包括电视机、空调、墙壁柜、热水器、碗柜、电冰箱、抽油烟机等。2005年前后建房的村民,其洗漱间内并未安置洗漱台、热水器,村民多选择重新包装旧有家具(立柜、碗柜)。2013年、2014年间建房的村民在洗漱间内安设热水器、电烤灯;厨房安设相同样式与颜色的碗柜;居住空间内安设墙壁柜,黑色数字电视机,白色电视柜。村民的物品摆放中存在着物品配套规则,如洗漱间搭配洗漱台、热水器,黑色数字电视搭配白色电视柜。

从村民的理解看,新建住房后包装家具或者安置墙壁柜、安置热水器、抽油烟机是标配,村民对此以"(经济)条件好了"解释。在笔者看来,这种解释难以完全说明耐用品与住房的时间匹配特征。如当笔者问及为何同一时期的耐用商品颜色、款式相似时,村民多以出木匠设计、有限商品范围作说明,但从村民的消费空间范围看,可供村民选择的同等价位的商品丰富性不成问题,村民在住房消费期间也并不完全遵照木匠的设计。就此,若从知识体系角度看似可做出如下解释:村民不断地探索住房消费的相关知识,其间村民虽从各种消费参照处获取与现代家居相匹配的耐用商品消费知识,但是以农业生产为主的生活环境中村民对这些商品的配套组合规则并未有明确的意识,也因此,他们会以经济支付能力、木匠手笔、生活实用这些习以为常的知识体系来解释。

综合看,20世纪90年代以来村民的住房消费是一个不断摸索的过程。村民基于审美引入北京平房设计,因不实用弃之。村民以城市消费为参照展开自己的住房消费,复因缺少与城市家居设计相配套的知识体系而展演出不同于城市的住房消费。后期建房的村民借鉴先期住房消费者的使用体验，逐步改善居住环境。在这一过程中，村民亦逐步建立起地方性的住房消费习惯，住房消费呈现出可识别的特征。后文，笔者概述 W 村的这一住房习惯和可识别的消费特征。

二 村民的住房消费习惯

村民有两种住房消费动机，其一，因气候和日常使用，原有住房失去或者丧失满足家庭成员基本居住需要的功能，需要翻修或者新建住房；其二，子女相亲时，住房可以作为彼此家庭的经济能力体现，预示着未来生活的可能走向。中年村民的住房传自老辈村民，历经时间变迁，住房的使用价值均会下降，对刚刚脱贫的村民来说，他们仍认为一生需要，且只需要建一次住房。随着子女年岁渐长，住房消费日显紧迫性，男孩家庭尤其如此。住房消费的重要性使得村民在日常生活中会特别留意村内、村外的建材商品信息，如板材设计的电视广告、电视剧中的家居设计，那些有住房消费计划的村民尤甚。笔者从 W 村附近的建材商店了解到，建材商店中的商品质量一般，虽有好的建材商品，但是村民们往往消费不起。

村民的住房消费融合村民对人生目标、日常生活规范的感知。过孩子与过房子的人生追求，使得村民的住房消费具有必要性和随子女年龄增长而来的紧迫性。在必须进行住房消费的情况下，有限的经济支付能力使得村民可选择的建材商品有限。在这样的条件下，村民内化住房消费规范，参照住房消费记忆，在住房消费过程中逐渐形成举债建房、稳中求新、侧重满足防寒保暖和宽敞亮堂的住房消费需要和长期建房的消费认知。

1. 举债建房。村民的经济收入取决于市场机会和地理气候。面对建材商品价格和食品价格（住房过程中涉及用工的伙食费）的普遍上涨，经济支付能力有限的村民逐渐形成自己攒钱和从亲戚邻居家借一部分钱建房的消费习惯。村民对借钱建房的理解是："农村就这样，攒钱是攒不下，但是还饥荒（债务）还上了。得这么想，假如头五年盖房子，得省五万块钱，物价没上涨这些啊。假如你手里有一万块钱，你攒到三年的情况下，你利息一年银行才给你不到 200 块钱，你还得存死期的，三年挣利才挣 600 多元。要物价涨了呢？如果这东西（住房）变成十万、十五万都挡不住。"

2. 稳中求新。虽然可以借钱建房，但受村内约定俗成的住房消费惯例的制约，村民形成稳中求新的消费认知。具体表现在，一是住房不能"想建就建，想扒就扒"。村民用"穷搬家、富挪坟，胡思乱想扒大门"的说法来表示此类住房消费实践的不合理。村民的理解是"谁没事扒房子玩，吃饱了撑的没事干"。二是住房样式与格局不能过于创新。村内新房建成后，邻里亲戚，特别是打算新建住房的村民会到新房参观，私下也会评议新房的布局。村民赵某在新建住房时将厨房放到卧室后边，但是他家的柴火堆在前院。每次生火烧饭，赵某的妻子都要走前门抱柴火，室内走廊因此落得灰尘多、不易清扫。为此赵某的妻子常常埋怨赵某建房时的布局设计，邻里和亲戚也常常拿此打笑作对比。

3. 兼重实用与美观。受寒冷气候以及经济能力的限制，2000年之前，村民普遍居住在低矮的圆山房或者烽火檐房里，这样的消费记忆成为村民住房消费过程中的一种参照，进而使得村民在住房消费中偏重满足防寒保暖与干净亮堂的消费需要。遂有了此节第一部述及的住房消费呈现。

4. 长期性消费。这主要表现在三个方面。一是有限的经济收入使得村民不能一次性支付新建住房的所有费用，往往在建成住房后开始偿还欠款。二是有限的经济收入使村民不能一次性满足所有的住房消费需要，因此形成模糊的、长期的住房消费计划。三是除了经济支付能力外，村民的住房消费需要也因时而变。如村民经济能力的变化、种类日渐丰富的建材商品会影响到村民的住房消费需要，室内翻修、安装热水器与抽油烟机等耐用品的配套实践在村内断断续续展演着。

三　村民的住房消费表现

基于举债建房、稳中求新、实现人生目标与满足住房消费需要的消费习惯，村民不断地更新着住房消费实践。毕竟，在国家政策、市场、大众传媒等这些原本外在于农村日常消费生活的力量开始聚焦农村时，村民的生活很难不受其影响。村民的住房消费实践也是村民在面对生存环境变化时做出的策略选择。

1. 提前制定住房消费计划。这并不是说村民为建房而提前购置建材商品或有清晰的住房布局设计，而是指村民为满足子女婚嫁的住房消费需要而提早攒钱，乃至提早建房。村民周某 2003 年即建新房，部分原因为原有住房的使用功能降低，部分原因是对其子未来娶妻问题的考虑。周某建房时其子 5 岁。后来周某的儿子读技校留在城市工作，周某又外出打工为儿子在城市购买楼房积累存款。2012 年周某贷款为儿子在沈阳市郊购置住房。村民李某经济能力有限，在其子说有女朋友时，开始着手住房消费。在重新装修原居住房后，另又购置一所住房。其居住的住房和所购住房在破损程度上相差不多。李某说没钱给儿子建房，只能让儿子在两个住房中选择一个，新房留待儿子有能力时自建。

2. 住房消费过程中具有利他性。类似李某在住房配置上赋予儿子以优先选择权，这种利他性表现在 W 村内并不少见，W 村村民展演着利他性的住房消费实践。男孩家庭，那些经济支付能力有限的村民多选择翻修住房，在翻修时侧重翻修孩子的卧室，并为其子配置结婚所需要的家电。也有村民为其子新建住房后，修葺下屋或者新建下屋用于自己与爱人居住（下屋原用来储放农具、化肥、粮食等物品）。就建房者新建或者翻修的下屋，其布局和装修等虽好于原有意义上的下屋，却差于为儿子所建的住房。这些村民在新建住房或进行室内布局时，也会借助推拉门、墙壁柜等建材商品为子女隔置出独立的居住空间。如赵某在为其子建房时就用此种方式在西屋旁边隔置出独立的空间，空间的面积按照未来安放双人床和电脑桌来设计。

3. 商品与政策的巧妙利用，以满足住房消费需要。前文提及，2000年之前，村民用油纸粘贴北窗。此法虽然保暖，却使室内光线昏暗。这样一种消费记忆促使村民在新建或者翻修住房时倾向于通过选用新型建材商品来更新居住体验。如赵某用壁柜和推拉门设置独立空间的实践。村民多认为，塑料推拉门开拉方便，打开拉门后，视觉上室内空间增大、亮堂；拉门拆卸也方便，易于更改室内布局。此外，村民在室内装设墙壁镜扩大室内空间也属此类。

W村所在乡政府有节能减排的消费政策，如村民出小部分钱，乡政府委派专业的技术人员帮助村民搭设沼气池、吊炕等。这一政策很早即有，只是2014年才在村民的住房消费实践中发挥作用。笔者细究之下发现，政策实施之初，有些村民觉得不合适。以沼气来看，不合适原因主要是村民搭建火炕用于冬季取暖。W村的布局设计普遍是：卧室内部的火炕与厨房的灶台相连，村民生火烧饭的同时也加热室内火炕的温度，火炕约占据卧室二分之一的面积。每当火炕被烧热时，卧室内的温度会随之增加。在村民看来，沼气使用过于麻烦，一方面，冬季时，村民直接用灶台的大锅生火烧饭，连带着烧炕取暖，用不到沼气；另一方面，夏季虽然可以用沼气，但是因为火炕长久不烧热不适宜居住，夏季也要烧炕。此外，已安装沼气的村民家中在冬季常有沼气不足的情形。在自有火炕、内联食物烹饪方式的条件下，沼气使用未在村内普及。

4. 长期性的住房消费越来越受到关注。经济支付能力的变化，以及住房消费过程中气候等因素所致的墙体破损，使得村民的住房消费需要在不断发生改变，继而村民形成长期性消费的消费认知，展演长期性的住房消费实践。表现之一为村民不断修缮住房。如村民赵某新建住房时用白色瓷砖粘贴厨房的墙壁，她觉得厨房因为油烟、柴火带来的灰尘长久下来会使厨房发黑，用瓷砖粘贴墙壁可以显得亮堂，脏的时候也容易发现。但是她家建造的是楼板结构的住房，雨水与寒冷的气候常年累积使墙壁上的瓷砖脱落，露出黑漆漆的墙壁，不美观且清扫也不方便。赵某在 2015 年秋季刚刚修缮住房的房顶，因为 2015 年秋季收入不多，打算在 2017 年时翻修厨房。

改革开放以来，相对封闭的农村受外界的影响加重，消费观念、生活方式随之改变。身置其中的村民如何感知与理解变化，又如何在感知与理解变化的过程中应对日益强势的商品化浪潮、展演消费实践？

笔者于 W 村的住房消费实践的分析说明如下。（1）住房消费方面，村民缺少与建材商品、现代家居设计等相对应的消费知识储备。W 村的住房消费发展同时是村民习得住房消费相关知识的过程。由此我们认为，住房消费研究不应将住房消费主体的相关消费知识储备作为稳定不变的常量。（2）村民的住房消费融合村民对人生目标、日常生活规范的感知。过孩子与过房子的人生追求，使得村民的住房消费具有必要性和随子女年龄增长而来的紧迫性。在必须有住房消费的情况下，有限的经济支付能力使得村民可选择的建材商品有限。在这样的条件下，村民内化住房消费规范，参照住房消费记忆，在住房消费过程中逐渐形成举债建房、稳中求新、侧重满足防寒保暖和宽敞亮堂的住房消费需要与长期建房的消费认知。

（3）基于举债建房、稳中求新、实现人生目标与满足住房消费需要的消费习惯，提前制定住房消费计划，家庭成员之间的利他性的住房消费，巧妙利用商品与政策以满足住房消费需要的消费实践正在W村的日常生活中展演。

乡村的住房消费转变仍在继续，村民也在不断地更新消费认知与消费实践。目前，因年青一代村民日益增强的城市化生活面向等原因，W村村内住房正丧失保值与增值的功能，有些已沦为占用土地的工具，这势必会对村民已经形成的住房消费认知与消费实践产生影响。同时子女城市生活面向带来城市"买楼"的住房消费趋势，这一转向过程中村民的住房消费逻辑是否随之变化，这是笔者下一步的探究方向。

第三节　着装情境与生活方式：辽宁W村的服饰消费

一　穿旧衣到买衣服：村民的服装消费变化

村民的服装消费历经穿旧衣到自己做衣服，再到购买衣服的转变。

1980年以前，村民服装消费的首要特征是"穿旧衣"。"小时候扯一块布，灰色的或者蓝色的，做一件衣服，大的孩子穿完给小的孩子穿。多数时候是过年时做一件新衣服，但不是每年过年都有。有的时候是平时衣服穿坏了，没办法才做衣服。"[1]

1980年之后，做衣服成为村民服装消费的首要特征。做衣服是中老年女性村民的一项必备技能，如冬季穿的棉衣、棉裤、棉鞋和"手巴掌"；冬季寒冷漫长，棉衣虽市场上有出售、售价却不低，其

---

[1] 村民赵，女，1969年生。

保暖程度也不如村民自做的棉服。整一年，女性村民会在闲暇时间摆弄着布、棉花、针线。除了冬季的棉服，春秋之际的单鞋也由女性村民执手制作。

此时村民经济条件虽受限，小孩子的优待却不曾少过。小孩子在学校读书，家长会为其购置校服，过年之前会从集市上为其购置新衣。20 世纪 90 年代末，购买一件 50 元皮夹克令人羡慕、略奢侈。皮夹克的耐穿程度为村民所关注。李与赵是表姐弟，各自母亲赶集时为之购置相同款式、50 元的红色皮夹克（黑色毛领、红色衣身、后背印有米老鼠图案）。待两三年后，姐姐的皮夹克完好可继续穿，弟弟的皮夹克破损严重。皮夹克的破损程度随之成为双方父母及亲戚闲暇时的谈资，如弟弟太淘气衣服无法再穿，姐姐文静衣服没被磨坏。

2000 年以来村民的服装消费转变为买衣服。"80、90"女性村民有做衣服之技能者为数不多；中老年女性村民虽有做衣服之能力，却不再热衷买布、攒布制衣。如 2003 年之后小孩子冬季外穿的服装已改由从集市上购买羽绒服；再之后中老年村民的过冬服装也改为从集市上购置（棉服、毛呢大衣）。与前一时期相较，村民服装消费变化如下。

1. 村民服装消费金额、频次、数量改变。村民的服装，低之 20 元、30 元，高之百元。一次性购买一件 200 元、300 元的服装，一年内虽不是经常发生，也总会有那么一两次。村民从十几元、二十几元升至百元的服装消费历经数年实现，2007 年时，100 元的服装，村民要思考再三。频次上，村民从年末购置新衣转向一年四季看到合适的服装即购入。村民碰到服装店打折甩货也会一次性购置几件合意的衣服。

2. 改衣服、要衣服、扔衣服。村民仍会改衣服，不过是裁剪衣服、改制成坐垫或者直接用作抹布，也有村民改衣服、做狗窝。有常年从事农活的村民会从其他村民处要那些相对耐穿的衣服用于劳作时穿，这种情形较少。显著的变化是，村民将穿旧的衣服扔之。于此，村民前些年尚会纠结扔、不扔，近两年则干脆许多。

3. 服装作为礼物。村内有下奶的习俗。① 2000 年之前，婴儿服、儿童服是村民可以拿得出手的礼物。近些年，人情往来的变化一方面促使村民有选择地"下奶"，另一方面直接以金钱代替婴幼儿装作为祝贺礼物。服装作为婴幼儿礼物遂衰落。服装现在是儿媳妇或女儿为婆婆、母亲购买的礼物，意表孝敬、惦念。

二　消费参考：情境、"比楞"与货比三家

需提及的是，除集市、村内服装店、县城外，城市亲戚也是村民获得服装的渠道。村民到城市走亲戚、多"大包小裹"地带回家里衣服。2000 年前后，村民从城市带回的衣服，按照当时的市场售价也要几百元甚至千元，放置到当下农村穿着也是不过时的。村民对城市的认同，在消费上的参照多少由此而来。

那这是否意味着，村民在着装消费方面会模仿城市居民？村民从做衣服转为买衣服，实际是接受市场划定的消费范围，在其中做消费选择。在市场提供的消费范围内，村民的服装消费实践如何？是否如批判论所述，村民在消费过程中沦为市场操纵的呆瓜？我们的调查发现，并非如此。

（一）妇女作为服装消费的代理者

村中妇女是家庭服装消费的代理者。即使男性村民可自购服装，常年的服装代理消费也使村中妇女有自信可以对男性的服装消

---

① 那些刚生了孩子的妇女在家休养之时，日常有人情往来的其他村民要带着礼物去其家里问候，这种拿钱或者礼物问候的行为被村民称为"下奶"。

费评判一二。电视广告宣传药制保暖裤，李为自己买了一条。在李妻看来，"药治不治病不知道，不保暖是肯定的"。李在购买回的那个冬天穿着，李妻以及家中来客问之是否保暖，李都说不冷。但李妻认为丈夫是"死要面子活受罪"。

不得不说，于市场上的服装消费信息与交易逻辑，女性村民作为代理消费者较男性村民确实有着更为丰富的知识储备。李某不仅为自己购买保暖裤，为表达孝敬、李某也为岳母购置一件。李的岳母也不厚道，直言说冷。这一度构成李妻与亲戚、邻居闲聊时的谈资。

妇女也是老人着装消费的代理者。若居住在同一屋檐下，儿媳或女儿代买服装属于寻常，赶集时看到合适的服装即购之；不在一起居住的老人，作为儿媳或女儿，代买服装要顾及与老人一起居住的妯娌或弟媳的生活态度，遂过年是合理的消费时机。因集市和服装店的店主固定、同村居住或日常商品贸易，村民与店主熟识，村民的服装购买回去后若不合适可随时更换。也因此，老人的服装消费偏好易于被满足。老人也会自己去集市上购买服装，但因儿媳、女儿代劳，老人的服装消费频次可数。

年轻村民的服装消费从家庭消费中分化出来，构成女性村民代理消费时的参照。妇女虽代理子女的服装消费，却也知晓子女"看不上"自己的审美。鹤外出打工、冬季放假回家，鹤的母亲为其在集市上购置棉服用于在家日常穿着。服装消费过程中有同行村民建议，"你让你儿子自己挑，你买的你儿子不一定看得上"。鹤的母亲表示"我知道他看不上，我看上就行，他在家时披着，不冷就行呗，走后给他爸穿或者我干活时穿"。

年青一代的村民多有外出务工经历、长年在外，他们的服装偏好更接近城市人。与此同时，村内的服装消费市场也为迎合乡村范围内的服装消费群体，将服装消费定向为村内的中老年村民。两相促动下，长期在村庄居住的年轻人更偏好县城服装。常年外出务工的年轻村民，其工资可以支付服装消费，他们偏好在城市购买服装。这些年轻人回家之后要参与到家庭生产劳动之中，在城市购买的服装不仅自己不舍得，家里的长辈也不舍得其在干活时穿。妇女于村内购置的服装可给子女在家时穿着，质量较好、价格较高的可以用于在家的父母日常着装，"便宜、耐造的衣服干活时穿，穿坏了也不心疼"。①

（二）着装情境

村民日常生活中区分出"出门""在家待着""干活"三种着装情境，不同着装情境下的着装标准不同。"出门"包括外出到城市与邻村。"出门"情境下，村民对服装的基本要求是干净、整洁。在村民看来，这也是对他人的礼貌。"在家待着"时的着装可以随意些。"干活"时的服装则要耐穿、耐脏，村民不舍得穿贵的衣服干活。对应生活情境的区分，村民的着装消费习惯是将购买来的新衣服用来"出门"时穿，将之前购置的服装用于"在家待着"时穿着，那些旧的、耐脏的或即将破损的衣服用来干活时穿。②

服装的着装情境，即村民依据生活情境不同所生发出的默契的着装规范。当村民的生活方式改变、外出社会互动频次减少，情境界限的划分也随之模糊。自家庭联产承包责任制以来，核心家庭之

---

① "耐造"是村民对服装使用价值的一种表述。"耐造"的含义是服装耐脏，不易破损。
② 关于"出门""干活""在家待着"。（1）出门是指出远门、出到村外走亲访友。在村民的用语里，"出门"早期的含义包括去沈阳市和去到法库县城。近些年随着村民去往法库县城的逐渐便利，出门仅包括去往沈阳市。这里笔者借用该用语，但含义指涉除了外出到法库、沈阳之外，也包括走出家门的系列活动。即"出门"包括赶集、坐席、走亲访友、跳广场舞。（2）"干活"是指村民从事农业劳作时，衣服会碰到泥土、草叶等破损、脏旧。故"干活"时，村民会穿着旧服装，遂"坏了也不可惜"。（3）"在家待着"是围绕着居住空间的活动安排。（4）"干活""出门""在家待着"三种生活情境的区分标准并不明晰。如村民"在家待着"时，也会侍弄房后的菜园子与打扫家里的卫生。一般讲，村民对不接触土地的工作，三种情境中的区分主要体现在"在家"与"外出"。（5）村民之间共享一套关于服装审美、穿着情境的认知体系，如在路上遇到一位不仅穿着干净、整洁的女性村民，其服装在村民看来还是漂亮的，路上的其他村民会问其，"赶集去啊，上某某家坐席去啊"；遇到一位熟识的穿着比较脏、乱的村民，会问其"下地刚回来，上大棚去啊"。

外的亲戚走动频次有限，村民少于外出。同时，农业劳作机械化发展、经济活动多元发展，村民闲暇时间增多、"一件衣服穿不出好穿来"（含义见后文）的生活方式改变。"在家待着"与走出家门的闲暇区分界限模糊，着装规范松弛。

基于不同着装情境的考虑，村民在服装消费时常有两种消费情形。一是购买干活时穿的裤子。赵和薄 2016 年冬在县惠丰商城超市各购置一条 29 元黑色裤子。当笔者问及为什么不买一些好的衣服时，二人提及"干活买那么好的浪费"。村民购买干活时穿的服装，不用讲究款式，只看服装是否耐穿、耐脏（即村民用语"耐造"），与此同时服装价格不能过高。这之后笔者亦见二人闲暇时穿着此裤。二是购买价格高些，质量好些的服装在出门时穿着。一般讲，三种生活情境下的服装可以依次从旧到新排列，这对以务农为主要经济活动的村民尤其如此。不过，这其中也历经数年的变化，购买便宜的、干活时穿的衣服近几年才有发生，在此之前，村民少有专门购买干活时穿的衣服的消费习惯，村民多是挑选一件质量好的、价格适中的服装以出门、平时穿着，村民所预期的是这一件衣服穿旧了、干活时接着穿。

需要提及的是，因村民基于着装情境展演服装消费，故性别之差在女性村民这里并不具重要性。男性村民穿旧的上衣亦被女性村民干活时穿着，"穿坏了，洗不干净，直接就扔了"。非外出着装情境中，村民虽重视"时尚"，但也不挑拣，如化肥商店赠送的棉服，村民拿来就穿；子女穿剩下的校服，如果合身，村民也穿之。也因此，村内常见村民穿着相同的服装，村民戏称"工作服"。

（三）"比楞"

村民的服装消费有一特征："比楞。"不同于城市服装专营店提供试衣间，农村集市是露天场地，一片空地上拥簇各类商品摊位，并未留给村民以试衣服的独立空间；村内的服装店也不是每件衣服都能试穿；村民去往县城购买服装时，同样没有试衣间。在无试衣间试衣条件下，村民判断服装合适与否有两种方式。一是直接套在身上试穿；二是"比楞"。"比楞"是村民的口语，指选购衣服时，村民将衣服拿到身体对应位置比照，判断肤色、大小等合适与否。笔者统一以"比楞"来形容这种无法试穿的消费。

如何"比楞"呢？村民对服装基本要求：好看、料子好、穿起来立整。村民通过触摸服装料子、比照选购合适的服装（触觉），根据服装颜色和穿着者的身形、肤色选择服装（视觉）。村民在购买服装时也会有意识购买与家中某件服装相搭配的服装。赵家中有一蓝色针织外套，在集市及其后到县城家百惠购买服装时，一直留意是否有合适的裙子与之搭配。

质量、颜色、观感等的服装消费标准，是村民基于着装体验获得的。随服装消费知识的积累，村民对上述选购服装消费的判断日益精进：基于市场在服装等级上的划分，村民在"立整"的审美准则与价格之间也建立意义关联，女性村民的服装消费分化渐显。赵形容自己的服装消费观是"宁愿花钱买一件好的，也不买一堆便宜喽嗖的"。在赵看来，"花一百元钱买一件立立整整看着好看，花二三十块钱买一堆便宜喽嗖的衣服，衣服是便宜了，但穿起来不好看"。赵的这种服装消费原则不仅用于赵和家人的服装消费，而且贯彻于其为母亲和婆婆的代理消费。

们①弟媳给老太太买一个衣服，花四十是五十。我一瞅，我说还不如，她买的毛衣买的是啥，还不如两家合一件、合起买一件呢，瞅着穿上顺眼点。这家伙（语气词）、你说你老太太小，老太太穿上那个像熊猫似的，臃臃肿肿的那个感觉。你

---

① 我的自称。

　　说你别买那孬的，她都这么大岁数了，活还能活几年，你给她买吧，别买那一大堆，你就买一件得了，让她穿着舒服的，谁瞅也顺眼。她一年给她买一个棉袄，三十五十、三十五十就这样式的，一天、你说。老太太说"我乐意穿、轻巧"，还出门穿呢。完我一寻思，不让你穿吧，是你儿媳妇一片心，其实你儿媳妇是应付你过年，但是让你穿吧，实在是穿不出去。我给她买棉袄，她嫌沉。

　　类似这种以"高价"购买一件质量好的衣服，而非低价购买数件质量不好的衣服，一定程度上意味着赵对"高价＝质量"的认可。这种消费观也在其他村民的消费过程中有表现。有村民会购买打折后的服装，诸如羽绒服两、三百元一件打折后三百元、五百元两件的营销，那些购买打折商品的村民觉得多花两三百元钱买了两件质量好的服装是赚到，但也有村民认为"羊毛出在羊身上，衣服的原价就是一、二百元一件，提价后再以原来的价格出售。说是促销，就是骗钱"。

　　对于商品价格的认知，村民对超出乡村范围的市县的商品相关信息仍在储备之中。此时，村民主要依靠的只能是既有的消费经验。消费经验如何形成呢？笔者发现，熟人社会中的商品买卖为村民货比三家与猜测商品底价提供可能。

　　（四）货比三家

　　前文提及，质量、颜色、观感等的服装消费标准，是村民基于着装体验获得。那这种体验如何而来呢？笔者发现，在 W 村多元服装消费空间发展的过程中，村民基于空间比照，可获知不同的消费空间内的服装特征。有村民讲述："村服装店的衣服有些还不如集市上的，但他开店是有租金的，衣服要价会比集市的高，集市成本小。县红街那些衣服其实和村里也差不多，但人家样式比咱这多。"

　　基于不同的消费空间的并置，村民赋予不同消费空间以差异性的含义，以此建构自身在服装消费世界中的位置。村服装店发展初期一度分散集市服装摊位的生意，概因服装店于村民讲是"贵"与"好看衣服多"的代表。在村民看来，村服装店主要迎合的是中青年村民，少能满足中老年的服装消费偏好，中老年和小孩子的服装还是要到集市上去买。这是 2005 年至 2012 年的事情。其后几年，村民于村服装店的消费解读发生变化，"村服装店哪有好衣服"。村民认为"现在村服装店卖的都是四五十岁人穿的衣服，买好看的衣服要到县城里去"。

　　虽然村民早期会解读村服装店的衣服好看，近些年认为好看衣服要到县城里买，但村民并非因此就相应趋向到村服装店和县城购置衣服。于村民整体讲，村民对服装消费选择并不具有同步性。各类消费空间并存，不同消费群体所青睐的空间不同。青年村民虽会在集市上购买服装，但他们更青睐县城商场；中老年村民虽认同"要买好衣服还是要到县里去"，但他们较为青睐集市；老年村民因多由女儿、儿媳代买服装，对服装消费空间不甚在意。

　　"比楞"的消费知识积累不仅与服装质量、款式等商品本身特性有关，而且涉及村民在与集市商贩互动时所形成的交易规则。村民关于不同消费空间的认知源自他们对不同消费空间的体验，在长期的消费体验之中，村民形成对可接触的消费空间的差异认知，也对其间的衣服质量等形成一定判断。如村民逛集市时看到某些好看的服装但并不购买，问及原因，村民告诉笔者"那件服装质量不好"，村民会有诸如"穿两天就起球""掉色"等的体验性评价；亦有村民在逛集市时向笔者讲述衣服的设计，诸如"那件衣服设计得不好，那个纽扣再下一点、加个腰带"之类。村民对服装专业性的消费信息有着模糊性的认知（如商品的进价），这些认知明显体现在村民的讲价过程中，有些村民很会砍价，彼此也会在消费之后评议是否讲价太狠。

> 然后她（村西的一家服装店）二百块钱还不卖。后来丁算是咱街当间（中间）那旮，有一家、他家卖饲料的，他儿媳妇没事干，进点衣服卖吧。他儿媳妇就卖一百四，一模一样的，一个厂子出货的。你说这得多大利。她卖一百四她都挣钱，其实那时候那东西就五六十块钱，但是它能给你卖二百几。暴利。

多元化消费空间发展为村民提供货比三家，增进消费知识的途径。因为有对比，同一厂家、同一样式的服装，村民得以部分把握关于商品的进价信息。但即使如此，集市上的商品要价与砍价之间存在着一种彼此共享的规则，如看人要价，有些村民喜欢讲价，也会讲价，在出售服装给这些村民时，卖方村民会在售价基础上稍抬高服装的售价；又如讲价不能太狠，有村民提及"你说就算你知道他衣服进价50（元），那你也不能真往50（元）讲啊，好歹也得让人家挣点"。

三 服装消费的意义：生活方式

服装消费除了可以满足着装者的功能需求外，亦具有展示功能，如品味展示。不过，村民以服装消费所展示的内容却并非品牌、价格和时尚设计。基于村民在日常着装中凝练出的语言的分析，我们认为于村民而言服装消费表征的是村民的生活方式。

（一）"白瞎"与品牌的符号消费

鹏的舅舅在大连鞋厂工作，不定期地邮寄阿迪、耐克、李宁等品牌鞋给鹏家，因为鹏的舅舅的工作单位所提供的品牌信息以及鹏和其父母穿着干活所得的消费体验，鹏家得出诸如"耐克鞋结实、禁造（耐穿），但是我穿着白瞎"之总结。

"白瞎"在村民的日常用语中为浪费之意。为何穿着品牌鞋浪费？基于村民依据着装情境展演服装消费实践这一事实，笔者以为穿品牌鞋"白瞎"可作如下解释：品牌鞋质量好、价格高，适合出门时穿，于干活时穿浪费。首先，干活时不宜穿品牌鞋。村民以土为生，泥土污脏鞋，村民不舍得；而村民干活时，容不得在着装上小心翼翼。其次，"耐克""阿迪""李宁"电视广告上常见，是"城里人"的东西，自然是好的。既是好鞋，于闲在家里时穿着岂非明珠蒙尘。再次，外出家门，村庄中无契合品牌鞋的穿着情境，亦无品牌鞋的配套营销体系。村民不识品牌标志，品牌鞋在村内带不来认同感。村民外出至县城或者市内又频次可数，且虽然村民经济活动多元化，却未改农民身份，村民自感品牌鞋与农民身份不搭。于任何一种着装情境，品牌鞋均属"白瞎"。之于村民，品牌是抽象的"好"，在村民的日常生活中不具示差与示同功能。于鹏，品牌鞋的好被具体化为"结实""禁造"的自我认知，但不能带给鹏其他的社会性价值（如引来其他村民的羡慕），是故穿耐克鞋"白瞎"。

（二）"一件衣服穿不出好穿来"

"品牌鞋"虽是抽象的"好"，其使用价值却是可见。如前述，村民基于"比楞"的消费方式积累关于服装样式、质量、布料等方面的知识，肉眼可见处判断服装"立整"与否。品牌服装穿起来自是"立整"。那些价格、符号意义不及品牌发展的衣服又如何呢？

"一件衣服穿不出好穿来"是那些常年务农者对自身着装的评价。"干活""在家待着""外出"，这三种着装情境原是村民基于种地和家畜养殖为经济活动所形成的区分。随村庄经济活动的多样化发展，村民之间家庭经济结构的不同带来村民不同的着装方式，模糊了三种着装情境的边界。那些常年往返市内、县城和村内之间的私营客运者、那些非农忙时在校教学的老师、常年从事看店工作的商品经营者，他们的着装不同于常年以务农为主的村民的着装。这些人干活劳作情境、闲在家里、外出时的服装消费差异不明显。与之相对，如承包农业温室大棚的村民常年与土地打交道，植物浆液、泥土等粘在服装上不易洗去，一方面，这些村民不会在务农时穿着好衣服；另一方面，常年与土地打交道也无暇穿好衣服。他们的着装情境仍分割明显。经济收入相差不多，外在呈现却截然不同。他人（甚至收入低于自我参照者的他人）是"城里人"一般的闲适，自我则是忙忙碌碌"一件衣服穿不出好穿来"。

（三）时尚网购的消费刺激

村民荣（女）曾穿着一身白色裙子跳舞。这构成邻近居住村民的谈资。笔者了解过，荣的服装购自淘宝网，单价均不足百元，30元、40元居多。而不知消费详情的村民均以为荣的服装要几百元钱，即使荣的服装不足50元。何以荣的服装消费成为其他村民的谈资？

究其原因，村民是依据实体空间中着装情境判断荣的服装消费。荣穿着立整，生活方式休闲。在村民看来，村民荣的着装方式表征着一种与村民现实的服装消费不同的消费方式，且这种消费方式是村民所期望达到的理想生活。即使那些知晓荣时尚网购的消费逻辑的村民，也受到荣的服装消费的刺激。

笔者以为，村民的消费空间虽升级，但也远至市内即止。突破地理空间的网络购物，因其表征城里人的消费方式被村民赋予时尚含义。而时尚的网络购物之后，村民遵循的是与实体空间中同等的消费原则。

（四）松弛的着装规范

或远或近的亲戚关系构成的移民村庄，村民之间在日常生活消费方面共享着诸如"建房子不能把厕所修在屋里，让人笑话"之类的生活规范。这类生活规范约束性不强，超越生活规范的消费仅构成村民的谈资，也仅此而已。服装消费方面表现为穿着与季节不符的服装会受到他人评议。

穿着与季节相适应的服装是村民出于实用考虑的生活约束。自入秋渐寒的气候促使村民少在服装消费的审美方面上下功夫，市场提供的棉服以"穿起来比自制棉服立整"的审美突破村民自制服装的消费习惯，但是诸如年轻村民那些裸露胳膊、腿、胸脯的保暖衣则为村民所不解。2012年后，村内有女性村民冬季穿着保暖衫、露胸脯，或有村民在初春之时"光腿穿靴子"，其他村民表述"臭美，谁挨冻谁知道"，亦有村民表示"想不通，大冬天穿那么少，露胸脯子能不冷"。不过，这种生活约束也仅止于村民家长里短的聊天之中。诸如显瘦、保暖功能不足的"迷你裙+打底裤"的着装方式正在被村内年轻女性村民实践。

男性村民亦正在以新的着装方式突破村内既有的着装审美。2018年年初闯（25岁）穿着一件蓝色长款服装，其长辈私下表述"想不通是怎么设计的，穿起来像围裙"。"围裙"的评议可见闯的服装与年长村民的审美之间是有多么不契合。不过，年长村民虽惯以自己的着装审美标准评议一二，但对年轻村民不符他们审美标准的着装也报以宽容态度，一方面是村庄独特的文化特征，另一方面也反映着村庄社会结构的变化，年轻村民获得以消费表达自我的机会与可能。

以消费表达自我不止年轻村民。就笔者后续的观察，2018年约60岁的老年女性村民有"迷你裙+打底裤"穿着，虽在少数，却也成为那些即将步入50岁的女性村民的参照。至笔者调查结束时，以亮色服装、染发、护肤品等为内容的抗衰老的审美消费正在村庄中展演。

第四节 食物的意义

村民提升饮食消费质量的表现如何呢？在这一过程中，村民的饮食消费知识和消费能力又如何变化？此节分析辽宁 W 村村民的饮食消费知识及其表达。鉴于各地农村饮食消费在物质层面变化的相似性（见吉林河村、附录），此节着重呈现食物于村民的象征意义及意义变化。

关注食物的象征意义，源自我们对 W 村主食变化的思考。时间维度上，W 村粗粮与细粮的消费转换与河村基本同步。在 W 村，粗粮包括玉米面、高粱米、小米和黄米面，细粮为白面与大米。我们发现，在村民的粗粮与细粮消费中，粗粮和细粮的意义发生调换。粗粮（玉米面、高粱米、小米）曾是村民的主食，满足村民基本生存所需，这源于村民自种之故；此时，白面与大米是村民可望而不可即的商品，那些能够食用白面、大米的村民为其他村民所羡慕。实行联产承包责任制后，大米、白面因其稀少逐步发展为村民待客的"礼物"。2000 年以来，大米、白面逐渐成为村民主食，脱离可望不可即、改善生活、"礼物"的象征意义，转而具有平常性；同时玉米面、高粱米、小米等粗粮，日具调节饮食乏味之意。为调节饮食，有村民在菜园子或者田地里耕种小面积的高粱或小米，也会将种植的部分玉米自留部分用来食用；亦有村民在赶集时购置高粱米、小米以方便想吃的时候能够有材可取。

2016 年访谈时，村民于笔者提及，"每天吃大米饭、白面，有时候特别想吃（由玉米面制成的）大饼子。（夏天）煮一碗大馇子、高粱米水饭，土豆拌茄子，香。"这提醒我们，食物之于村民，在满足温饱之外可能有更多的象征意义。

一　限制性消费习惯：形成与延续

（一）肉类消费的意义转换

村民食用的肉类包括猪肉、鱼肉、驴肉、牛肉、羊肉、鸡肉。诸如狗肉、兔肉等虽有村民食用，但在村内市场和村民日常饮食中极为少见。

历时性看，村民的肉类消费曾是一种限制性消费。虽然有村民自养猪（这在村民仍着力于满足基本生存消费时犹是如此）可获得猪肉，但猪肉消费并非时时可得，这种限制性一方面源于村民养猪为的是获取货币收入，少为满足家庭肉类所需；另一方面是在获取经济收入的导向下，村民即使宰杀生猪也要视生猪的生长周期而定，如村民不会宰杀猪仔。村民养猪即使用来宰杀也是在年末春节之时，且并非家家年末杀猪。平时猪肉不可得和春节期间吃肉的消费记忆使村民赋予猪肉以"生活好"的象征意义，"年猪"便是村民对此消费方式的凝练表达。这种限制性消费伴随着村民囤积式的肉类消费方式。2000 年之前，村民会在小年前后赶集时大量购置肉类储存，用以满足过年期间的肉类所需。

经济支付能力许可后，肉类消费呈现新的特征。第一，肉类限制性消费习惯延续，村民叠加健康意义于肉类消费之上。村内有熟食出售，诸如制作好的鱼肉、猪肘、鸡腿。虽有村民消费，但是他们也会提及诸如"因为自己想吃，但是做不好""想吃，但是没时间做"等熟食消费理由，多数村民的消费偏好是"如果可能，还是愿意买生肉自己做着吃、健康"。"以前穷，能买死鱼就不错了。那时候要借钱过年。现在条件好了，活鱼肉新鲜。"在经济支付能力允许情况下，村民偏好购买新鲜肉类。

第二，囤积式消费与限制性消费转变为即时性的欲望消费，其中仍可见限制性消费的影响。当前村中各处的综合商店、集市肉摊提供村民丰盛的肉类选择和消费刺激，而村民也有肉类消费的欲望。村民日常生活中会有"突然想吃肉""辣椒炒火腿肠好像挺好吃的""突然想吃驴肉馅饺子了"这样在"隔三岔五买块肉吃"的常规性消费偏好之外的欲望消费。以猪骨消费为例，2017 年村内大骨头市场售价每斤 12 元，排骨每斤 10 元，大多数村民一年要吃两到三次排骨或大骨头。

不过，村民于肉类的欲望消费是与其对肉类消费的意义界定相关的一种消费实践。"年猪"的肉类消费记忆促使村民赋予肉类消费以生活好的象征意义，即使在村民的经济支付能力足以支撑村民"想吃肉就买块肉吃"的消费实践时，过去的肉类消费记忆作为参照约束着村民的肉类消费实践，如家庭成员之间会以商量式的口吻"买块肉去"来提议肉类消费。

第三，村民的肉类消费，除频次增加、"欲望"的消费特征外，也是村民不断增进消费知识、尝新与建构消费偏好的过程。随村民经济支付能力提升，蚕蛹、大虾、螃蟹这些肉类近些年陆续在村内市场出现。村民于这些肉类如何食用所知甚少，有村民至今对蚕蛹可吃抱有怀疑。村民李在吃大虾之前抱拒绝态度，"那有什么好吃，还不如买根活鱼吃"。李在亲戚聚会和外出坐席时尝试，态度发生转变"不怎么好吃，不如小虾炒着好吃"。类似地，有村民拒绝购买螃蟹，"不知道怎么吃"是村民最直接的拒绝理由。

以肉类消费看，村民虽提升经济支付能力，相应的消费能力却并未随之一同增进。鲜虾、蚕蛹、螃蟹等食品消费过程，村民历经不敢吃到人情宴席场合尝新，再至建构消费偏好的发展过程。究其原因，我们认为这是在村民经济支付能力受限时，这些食品消费以价格形式构成村民的消费障碍。这种价格形式的消费障碍并非真的是村民消费不起，而是村民为自己的饮食消费所划定的边界，笔者称其为限制性消费习惯。在村民经济支付能力提升后限制性消费习惯依旧延续，这一事实并不止于村民的肉类消费。

（二）零食的出现

村民的饮食习惯为一天两餐。若以营养学讲述的正餐标准来看，村民两餐都属正餐。依据日常生产活动的安排，村民有食用三餐的情形，多发生于夏季。夏季农忙时村民"早上起来垫吧一口"以有力气到田地里干活。村民用来"垫吧一口"的食物是商店或集市上出售的大袋、简易包装的麻花、月饼、蛋糕、饼干。村民在农忙无暇做饭时购置，以缓解早（午）、晚餐外时间的饥饿感。1990年以后，村民也购置这些食品用作小学生的午餐。村民消费这些食品是为满足饱腹感，消费方式多是一次性购置一整袋的食品，如10个装的一袋面包、5斤装的饼干、10个装的一袋月饼。这些商品并不被村民赋予零食之意。

零食消费是村民的主体阐释，其内涵是诸如面包等食品消费的意义从"垫吧一口"转向"没事儿钳抓一口"①，且"没事儿钳抓一口"的消费频次增多。市场上提供的零食种类丰富，如小袋包装的饼干、蛋糕、月饼。2014年这些"小食品"价格每斤售价5元，2017年每斤售价8元；2017年集市上新增牛肉干、鸡爪、豆干、卤蛋、蚕豆、兰花豆、青豆等小袋包装食品，其售价为每斤12元。集市上的上述各类食品以相同价格标售、供村民选择，村民挑选单一食品或几类食品均可。中老年村民偏好的是饼干、蛋糕、月饼之类，于年轻村民偏好的牛肉干、豆干、兰花豆、青豆之类食品不理解，在有着种植经验、对农作物有所把握的村民看来，诸如兰花豆、青豆之类食品就是豆子，中老年村民认为年轻村民"不会吃"，购买此类食品远不如买块猪肉或者饼干、面包来得实在。

村民划入零食范畴的食品亦包括那些小孩子喜吃的食品，如雪

---

① 方言。用在这里指的是村民虽然不饿，但是看到之后就抓一点来吃。

糕、水果、干果等。关于雪糕消费，20世纪90年代及21世纪初期，雪糕消费于成年人具有约束性：雪糕属于小孩子吃的"零食"，大人是不该吃的。当前，雪糕不再为小孩子所专享，村民干农活回家途经商店时会从商店内购置2元、3元、5元的雪糕。① 此时，0.1元、0.2元的雪糕已在村内市场消失，雪糕零售价每根0.5元、1元，若村民以5根、10根数量购买，店主会以每根0.3元、0.5元的价格售之。那些家中购买冰箱的村民会从西街商店批购1、2箱雪糕用以自家食用，亦以其待客（原来村民以茶水待客）。2017年前后，除每根0.5元和1元的雪糕外，村内西街的商店也有出售3元、5元或更贵的冰淇淋，以小孩子为主要消费者，其次为青年。

零食消费之于村民，可买可不买。经常购买零食，于其他村民意味着该村民"会花钱""花钱活分""不是死过日子"。"零食"的出现（就零食由村民自己定义来讲）是村民饮食结构的变化，也是村民赋予饮食的意义的变化。村民仍会在农忙时购置上述大包装食品以求饱腹感，除此之外赶集或者到商店买其他商品时会顺带购买一些"零食"，如在商店购买其他商品时附带购买一些山楂卷"凑整（钱）"；村民赶集时会购买诸如小面包、奶油、巧克力、山楂、饼干等共1—2斤的各类食品，只为"没事时钳抓一口"。

有趣的是，瓜子、花生、糖果这些小孩子食用的零食并未被村民同步纳入零食范畴。过年的周期内，村民会备置一茶盘的瓜子，其上铺洒糖果、花生用以招待客人。就糖果，非过年期间，农村集市少有糖果出售。笔者猜测，或是这些商品与过年之间的意义关联所致。物资短缺之时，非过年时糖果不可常得，过年购买糖果使得糖果具有庆祝节日的意义。花生、瓜子可自种，秋季收获后可炒食之，村民食之也多见于过年期间。

---

① 这里是指购买雪糕数量的总价。

（三）有待培养的果蔬消费

限制性消费习惯亦体现在村民的蔬菜消费和水果消费方面，且在二者的消费范畴中，村民为自己所设的消费壁垒有所差异。

> 其实土豆是两元钱一斤，黄瓜、豆角也是两元钱一斤，但是人们就一次性地从集市上购置一袋土豆，她也不每次买一点黄瓜、豆角啊。其实算起来，黄瓜、豆角有时降价，土豆未必就比豆角、黄瓜便宜。还是没那习惯。[①]

受访者对村民蔬菜消费方式进行归因，蔬菜价格是一方面原因，其最终落脚到"还是没那习惯"。"没那习惯"是村民没有分次买菜的习惯，有的消费习惯是囤积式购菜（如一次性购买一袋土豆）。

从受访者的解释和村民日常蔬菜消费看，这种消费方式实质是村民饮食消费规则的反映。冬季缺少蔬菜时，村民习惯积累土豆、白菜等用作冬季蔬菜，若自家未种植便要到集市或者沿街售卖的商贩那里购买。这种消费方式积淀成为一种消费习惯。与此同时，也是村民基于消费壁垒而建构的消费规则的运作。村民缺少受访者那样对蔬菜市场价格的了解，又缺少明确的收支计算，村民不会去对比历史同一时期某一蔬菜的市场售价，综合看各类蔬菜如何购买便宜。且同村相似的消费方式下，虽无明显的消费约束，但经常性买菜的村民易被作为谈资成为"另类"，持续被他人关注总是不好，在村民普遍经济支付能力有限的情形下尤为如此。

总的来说，村民缺少蔬菜消费习惯，在村内蔬菜消费市场发展

---

① 受访者家里种植蔬菜大棚。受访者大半年时间都会在集市上销售蔬菜和水果，对集市蔬菜的售价和村民的消费方式的认知的体会更为直接，也具有准确性。

提供给村民以丰盛的蔬菜消费选择时，村民的蔬菜消费呈现如下特征，其一，村民的蔬菜消费需要是一个有待培养的过程。蔬菜对于村民来说，虽然必须有，却并非必不可少。如有村民表述"一顿饭没有菜也能吃饱"，"一顿饭不吃菜只是吃葱蘸酱也能吃得挺香"。这种表述不仅体现在村民口头表达上，秋收时村民无暇提升饮食消费质量时，"大米饭、葱或野菜蘸酱"的饮食方式确是常见。其二，单一的蔬菜消费结构。这里并非是村民每天每顿饭只吃一种蔬菜，但相较城市的均衡饮食方式，村民的餐食以量大、单一为特征，如一盆白菜炖豆腐可以满足一家三口或四口的蔬菜需要。村民菜园子里种植丰富的蔬菜，夏季蔬菜多到扔掉、村民也不会觉得可惜，但是村民的蔬菜消费方式仍是一两种菜搭配一盆装，而非每样蔬菜烹制一点享受丰盛的蔬菜消费。其三，村民相对单一的蔬菜消费并非表征他们不注重身体健康，只不过他们更侧重食品安全而非营养。以酸菜消费为例，村民自制的酸菜只能在冬季或开春天气寒冷时食用，夏季酸菜不易保存，这样的季节限制下、村民并未养成夏季消费酸菜的习惯。近些年村副食商店有出售以保鲜膜包装好、贴有价格标签的酸菜，虽有村民会去购买，但村民对酸菜这一商品的健康仍抱有疑问。也是因此，有村民在夏季有消费酸菜的欲望时，诸如"买把芹菜、割绺韭菜包饺子""豆角炖排骨"等话语表述为转移吃酸菜的理由，多数时候能够成功地杜绝购买酸菜的欲望。其四，经济活动多元发展带来村民消费视野分化，"换个吃法"和知晓市场菜价变动规则后的"买菜吃"的饮食消费方式已被少数村民实践，亦构成部分村民的消费认知。这意味着，村民的饮食消费方式或可经由认同与参照群体的饮食消费变化变革村内的炖菜为主、囤积式的饮食消费习惯。

村民的水果消费较蔬菜消费有过之而无不及。村民的弱水果的消费习惯，部分是因为西红柿、黄瓜等可生吃，村民夏季的水果消费需要可通过蔬菜得到满足。部分是因为冬季、南方运输过来的水果价格相对较贵，一定程度上限制村民的水果消费。

村民的弱水果消费需要可以从两个方面理解，一是比较水果消费与蔬菜消费。村民均无明显的蔬菜消费与水果消费，村民缺少水果消费于日常生活无明显影响，这已被证实。但缺少蔬菜消费对村民的影响尚不可知。二是对比水果消费与猪肉消费。即使经济支付能力受限，村民也会有明显的食用猪肉的消费欲望，经济支付能力提升、村民可以满足"想吃肉就买点肉"的消费欲望时，购买猪肉的可能性较大。但对于水果消费，一方面村民并没有明显的水果消费欲望，村民日常生活中"想吃肉"相对频繁，"想吃水果"则无。另一方面在村民有经济支付能力时，想吃水果的消费欲望发生时，村民从想吃到真正购买到水果这一过程中可能因为各种因素的干扰，而使消费水果这一欲望落空。也因此，如果村民的菜园子内有一两棵果树（如苹果树、桃树），那村民的水果消费结构也会相对丰富。

经济支付能力提升，村民在水果消费方面的消费壁垒依村民赋予不同水果的意义而有所不同。各种水果因为市场价格、地区盛产程度等被村民赋予不同意义，同一水果在不同时期有不同的意义，消费主体也不同。2016 年，各类水果之于村民，葡萄、香蕉、毛桃、李子、红枣、山楂等有改善之意，提子、猕猴桃、柚子、杧果、石榴、牛油果等为尝鲜。村民常吃的水果包括西瓜、香瓜、橘子、苹果梨、苹果。如入冬后村民会从集市上购置苹果，多为 10 元钱 20 多个的袋装苹果，且购置次数有限。这里"常吃"并非是村民经常购买，而是指村民在面对市场上琳琅满目的水果时所惯常挑选的水果。

上述各类水果的意义在 21 世纪初期并不如此。村民最常食用的是苹果梨。秋季苹果梨成熟、价格便宜，村民会买一、二玻璃丝袋。村民于苹果梨的消费在 20 世纪 90 年代末、21 世纪初期即较其他水果消费更具普遍性。此时，香蕉、橘子对大多数村民讲则属可望而不可即的商品，若消费，食用者为小孩子；诸如猕猴桃、柚子、牛油果在 2010 年以来才逐渐在村内市场上出现，以致这些水果出现时，村民不知其能否吃、是何名字、如何吃。

二　品鉴烟、酒、茶：实践能力

城市消费知识谱系中，烟、酒、茶是品味消费的内在构成，懂烟、品茶、鉴酒可构成互动者彼此身份识别的标记。赏烟、鉴酒与品茶者在实践知识之外，亦有可以明确以话语表述出来的、系统性的知识形式。

之于村民开水泡茶、大口饮之，笔者曾以为村民不懂烟、酒、茶。实际是，村民确实不懂。不过这种"不懂"是依城市消费知识谱系衡量。村民吸烟为"瘾"、戒烟困难，仅以"好抽"为评判标准；村民品酒，只喝白酒、啤酒，饭前一杯、一瓶，即止；村民饮茶，玻璃杯、热开水泡之，再无其他。复杂的赏烟、鉴酒与品茶仪式在村民处更是不曾有过，这些甚至被村民戏谑为"有钱人、城里人做的"。

相对于村民在其他消费方面的不自信、对城市人消费方式的羡慕，在赏烟、鉴酒与品茶方面，村民则自信。这种自信源自村民很少在此方面与"城里人"做过比较。在地方性知识谱系中，村民确有赏烟、鉴酒与品茶之能力，且这种能力不可言说、不言而喻，是一种实践性知识。

烟酒茶消费不分男女，少年不可得。于村民的意义有三。其一，成年。成年村民禁止小孩子喝酒、吸烟，训育时常伴有"长大了再喝、才能抽"的话语表述。一面是成年村民吸烟、饮酒的诱惑，另一面是突破规范带来的刺激，如年长村民逗弄似的让小孩子喝口酒、吸口烟。吸烟、饮酒无形中成为成年的标志。村民饮茶为提神、也是习惯，因精神上的刺激亦禁止孩子饮用。相对于茶来说，烟、酒对于小孩子、特别是男孩子的诱惑更大。其二，社交工具。2000年后村中女性吸烟者少，男性戒烟者数量增多。有趣的是，一家人即使均不抽烟，家中也常备烟以待客。茶亦如此，来客时、烧水煮茶是村民的待客之道。其三，香烟亦是孝敬的礼物。年节时，晚辈购买1—2条香烟送给吸烟的长辈，远比送些糕点更为实用。因村民所饮之茶或来源于集市散装茶叶或来源于村中小卖店的袋装茶叶，也因村民于饮茶只是习惯而非偏好，故茶叶价格虽不低（就村民所理解的茶叶价格而言）、却不适宜于作为礼物赠送。

（一）吸烟：平淡生活中的谈资与乐趣

烟曾为村民所共享，但随着女性烟民减少、男性村民戒烟者增多，吸烟、递烟不再是一种义务性行动（他人递烟过来后，某村民即使不抽烟，也要象征性意思一下，以村民话说，这是礼貌、是对人家的尊重）。村民之间在人情场合会询问是否吸烟，即使递烟后被拒绝也不会被认为是不给面子。这是因为递烟者彼此熟识，所以当递烟被拒时，递烟者会询问"烟戒了？戒多久了？"男性村民戒烟成为村民茶余饭后的谈资，那些吸烟的村民了解吸烟的危害，但是常年的烟瘾使戒烟变得困难，也因此戒烟成功、戒烟几个月或几年之后复又吸烟等都会成为村民讨论的话题。那些成功戒烟的村民不会被作为榜样，而是被观望，其他村民似看戏剧一般等待故事的结局、等待戒烟村民复吸，以证明"看、我猜对了"。

常年吸烟者对于不同烟类的"口味"有评判能力。一是旱烟与卷烟的选择。2000年之前，村民惯吸旱烟，村民会在自家的菜园子里种植少量烟叶吸食，多余的烟叶拿到集市售卖。吸食旱烟的以中老年村民为主，性别之分并不明显。20世纪90年代各类卷烟陆续进入农村的小卖店，村民的香烟消费从每包2元、每包2.5元增至每包5元、每包7元。卷烟初入农村市场，多数村民对卷烟抱以尝新态度，尝试过后觉得不如旱烟好抽，如"不够味"。近些年的发展中，老年村民虽已习惯吸卷烟，却更偏好旱烟。二是卷烟价格的选择。2010年之后，每包5元或7元的卷烟成为村民的选择，除了农村小卖店市场上每包2.5元或3元香烟不再有售外，也源于村民尝新后的选择。对于相同价格的香烟，村民有固定的偏好，如偏好软包香烟的村民当有村民递硬包香烟时，该村民会拒绝。村民李原抽5元一包的硬包红河，现改抽7元一包的香烟，每年1200—1300元的卷烟支出。吸二手烟的女性和小孩子对香烟的种类、售价乃至味道也有所了解。

（二）"冬白夏啤"：调节日常生活

"冬白夏啤"是村民基于偏好选择积淀下来的消费习惯。与烟茶消费相比，村民日常生活中的酒类消费并不具有普遍性。20世纪90年代，村民的酒类消费多在过年、家中待客之时。后种情形，客人走后如果啤酒、白酒剩余，村民会继续饮之、喝光遂罢。除嗜酒者，村民日常生活中偶有饮酒"欲望"，此时村民在去商店购置日用品时会购置一壶白酒（方形、小壶），或让商店的店主帮忙送到家中一箱啤酒。2014年村中有村民自制米酒（大米、高粱米、玉米）出售①，喝酒者购之后觉得比商店内白酒好喝，继续购之，亦在过年时作为走亲访友的礼物。

（三）饮茶：生活习惯

村民有饮茶习惯，但很少钻研品茶文化。村民偏好红茶，不喜绿茶。因村民饮茶是为提神，也是一种饮食习惯导向的行动。村民能依凭多年的饮茶体验评价出茶是否好喝。村民家中都备有茶叶，茶叶既被用于家庭每天饮用，又被用来招待客人。村民或是从集市

---

① 售卖方式：每斤7—10元。购买者自拿壶。

上购买散装茶叶，或是从商店购置有包装的茶叶。如赵从集市上购置最便宜的散装茶叶，每斤 20 元，一年消费 7—8 斤茶叶。如果恰逢茶叶被喝光、又非集市，赵妻会从商店购置包装好的茶叶临时替代。村民的饮茶消费越来越表现为一种私人偏好。近两年村民家中来客，村民会询问是否喝茶，而非如之前、不询问来客便沏好茶水。

此处笔者想要强调是，村民的日常生活消费能力，如烟酒茶消费，是一种实践能力。如前文述及的服饰消费，村民基于"比楞""货比三家"建构服装售价与服装质量等消费知识。于饮食，亦如此。如村民于烟酒茶消费的消费能力基于日常体验得来。再如，面对市场上出售的各种品牌的白面、大米，村民在食用某品牌大米后觉得不好吃，会告诉经营米面的村民下次不要再送这个品牌的大米；食用不同品牌面粉后，村民逐渐形成面粉的认知，某些面粉适合包饺子，但不适合蒸馒头；某些面粉适合烙饼，但不适合做面条。

三 消费知识的不确定：健康与否

因村民所内化的饮食知识体系可能与市场所提供的饮食消费知识有所分歧，村民在饮食消费方面除面对多元选择外，也面临诸多不确定。

（一）饮食健康的消费判断

健康饮食消费于村民属后起之消费意识。长期自给自足生活方式下，村民多无健康饮食反思之必要。但是当村民的饮食消费转为从市场上购置食品后，饮食健康这一村民本不以为意的消费需求逐渐被村民看重。

村民关于健康的饮食消费观念的形成有如下原因，其一，过去的消费记忆。据村民表述，2000 年前后，农村市场商品安全问题频现，诸如酒里掺水、蛋糕过期。其二，电视新闻关于食品安全的新闻报道，如有火腿肠用病猪肉制作，有的米线由塑料制成。其三，电视养生节目（如"健康一身轻"）关于养生理念的传递以及村民对此的转播。

> 印象中，2000 年之前，造假挺严重。改革开放（19）80 年到 2000 年，芹菜头一天蘸在水里，第二天拿集上卖，搁家一天不吃就坏了。鞋，纸壳做的，刷上油漆。后来人们意识到了，没信誉也做不成啥。①

村民所质疑的是这些食品中添加的材料的未知性，如腐乳虽然是加工性商品却为村民所好，因为村民了解其生产流程、了解其中添加的材料是否健康。而如香油：

> 香油，他们说买香油不能在街上买，是豆油和香料、香精调的。要买到店里买那个小瓶的。暴利，张卖 10 元（一瓶），说卖我 5 元，保本。我也没客气，5 元就 5 元。

虽然无法确定店里小瓶香油是否添加香料、香精，但是与街上售卖的、确定添加了香料或香精的香油相比，店里小瓶香油是健康的。这里，村民抱以怀疑态度的是香料、香精，这些曾被电视新闻报道为不安全的食品材料。

村民依据自己的消费偏好、消费经验调节饮食。如接受媒体所传输的营养理念，减少盐、糖、味精的摄入量。李喜欢吃甜食，如吃黏火烧、豆包都要蘸糖，李妻虽告诉李糖吃多不好，但是没有

---

① 访谈时间：2017 年 1 月 27 日。

"挡住吃"，后李妻虽然买糖，但是不告诉李，李问及的时候，李妻则说没有糖，以此减少李对糖的摄入量。又如李妻在打豆浆时，初期放糖，当得知糖吃多了不好时，李妻不再放糖而是改放花生、红枣等李妻认为有营养的食品。

村民亦结合自己的生活环境和消费偏好有选择地接纳现代营养理念。电视节目告知不能多吃盐，不能在煮菜时先放盐，因盐加热后易产生致癌物质。村民接受了后一点，但煮菜时盐量减少的不多。村民解释说："盐吃多了是不好，但干活流那么多汗，不吃盐不行。盐不能加热，但菜熟了再放盐菜不好吃。快熟的时候放有味道，也没加热。"亦如村内商店有"小咸菜"① 出售，其味道、卖相都好于村民自制的咸菜，村民并不了解这些咸菜的制作过程，村民虽有"小咸菜"消费但仍持怀疑态度"好吃是因为不知加了什么"。因有这种怀疑，有村民在购置小咸菜后，添加其他蔬菜，借助"小咸菜"的味道满足饮食偏好，或者通过品尝摸索制作方法、自己购买食材制作。这亦体现在村民的豆包制作上。2000 年之前，元宵、汤圆造假新闻在村内流传，如元宵、汤圆里料是喂猪的米糠而非芝麻。元宵、汤圆在村内并不流行，一是 2000 年前后，元宵、汤圆之于经济支付能力有限的村民，少有购买；二是村民冬季自制类似汤圆的豆包。与汤圆尝鲜相比，村民更喜实惠、饱腹的豆包。元宵、汤圆虽有造假传言，其制作方式却吸引村中妇女。借鉴元宵、汤圆的做法，村中妇女逐渐改革冬季自制的豆包调节饮食。如改黄米面为江米面，改红豆馅为花生、芝麻和糖。

（二）如何判断健康：饮食规则的再确认

消费记忆、新闻媒体报道、电视养生节目促成村民健康饮食的

---

① 村民将商店内出售的榨菜、金针菇等制作的咸菜称为"小咸菜"，以区别于自家用酱缸腌制的咸菜。

消费意识，但是村民并非一味地接受媒体宣传报道，而是基于媒体报道内容的矛盾、自身的生活经验做出消费选择。如吃荤油健康与否。武认为：

> 老祖宗就吃荤油，没看怎么样，这人类发展到现在了，现在你说吃荤油不好，你说有道理吗？再说，你不吃荤油，你干活没劲，你不吃荤油你干活试试，根本干不动。要我说，不是荤油不健康，是在城市里，运动少，你吃荤油营养过剩，能健康吗。还是要差别看的，不能一棒子打死。

吃荤油健康与否，涉及老祖宗这么多年吃没事和电视新闻报道城里人吃荤油不健康，两相对比的思考中，武归纳总结出自己可以接受的解释：城里人不运动、吃荤油不健康，农村人不吃荤油干活没劲，所以要吃荤油。

诸如武反思性地解读养生节目的饮食理念，亦有村民强调：

> 电视节目一天一个说法，今天说吃香蕉不好，明天又说好。主持人都问：你昨天不是说吃什么、什么不好。然后那个大夫说：啊对，不是不好，是讲度。凡事都要有个度。我寻思了，这用你说，我也知道。然后我就记住了，讲度。

当电视媒体提供的信息和村民既有的知识积累有所分歧，提供村民以多种消费选择时，村民对之抱以反思批判态度，选择性地接受自己所认可的饮食消费理念。当然，这种被村民接受的消费解释（如武关于吃荤油健康与否的确证）是在和其他村民不断提及过程中经历迟疑最后确认的。

四　时新消费与消费规则反思：以火锅消费为例

火锅消费于村民仍属新奇，2000 年前后，有村民开始食用火锅。火锅消费最早出现在村内的火锅店，但其因食用者少而关门歇业。其后有村民从村内商店、集市购买火锅底料、调料、金针菇、小菜等回家"涮锅"。因为村内火锅消费的出现，种植蔬菜大棚的村民的小菜也开始面向村内综合商品出售。

火锅消费虽在各地呈现不同，但总归有着相似的标准，如放置火锅底料，放置牛羊肉、蔬菜、鱼丸、虾丸等，用专门的器具或者自家的蒸煮锅，不喜火锅汤料者也可清水涮锅。但火锅消费不在村民的饮食消费体系内，火锅消费日后能否成为村民的日常饮食仍属未知。这里笔者以赵[①]的火锅消费为例，说明村民当前的火锅消费呈现。

（一）赵的三次火锅消费

赵曾在电视上看到火锅的食用方式，只是了解大概。赵第一次制作与食用火锅在 2015 年冬，在此之前，赵虽了解火锅消费，但觉得缺少涮锅的工具便一直未有实践。在 2015 年添置电磁炉后，赵动手制作火锅。赵从集市和村商店购买猪肉、鱼丸、虾丸、鱼豆腐、火腿肠、麻酱和辣根，又从自家大棚采摘小菜。食材准备后，赵熬制一电饭锅的肉汤用来涮锅，自己动手炸辣椒油、捣蒜末。另赵焖了三勺米饭。饮食火锅过程中，赵形容"这是自家有小菜，要是不种小菜、到西街（商店）买菜，那火锅可吃不起"。当赵的女儿告诉赵熬制肉汤涮锅的做法不对时，赵表示："我没吃过，我也不会做。"当赵听女儿说及可用清水涮锅时则认为："那你吃啥呢，跟猪食似的，一点营养都没有。"在赵和其他年长村民看来，诸如

---

① 女。家种植温室大棚、种地。大棚蔬菜成熟后赶集售卖蔬菜。

米线、麻辣烫、土豆粉等以青菜为主要食材的食品类似猪食、没有营养。在整个火锅消费过程中，赵的爱人全程表示"这有啥吃头"。此过程中，赵的爱人偏好吃蔬菜，还问及赵有没有面条。之后下锅煮面条拌菜吃，赵的爱人在尝过鱼丸、虾丸后便再未食用。后赵的爱人表示"以后别再做火锅，没啥吃头"。赵虽表示自己做饭说的算，但自此至 2017 年赵家再未有火锅消费。除蔬菜、猪肉外的鱼丸、虾丸等食材被剩下，赵表示第二天可以炒着吃。赵的爱人强烈表示"愿吃你吃，我不吃"。

赵的第二次火锅消费在 2016 年冬、弟弟薄家。薄的儿子带对象回家，赵在薄家做客。晚上薄到村西街购买火锅底料、蘸料、牛肉、鱼丸、虾丸等。薄因为爱人和儿子在城市打工、对火锅并不似赵般陌生，薄多次食用火锅、了解制作方式，如知晓在火锅蒸煮之前放置红枣调味。赵在食用火锅过程中将红枣吃掉，薄儿子笑。赵问及"笑什么，不该吃吗？我也没吃过，吃了就吃了吧"。这一经历在赵宴请两个弟弟、弟媳吃火锅时被赵讲述。

2017 年冬，赵的女儿唠叨着想吃麻辣烫，但是赵不会做，后赵决定涮锅。赵在大棚采摘小菜时，叫了自己的两个弟弟、弟媳（薄和梁）到家里涮锅。此次，因为临近过年，赵的家里备有猪肉。赵另从商店购置鱼丸、虾丸等食材，购置火锅底料，但赵并未购置火锅酱料，而是自己购置芝麻酱、辣根，回家后又准备蒜末、辣椒油。此次赵没有另蒸米饭，而是购买刀切面和龙须面。食用火锅中，赵觉得底料不健康、初始只放半袋火锅底料，同时添加桂圆、红枣调味。薄到了之后看到火锅底料，提及火锅底料放少不好吃，赵遂又倒入另半袋底料。赵提及上次在薄家食用红枣被笑话的事情，薄则说，"没事，吃不吃随自己，谁规定一定要按照他（薄的儿子）的来"。第三次火锅消费中，赵的丈夫和小弟弟吃肉、蔬菜、面条，对鱼丸、虾丸等则未吃。赵的小弟弟认为吃的不实惠、吃不饱，"吃这一顿钱够吃好几顿好的了"。事后赵解释，赵的弟弟的意思是"买鱼丸、虾丸、底料、酱料什么的再加菜，小五十没了。五十块钱可以买几斤肉，也能买挺好的菜。那炒菜不能吃好几顿嘛"。对赵的小弟弟的看法，赵、薄、梁则认为"你吃它不就是图新鲜，就是吃个新鲜，不要顾虑那么多。"

（二）求新消费中的知识积累与饮食规则反思

村民的火锅消费是一个不断探索、积累消费知识的过程。如赵的三次火锅消费的话语表述，第一次赵以高汤涮锅被告知食用方式不对时以"我没吃过、我也不会做"表述，并以"那你吃啥呢，跟猪食似的，一点营养都没有"驳斥女儿所提及的火锅的制作与食用方式。赵的第二次火锅消费虽然在薄家进行，但赵从中了解到火锅的制作与食用方式，如火锅内的枣是不吃的。第二次习得的火锅消费知识被赵用于第三次火锅消费中，赵已不再使用高汤涮锅，而是将猪肉直接切薄片作为食材，第三次，赵不再以"我没吃过""我不会做"来表述，而是以"吃个新鲜"驳斥弟弟对火锅消费不实惠的说法。赵的火锅消费经历从迟疑到学习再到接受的转变。

赵的火锅消费的信息来源初期为电视，但因为电视节目播出有所选择，赵能接收到的火锅消费较为抽象，因此赵才有"我没吃过、没做过"的切身体验而对火锅消费无知。凭借着对火锅消费的抽象认知到商店内购置鱼丸、虾丸等的火锅消费实践，商店以商品形式传授给赵火锅消费知识。与电视节目传导的抽象认知相比，村内市场引导着村民的火锅消费，如村民火锅消费所放置的材料由村内综合商店供应决定，村民不知购买何种食材时，店主会告知来者涮锅常买的食材是哪些。鱼丸、虾丸、火腿肠、鱼豆腐、豆泡、金针菇、小菜是村民火锅消费中的选择，但诸如海带丝、冻豆腐、土豆等这些村民可及的蔬菜并不会被推荐，食用火锅者也少有放置。外出者构成村民火锅消费的第三个信息源，如薄的丈夫与儿子在外工作,其火锅消费经历传递给薄,薄相较于赵便有更多的火锅消费知识储备。对于驳斥赵的小弟弟的"吃火锅吃个新鲜"的理由更为自信。又如虽然赵出于健康考虑放半袋火锅底料,但薄告诉赵放少不好吃,这种经由他人传递、亲身实践积累起来的消费体验作为一种知识储备存留下来。

赵的三次火锅消费中反映着村民饮食消费中所遵循的消费规则。其一,饱腹感、价格、尝新的火锅消费考虑。诸如赵等村民与其小弟弟关于火锅实惠与否的争论,反映的是村民日常饮食消费规则的作用与突破。如赵解释弟弟说吃火锅不实惠。因为赵或薄自种小菜,故火锅消费中可以免除小菜的金额支出,只需另外购置肉类和底料、酱料等食材,而从村民的消费偏好中看,村民对市场上出售的火锅底料、酱料等持保留态度,如赵两次自制火锅消费都有自己的制作的酱料。总的来看,平均一次性的火锅消费要支出30元。按照市场价格猪肉每斤12元,村民可以至少购置两斤猪肉,若购置蔬菜,村民可以购置冬季不舍得吃的黄瓜、豆角等蔬菜。而确如赵的弟弟的合计,30元的火锅消费支出可以购买一斤肉、买几斤蔬菜,炒两三盘菜。食量小者能吃两三顿,这样算下来火锅消费确不实惠。火锅消费不实惠的另一体现是火锅消费无法实现饱腹感。如赵的丈夫和弟弟全程吃蔬菜和面条,赵第一次制作火锅时另备置米饭,是因为在村民看来只是食用蔬菜、鱼丸、虾丸、肉类无法获得饱腹感,一定要有面条或者米饭作为主食。

饱腹感与价格对比的实惠与否是村民的饮食消费规则,在这一消费规范下,村民也在突破饮食规则,如"吃火锅不就是吃新鲜"表明村民并不会以此作为日常饮食,消费频次有限。这在赵所经历的他人的火锅消费中也可探知。

周二小家涮锅子,在周三那买的30元的腐乳、麻酱、鱼丸、虾丸、底料啥的。完（周三）看 30 元，周三那寻思挺多的。周二小问还缺啥不？周三那说"不的"。买那点还不够我一个人吃的呢。①

　　这里周二小、周三分别是指赵对火锅消费的村民和店主的称呼。结合村民的消费知识体系看，上述访谈记录中的内容验证笔者上述的分析。如关于火锅消费的信息来源："周二小问还缺啥不"，表明周此次的火锅消费属于尝新，在此之前并未有过火锅消费，因此火锅消费所需商品需要咨询周三；从此句话亦可看出，周二小事先对火锅消费的材料已经有所了解，但仍缺少消费自信，是故询问周三。又如，周三看周二小购买的火锅食材已有 30 元、寻思挺多的，待周二小问及是否还缺其他火锅材料时，周三回答不缺。火锅消费的特征是一次性消费支出，赵的第一次火锅消费所剩下鱼丸、虾丸再次翻炒食用几无可能。对比村民的日常饮食消费支出，若无来客、非节日，饮食方面一餐支出消费 30 元属高额消费。因村民彼此共享相同的消费标准，30 元一次性的饮食消费支出的意义周三自是了解，即使周二小是为尝新，周三却不能为赚钱而诱使周二小高额消费。这里赵在讲述碰到的这一经历后，又添加一句"买那点还不够我一个人吃的呢"，则指的是周二小购买的火锅食材。这其实也验证村民的饮食消费规范，如赵对其弟弟话语的解释，周二小购买的火锅食材中除去火锅底料、酱料外购买的鱼丸、虾丸等具有饱腹感的食材确少，无法满足饱腹感。

　　其二，尝新饮食消费中的健康观念与饮食消费偏好。前文提及村民日常生活消费中的食品健康观念和消费口味影响其消费实践。这里亦是如此。如赵认为火锅底料不健康，诸如鱼丸、虾丸等在赵

---

① 访谈时间：2017 年 2 月 7 日。

看来也是不健康的,"但是吃火锅不就吃这些,如果这些也不买那火锅也就不用吃了。"赵认为火锅底料不健康是因为电视节目报道内含某些有害物质或者添加色素等,赵对火锅底料等之类加工商品的健康认知受此影响;再有赵在购买鱼丸虾丸时的消费体验:"鱼丸虾丸就在那摆着,大家抓来抓去不干净"。之所以说"如果不吃鱼丸、虾丸,那火锅也不用吃"则与赵的饮食偏好有关,赵喜欢食用小菜蘸酱,赵提及一顿饭中即使没有其他热蔬菜,只是小菜蘸酱也可。又如,赵的爱人两次火锅消费偏好的都是面食、蔬菜、猪肉,对鱼丸、虾丸等认为"都是面、又有味道没啥好吃"。虽然赵、薄火锅消费为尝新,但其对调料的消费中也显示出其偏好,如他们都更偏好自制的蒜末、辣椒,而非从外购置的麻酱、火锅酱料。

小结

我们发现,村民在商品与符号搭建的物质世界中,建构出地方性的消费知识。

随着经济的发展,中国农村居民消费行为的焦点逐渐从商品的使用价值扩大到符号消费领域。第一节我们以大连市J村的经验研究证明,在村民向符号消费的发展过程中,村民对消费对象的使用价值的需要正在逐步减弱;另外,通过运用"生存—享受"二分法分析框架分析,我们进一步证明,村民对消费对象的符号功能的追求正在不断增加。它表征着当下中国农村社区正在历经迈向"消费体制"的过渡阶段,村民通过消费符号来获得社区认同感,也表征着"物体系"及其价值观或可替换社区传统价值的空间。

第二节至第四节,我们回归生存型消费,探查辽宁W村村民在住房、着装、饮食方面的消费主体呈现。我们发现,处于消费时尚、消费知识体系末梢的农村社会,村民的日常生活消费实践同时是习得城市消费知识，再生产地方性知识的过程。基于举债建房、稳中求新、实现人生目标与满足住房消费需要的消费习惯，村民不断地更新着住房消费实践。

村民并非市场操纵的呆瓜。村民的服装消费历经穿旧衣到自己做衣服，再到购买衣服的转变。在市场提供的消费范围内，村民依托着装情境，在消费空间、家庭消费成员、服装功能消费需要方面做综合匹配。妇女作为服装消费的代理者，了解家庭成员的消费需要。村民"货比三家"，积累服装消费知识与增进服装消费能力。村民基于着装情境展演服装消费，服装消费表征的是村民的生活方式。松弛的着装规范下，年轻村民与中老年村民正在展演自我表达的审美消费。

村民提升饮食消费质量的过程中，食物的意义转变。熟人社会中村民无须积累品牌知识，村民建构的是实践意识层次的消费能力。曾经的经济支付能力限制村民的消费认知与消费选择，村民赋予琳琅满目的水果、肉类以符号差异，并基于此展演消费实践。商品丰富不仅带给村民多种选择，而且带来不确定性。村民的饮食消费同时是质疑、革新或者再确认既有消费知识体系的过程。

结　论

消费:农村居民的一种自我表达

　　从统计数据看，中国农村消费发展颇为乐观。农村消费水平逐步提升，与城市消费水平差距缩小；且农村居民已经跨越满足温饱之阶段，正在做着提升生存消费质量、满足享受型消费需要方面的消费尝试。

　　统计数据下的文化丰富性如何呢？我们认为，追逐时尚并不总是民众向精英看齐的过程。当社会日益多元化，流行或只发生于特定的地域与人群。辽宁、吉林二省的田野资料证明：中国农村居民能够以消费表达自我，中国农村消费的发展过程同时也是中国农村地方性知识谱系的发展过程。

一　村民在表达型消费文化中获得清晰的自我

　　社会成员在消费领域内的自我认知与表达，即是人的自我实现需要在消费领域内的表征。本书将之操作化为社区成员在基本的物质支持下，在"社区—社会"的消费规范的框架内进行的能够反映并满足主体意愿的消费实践。

　　西美尔的时尚自上而下运行的"方向论"在河村主要表现为"时尚下乡"，村民在衣食住行各领域表现出以"文明的进程"（城市为代表）为目标的时尚追求，在此过程中体现出来的反"狄德罗原则（配套）"现象，在时尚的发源地看来，可能是一种拙劣的模仿，但自时尚传播的"受众"的视角观之，未尝不是一种时尚的"再创作"。河村居民衣食住行领域的时尚追求，是以地方性知识为基础的地方性时尚。现代消费文化研究也表明，低收入者[①]、边缘地区[②]也可创造流行现象。正如文本一旦诞生，作者便丧失对文本意义的终极解释权。且，与早期强调时尚的差异与阶层属性的"方向论"不同，当代消费文化研究宜日益注重消费者的自我决断权。

受访者的声音提醒我们，村民在电视节目的消费过程中有清醒而完整的自我。电视节目的选择、相关符号的能指与所指，最终决定权由作为节目消费者的村民享有。这使习惯于欧陆学者"论电视"言论的我们意识到，虽然知悉霍尔的解码立场所开启的消费文化读者决定论，但我们未曾真正将它施于中国村庄的日常生活。

消费维度的"自我"也呈现于村民的休闲体育消费过程中。他们在国家意志、大众传媒、市场经济、地方性知识所确立的相关消费规范中，用休闲的方式消费着自己的身体，并且通过有意识的实践，将它转化为自己的文化资本，进而累积其社会资本。总之，在物质消费文化的跨越式发展、社区消费规范多元化的框架内，村民不能在表达型消费中获得"自我"的假设被证伪。

二　地方性消费知识的再生产

表达型消费文化表现为社会成员在消费领域内的自我认知与表达。在该过程中，既有的消费知识被复制、质疑、颠覆，发生转变，新的元素融入。

---

① 李洪君、张小莉:《十年来的日本时尚特产:"酷族"》,《中国青年研究》2006 年第 1 期。

② ［美］迪克·赫伯迪格:《亚文化风格的意义》,陆道夫、胡疆锋译,北京大学出版社 2009 年版,第 131—149 页。

随着经济的发展，中国农村居民消费行为的焦点逐渐从商品的使用价值扩大到符号消费领域。大连市 J 村的经验研究证明，在村民向符号消费的发展过程中，人们对消费对象的使用价值的需要正在逐步减弱；村民对消费对象的符号功能的追求正在不断增加。它表征着当下中国农村社区正处在迈向"消费体制"的过渡阶段，村民通过消费符号来获得社区认同感，也表征着"物体系"及其价值观正在替换社区传统价值的空间。

农村居民提升其生存型消费质量的经验材料，亦表明，第一，住房消费方面，村民缺少与建材商品、现代家居设计等相对应的消费知识储备。村民的住房消费的发展同时是村民习得住房消费相关知识的过程。我们认为，住房消费研究不应将住房消费主体的相关消费知识储备作为稳定不变的常量。第二，村民的住房消费融合村民对人生目标，日常生活规范的感知。过孩子与过房子的人生追求，使得村民的住房消费具有必要性和随子女年龄增长而来的紧迫性。在必须进行住房消费的情况下，有限的经济支付能力使得村民可选择的建材商品有限。在这样的条件下，村民内化住房消费规范，参照住房消费记忆，在住房消费过程中逐渐形成举债建房、稳中求新、侧重满足防寒保暖和宽敞亮堂的住房消费需要和长期建房的消费认知。第三，基于举债建房、稳中求新、实现人生目标与满足住房消费需要的消费习惯，提前制定住房消费计划，家庭成员之间的利他性的住房消费，巧妙利用商品与政策以满足住房消费需要的消费实践正在 W 村的日常生活中展演。

村民在多元选择中提升消费质量，村民并非市场操纵的"呆瓜"。村民的服装消费历经"穿旧衣"到"自己做衣服"，再到"购买衣服"的转变。在市场提供的消费范围内，村民依托着装情境，在消费空间、家庭消费成员、服装功能消费需要方面做综合匹配。日益多元的村庄着装规范的语境里，村民基于情境的服装消费，表征的是村民的审美及生活方式。

村民的饮食消费同时是质疑、革新或者再确认既有消费知识体系的过程。

三 表达型消费文化的跨越式发展

我们曾经在《当代东北农村消费文化：物质与规范》① 中提出，农村物质消费文化存在跨越式发展的逻辑。本书的经验材料提醒我们，是否也存在表达式消费文化的跨越式发展的可能？在核心与边缘的分析框架内，我们大致可以判定，农村消费文化的发展，总体上追随着城市消费文化发展的脉络，亦步亦趋，但在部分领域，存在着突破城市（核心区）至上的消费文化的反方向迹向。

正如本书所讨论的，在温饱需要得以满足的情况下，人们的需要焦点日益集中于社会归属、精神文化生活及自我发现与实现领域中。如此，在当下的时空里，文化不但深嵌于社会生活，而且，是在以地方性消费知识引导着人们的消费行为，这一点，正在越来越令人瞩目。当发达的核心区正在兴起打破"物体系"的规范，崇尚"物为我用"的消费主体性时，相对边缘区位的农村社区里，居民的衣食住行诸领域的多元化消费知识谱系的生成与演绎，也在宣告这一逻辑的可能。或许，我们在这本小书中的言说，本身也是黄昏时展翅的密涅瓦的猫头鹰吧。

---

① 李洪君：《当代东北农村消费文化：物质与规范》，吉林人民出版社 2017 年版。

附　录

中国农村消费文化实录

辽宁农业村庄的日常生活消费①

一　杨村概况

杨村隶属于辽宁省葫芦岛市，为兴城望海乡下辖村。地处烟台河下游、兴城西南部（距兴城县约 30 千米）。人口 1798 人，共 436 户。总耕地面积 4800 亩，人均耕地面积 3.3 亩。

杨村村民的文化水平不高。1955 年前生人多小学、不识字，少数村民为初中或以上学历；1955—1980 年出生村民多初中学历（包括肄业），少数村民为小学或不识字；1980 年后出生村民多为初中或高中学历，少数为大学学历、研究生学历（1 人）。

杨村人均年收入 1 万—2 万元，个别为 2 万元以上。受访者之中，家庭年收入 10 万元以上者不足 5%；女性年均收入（1 万—2 万元）低于男性年均收入（3 万—5 万元）。

二　杨村村民的收入来源

经济收入是村民闲来的主要谈资。

---

① 此部分文字原始材料由肖月提供，目前文字由肖月、李洪君共同完成，征得肖月同意，录于此。

这破年头，种地能收多少钱，今年还行，去年旱的啊，那小苞米棒那大点，指望庄稼指不上，还得出去打打工。（村民WHY）

你说不种地也没着，这地方不种地干嘛去啊，就那十几亩地，也没包地，收入多少是多少，岁数大了，也没那能耐出去挣钱儿去了，够吃够花就行了。（村民XYC）

我家那人出外面打工去，地都我在家伺楞着，拔拔草，打打药，也能整，没事的时候我也打打工，挣点零花钱，要不咋整，家里两个孩子上学，不出去挣点拿啥供啊，干吧，趁着还能干。（村民MSH）

我就在家看看孩子，活都他爸干，地也种，工也打，一年还能收入个几万的，反正是够花了，要是像人家那样挣个十万、八万的，没有。（村民HL）

家家都有儿子，趁还能干的时候就干点，给儿子攒点啊，等到老不能干的时候，人家要是不养你，你也得自己留点后抽头啊。（村民YXJ）

我是年中的时候出去打工，在城里的工地做木工，然后冬天工地没活的时候就回家打花生、收玉米，反正我这一年是不闲着，能干点啥就干点啥，多少都能挣点，买机器和车花了很多钱，咋也得挣回来啊。（村民XB）

这村子自己做买卖的少，有几家养猪的，还有几家打花生的，其他的要不就指着种地，要不就男的出去打工，女的在家种地，大部分人还是靠地生活，农民嘛，靠的就是土地。（村民MLF）

人家老黄家去年包地挣着了，今年又包了好几十亩，也不知道今年收成咋样，但是外面包的地比家里强，人家那花生长得可好了，今年就不知道了。（村民ZQ）

上哪去啊，在家老实种点地得了，到时候有雇工的就打点零工，一年也能挣个万、八（千）的，到时候地再出点钱，这一年也收个几万着，你外面打工有人带着行，要是自己出去干啥都不知道，还不如在家呢。（村民 KBL）

杨村约有95%家庭主要收入来源为务农。少部分村民以打工、蔬菜种植或畜牧养殖为主要收入来源。村内经商者四户，三户经营食品和日用品，一户经营饲料商店。不足1%村民靠养车（花生车、翻地车和玉米车）、豆制品制作、在政府工作或领取最低生活保障获得收入。

（一）农作物种植与畜牧养殖为杨村村民主要的收入来源

杨村土地分普通田和经济田，村民在普通田上种植花生、玉米、大豆、高粱和红薯，一年一期；村民在经济田上种植马铃薯、萝卜、白菜和油菜花，一年两期，如村民上半年种植马铃薯、下半年接续种植萝卜。村民收获萝卜后将萝卜削条、晒干出售。近几年天气干旱，农地收成有限。

杨村村民有经营温室大棚，棚内种植西红柿、豆角、黄瓜和小白菜等。棚内蔬菜种植一年两期，出售给本地商店。

杨村村民有批量饲养牛、羊、猪和鸡。养殖成本高，利润大，"比种地来钱快"，风险高。如"赶上瘟疫，基本上就是亏本"。总的来说，养殖业不景气，村内养殖户数量减少。外出务工是替代选择，因收入稳定。

（二）打工：外出、零工

土地收成有限，加之熟人推荐，杨村部分三四十岁的男性村民进城打工。打工地点近处为葫芦岛、绥中，远处为天津、河北、北京等地。外出务工者多在工地打工，少数村民从事室内装修，因后者需要专业技术。这些外出务工者常年在外，偶有在春种、秋收时回村。外出务工者的年收入在 2 万—5 万元不等，较之村内种地来得稳定和丰厚。

零工分长期、短期。短期零工，如部分村民家庭耕地较多，春种或秋收忙不过来时会雇佣本村、邻村村民帮忙。零工工钱于劳作时结算。短期零工包括拔草、起土豆、削萝卜、剥玉米等。依工作内容不同，平均每天 100 元。部分村民长期受一家雇佣，从春种到秋收直至整年劳作结束，是为长期零工。

（三）农用车收入

村内农业劳作已部分改为机械作业。村中农用机器如拖拉机、四轮车和大型翻地机。四轮车较多，大型翻地机仅为个别家庭所有，因其成本投入高，相同类型机械多、收益有限。农用机械以土地面积计价，收花生每亩 20 元，打药每桶 50 元（一桶药可打 6 亩地庄稼）、每袋 5 元（适用于花生地）。

在笔者访谈的对象中，村民李家有花生机、玉米机、翻地机和打药机，这些机器的成本累计在 10 万—20 万元。村内只有李一家有翻地机，从购买机器到笔者访问的两年时间里，李净赚超 10 万元。

（四）商店经营

饲料商店为老店，出售饲料、糠等用于饲养家畜的商品。近几年，猪肉、生猪的市场行情不乐观，村内养猪户减少。总体来说，经营饲料商店收益仍属乐观。

杨村有三家商店，主要经营日常用品。其中一家为村商店，规模稍大、经营时间较长、占据村中的重要位置，客源较多（包括外屯村民）。另外两家为屯商店，规模小、出售食品为主、客源仅为本村村民。村商店和其中一屯商店对门，屯商店生意冷淡，曾尝试购进衣服和鞋子（主营小孩衣物），其客源维持一段时期后停滞、遂停止。

三 日常生活消费

日常生活消费近些年成为村民闲来的谈资。

这年头没钱可不行啊，干啥不花钱啊，不是这事就是那事，手里还是得有点钱，要不然有事就抓瞎了，到时跟谁借去啊，谁也不好使啊（感叹一声）。（村民 LYY）

现在东西多贵啊，都买不起啊，家里有啥吃啥呗，在咱这儿、小葱蘸大酱都能吃一顿饭，鸡蛋也有，花生豆子都有，街上还有卖豆腐的。现在豆腐都涨价了，不大、临买捡（买）两块吃，也很少买。（村民 CDJ）

你说这钱也不经花啊，一百块钱掰开就没啊。接苗挣点钱还没到手呢，就让人（指她女儿）拿走了，咱还没看见钱长啥样呢。（村民 YKH）

咱这地方吧太偏了，都没人来，人家卖鱼的到下边的屯子就回去了，到咱屯啥也不新鲜了。（村民 HJL）

有一次孩子回来，我说吃啥呀，到下边买了二斤排骨，拿到家用土豆豆角炖的，吃的时候他们说有味，确实有点味了，还没坏。估计都放好几天了，这时候东西不好卖，没人买，就都不新鲜，以后买的时候得注意，买肉也要买那种刚进的肉。（村民 XYJ）

买衣服啥的还得去城里啊，咱这边哪有好东西啊，还是那大商场的质量好，贵就贵点呗，那也值了。（村民 XP）

村集市曾是村民购物的主要场所，随经济收入提升、交通便利、县城和市内的商品经常搞促销，村民的购物场所渐渐转向后者。当前，村民的购物场所有三，一是集市。集市分小集和中集，杨村附近小集市较多，开集日期每月一四七、三六九、二五八不同；中集市开集日期为每月三六九。二是兴城或绥中县里、葫芦岛市（相对较少）。相对集市，县城或市内商场每天营业、服饰款式多、质量有保障。三是网购。年轻村民有偶尔网购者，通信技术限制下，村民安装网络者少。

（一）服饰与美妆消费

服饰变化。村民之前服装多为牛仔套装，买衣服买全套是村民的服装消费特征。当前村民的着装款式多样，自由搭配取代套装。如女性村民之前夏季穿裙子，当前冬季裙子搭配打底裤。冬季，保暖性好、薄款的棉裤为村民首选，保暖内衣逐渐取代衬衣衬裤。亦有短腰皮鞋到长靴、厚棉服到短款羽绒服的转变。村民喜穿亮色衣服，且家中衣柜备多套衣服以出席不同场合。在着装上，女性村民甚于男性村民。

发式变化。之前村民留长发、少染色、少焗油。随理发店增多，以年轻人（尤指三四十岁的小媳妇）为主、村民经常打理自己的头发，或染色或做离子烫，卷发成为常态，头发消费100—200元为正常之事。村民以品牌选择洗发水，同时购置配套的护发素和发膜，后者之前并非必需品。因烫发的流行，具定型功能的啫喱水消失于村民的护发消费中。

护肤品和洗漱品变化。十年前，村民少用护肤品。当前，各年龄层村民均使用且使用"好的"护肤品。购买护肤品的场所也从集市转向县城的化妆品店，除对质量的考虑外，也有对多样性的考虑。村中三十四岁的女性多选择品牌护肤品，五十岁上下的女性村民相对节省，购买"一般的"护肤品，美妆类的化妆品不在后者的消费范围内。

（二）饮食消费

杨村的饮食消费如下。

主食有大米和白面（小麦）两种。杨村无村民自种小麦、大米，主要从村内商店、集市或流动商贩处购买。商贩所售价格低于或等同于集市、村内商店。村民的主食曾为自种的高粱米（收割后、加工厂去皮），当前高粱米、小米和玉米等粗粮成为"稀罕"粮食。高粱米的市场零售价高于大米。村民喜以大米掺小米或玉米煮粥。除白面外，玉米面、黄米面也颇得村民青睐。村民以玉米面"下片汤""做饻饻"；亦喜以黄米面制作豆包，当前村民亦以江米（市场购得）制作豆包。

村民的房前屋后有自种的大片菜园。春可食菠菜和葱，夏、秋可食土豆、芸豆、豇豆、黄瓜（白黄瓜和青黄瓜）、西红柿、葱、生菜、白菜等。其中，土豆、萝卜、大白菜可储存至冬季食用，如村民会将萝卜、大白菜分别制成咸菜、酸菜。相对来说，每年的二月、三月、十月、十一月，村民少蔬菜。

村民主食豆油，少食花生油、色拉油。酱油、盐、米醋、白糖、花椒作调料。这些油料从村中商店、流动商贩处可得。村民偶有食用花生油，因村民自家种植花生，花生收割后可榨油食用。熟人社会里，村商店中虽然糖、盐等商品品牌多样，村民与店主之间却无须细说价格、品牌，商品买卖来得简单。麻酱、辣酱、香油、料酒等多为喜吃火锅村民购买。

村民主食猪肉，鸡肉、鱼肉次之，因驴肉、牛肉、羊肉价格较贵，多被食于年节之时。村民多自养鸡、鸭、鹅（养鸡者众多、养鸭者次之）用于下蛋（或出售或食之），其中公鸡用于出售或年节宰杀，公鸡每只100元上下，村民自养鸡蛋价格高于鸡场鸡蛋，每枚1.2元。亦有村民将多余的鸡蛋腌制存放。村中无牛羊肉售卖，村民需到县城购之，或待年节有村民宰杀牛羊时购之。"以前家穷，买一块肉能吃好几天，现在每天都能吃上肉，大家都吃够了，反倒蔬菜的价格要比肉都贵了，真是时代在发展啊。"村中商店年节时有活鱼出售（平时为冻鱼），村民会买之炖食。

村民常食水果有苹果、香蕉、梨、橘子、桃子、西瓜、香瓜、葡萄等。香蕉和苹果四季可得，西瓜、香瓜、葡萄夏秋两季便宜、村民多食之。橘子只冬季可得。因自种菜园，黄瓜和西红柿常被村民作水果食用，另外村民菜园多有果树。故，村民少从集市购水果，孩子是例外。集市有出售榴梿、山竹、猕猴桃、石榴、柿子、杧果等水果，少有村民购之，因这些水果非本地产、价格较贵、不新鲜。

村民于喜宴、过年时喜食糖果、瓜子。饼干、方便面、香肠、果冻等零食多为小孩子食用。日常，成年村民会购饼干、蛋糕等饱腹食品充饥，新近变化是村民购之为打牙祭而非充饥。村中孩子多散养，这些零食也是孩子的充饥物。

男性村民多会抽烟，少部分女性村民亦如此；年纪大者喜抽旱烟，中青年偏好香烟。村中商店，香烟价格 2—20 元不等。多数村民购买 5—10 元香烟，因此价格区间的香烟价格适宜、味道适中，也因市场少有 2—3 元香烟出售。10 元上下价格的香烟多用于办事（如红白喜事）时招呼客人，价格高些的香烟用于送礼、村民不舍得自抽。男性抽烟是常态，并不会为家中妻子反对；男性村民亦知抽烟、吸二手烟不利于健康，会有意识地减少烟量。

村民多于年节时喝些啤酒，白酒多被用于送人。惯例是：好菜配酒、来客时配酒。年长者喜喝白酒，一次购置一壶、每次二两、喝上数月。

　　　　咱们家的蔬菜都是绿色食品，比外面买的好多了，就是平时买点猪肉，做菜的时候放点，香一点，平时也就那几样，到什么季节吃什么菜。（村民 DLK）

　　　　一天天的不知道吃啥，翻来覆去就那几样，天天的都吃够

了，除了土豆还是土豆，有菜愁、没菜还愁，也不知道咋整。（村民 MSW）

一天天的吃饭最愁人了，以前连米都没有还吃得劲劲儿的，现在生活好了这个不吃、那个不吃，我家吃啥都是孩子说了算，他说吃这个就弄这个，要不然就不吃饭啊，你说咋整。（村民 SHW）

我家就两口人，好糊弄，弄吧、弄吧就吃饭，半个点儿（半小时）就搞定，吃啥不一样啊，吃饱就行呗，来客了再弄好的。（村民 LCY）

现在家家饭桌上有肉，不是以前干炖大白菜的时候了，想吃啥就买啥，其实还是自己家种的东西实惠，外面买的吧偶尔吃一顿就行了。（村民 FCQ）

吃啥实惠啊，小葱卷干豆腐、蘸大酱最实惠了，还下饭，要不然总吃肉也没啥意思，都吃够了，来点清淡的最好了。（村民 SFY）

我特别喜欢吃海鲜，家里平时会经常做鱼，我们这边离海也近，偶尔还能吃到新鲜的海货，其他的就那样吧，吃啥都一样，饿了吃啥都好吃。（村民 BYH）

（三）住房与家电消费

村民住房消费的时机为子女成家。男孩家庭多是新建住房，支出约 15 万元，多耗尽积蓄；少翻新旧房，因旧房仍可舒适居住、拆了可惜，此举需女方同意，不然也需新建住房。村民从县城或市内购置建材，雇佣有专业技术的村民建房。当前，子女结婚时兴进城买楼房，村中住房留给父母居住。

新建住房的室内设计偏向城市室内设计，分卧室、厨房、洗澡间。其中部分火炕被床取代，因冬季寒冷，又无空调，床只在夏季使用。室内墙壁、地面铺设瓷砖，以方便打扫、为屋里增色和增加亮度。

彩电、洗衣机已为村中常见家电，冰箱、太阳能、空调为新进家电。盖新房村民多会配置太阳能，经济条件富裕的村民家中配有空调，这也多是新婚家庭。夏季烹饪方式已由电饭锅煮饭、铁锅炖菜渐变为电饭锅煮饭、电磁炉炒菜，因夏季炎热、烧火煮饭较为辛苦。

（四）出行

村民出行方式有三。其一为三轮车，一车可载8人，每人4元（原2元），多见于赶集。杨村共有四台三轮车，与其他村的三轮车交替载客。二是摩托车、电动车、自行车。摩托车居多，电动车为孩子上学必备工具。村民少有轿车。村民购之轿车，售价在5万—10万元。三为客车。杨村距离县城骑行摩托耗时较久、不便。村民去县城主乘客车。杨村到县城有两班次客车，早上发车、下午回村，票价每人9元（原6元）。

搭乘三轮车去往集市，包车15—20元，轿车30元。搭乘轿车出行，依距离50元、70元、90元不等。价格亦因人而异，并非固定不变。

（五）人情消费

杨村涉及随礼的人情事项包括结婚、生孩子（当地人称为"下奶"）、过寿（66岁、73岁、80岁、84岁、90岁……）、过世、升学（高中或大学）、建新房（当地称为"燎锅底"）。宴席多设在办事者家中，办事者邀请亲戚和本屯的人前来吃饭，开饭时间在早7—8时；若是婚事，需中午迎亲。

宴席操办由办事者筹备，亲戚邻居帮忙。作为回报，办事者备烟酒。新近变化为"一条龙服务"承接宴席，包办厨师、上菜员、餐具、桌椅、酒水等。"一条龙服务"以桌定价，每桌300元、350

元、400 元不等。"一条龙服务"于办事者较为方便，仅以事后清扫为例，若办事者自行操办，在室内摆酒，酒席过后满地垃圾，若是冬季满地泥水且油碗难清洗，需耗时半天。"一条龙服务"可省去这些不便。

宴席需 12—14 道菜，其中鱼、肘子和排骨必备。其他为炒肉、虾、常见的炒菜和拌凉菜等。宴席后，这些会成为村民的谈资而被比较。菜口味好坏也会成为村民的谈资，影响厨师是否在日后的人情宴席中被雇佣。

笔者调查时发现一有趣之事。虽然村民生活水平提高，但宴席后仍打包桌上吃剩的菜，带回家自食或投喂家禽、猪、狗。打包原因不在于村民环保或者节俭，而是"不拿白不拿，剩菜有的是，他们家也吃不了，都放坏了"。

> 现在屯们中儿随礼 50（元）的都少了，沾边就是一百（元）啊，要不然就是 200（元），这家伙还啥事情都办，没事创造点事也要办一办。（村民 WYF）
>
> 你别看这屯子小，一年下来礼也不少随，钱也不少花，这家办，办完那家再办，一个老人办个大寿，大儿子办完二儿子办，二儿子办完三儿子办，你说这啥时候是头啊，你要是不随吧，礼就断了，没法儿，只能随。（村民 ZZQ）
>
> 现在办事情也剩不多少钱，你说去了吃、喝和抽（烟），还剩下啥，还不如去那办酒席的地方，直接来个一条龙，还比较省事儿，啥也不用管，就一桌多少钱，剩的还多点，要不然办就没啥意思了。（村民 YXC）
>
> 我家亲戚太多了，有的我都不随了，真是随不起啊，正经的都随不过来，孩子还上学，我家还没事情，就随个屯们中，然后哥兄弟姐妹随随就得了。（村民 MSW）

有事情就办办，像大寿啥的，要不然其他事情就没必要办，操那份心去呢，还剩不了多少钱，还落下埋怨，何苦呢。（村民 GYW）

我们屯还行，没有哥几个一起办大寿的，就是孩子考个大学啊，结婚、下奶啥的，其他的乱七八糟的事情没有了，不像别的屯儿的，连从监狱出来都办一下，不知道办个什么劲。（村民 WYS）

啥钱不花礼得随啊，你要不随就断道了，到时候啥也不好使了，但这玩意就是礼尚往来的事，你随人多少人就随多少呗，还想咋的，指这个挣钱，难啊。（村民 LYS）

现在的人可有意思了，他家要是有事情，他到你家就涨价，到时候就直接回去了，人家也不损失啥，以后就降不下来了，你说这事。（村民 DHT）

杨村人情消费涨幅不大，这与当地的总体经济状况有关。据杨村年长者讲，其年轻时的人情消费额度 10—30 元不等；贫苦家庭可送鸡蛋、豆子充当礼金。2000 年前后，礼金涨至 50 元、100 元。当前，100 元为邻居之间随礼额度，少有 50 元。"太少了拿不出手"。尽管礼金额度不高，于村民仍属不小的经济压力。

（六）节日

村民较为重视年、端午节、中秋节。其他节日次之。

年，即除夕和春节，消费支出在置办年货：糖果、鞭炮、鱼和肉。笔者调查时，杨村流行"泡猪"，即四户村民合伙购买一头猪，杀肉后四家平分，每家平均分到几十斤猪肉；猪头、猪肠、猪心、猪肝、猪肺、猪尾巴一起卖掉，约 100 元。此种方式比集市上零买猪肉便宜，且质量有保证。除夕，村民早起贴对联；午时吃正餐，正餐需有鱼、寓意"年年有余"。部分村民正餐之前炸制麻团、春卷、肉串、丸子等解馋。正餐后，村民包制晚上食用的饺子，后打麻将娱乐；晚上 10—11 时村民蒸、食饺子，同时燃放鞭炮。少有村民守岁至凌晨。原正月初一孩子早起到家族拜年（跪、磕头）、分得糖果和瓜子，现拜年活动简化为见面时问"过年好"。年初一至十五，村民均会准备丰盛菜肴，元宵节时食汤圆或元宵。至此过年结束。

清明，村民购买纸钱到去世的亲人坟前烧掉、祭奠逝去的亲人。

端午，村民吃粽子、叠葫芦悬挂。亦有村民在端午之前备好黄米和粽叶，于端午当天自包粽子、煮熟后食之。叠葫芦主要为老人操作，当下较少出现。

中秋节恰逢秋收，村民无闲暇时间过节。购买几袋月饼即算过节。

总的来说，食物是村民庆祝节日的方式。也因非节日时鱼肉可得，以食物庆祝之意不明显。

（七）休闲娱乐

杨村的休闲娱乐活动有打牌、聊天、手机、看电视、跳舞。

打牌有三，一是老式的水浒牌，老人玩者居多。约 2005 年前后，村中老人五人一局（锅）、每锅 5 元，"赢干"续下一局。后打麻将取代打牌。二是打麻将，夏季、冬季闲暇时，村民（多是妇女）组局、打麻将。从早 8 时至下午 2、3 时，晚饭后续之。三是打扑克。相对麻将，扑克带来的乐趣有限。村民打扑克为消磨时间，不涉及金钱；涉钱、论输赢时，约 50 元，"玩的不大"。

> 我们平时都玩小的，大的都人家玩，我们就是没事闹个乐，消磨时间，要不干嘛去，冬天也没事干。（村民 TLM）
> 我不会玩那玩意，我也不玩，输了犯不上，有那钱干嘛不

行，买肉吃多香。（村民 SCH）

我家招牌局，一天最多能有三伙，我一般时候都玩一二五的，有时候人手不够了给他们凑伙，也和那帮老娘们玩一块的，瞎挠去呗。（村民 XYH）

我是闲着的时候抓两把，忙的时候从来不玩，活都干不过来哪有时间玩那玩意啊，闲着的时候还行，打打小牌儿，没指望赢，输也输不哪去。（村民 ZCJ）

不玩干嘛去啊，没活干就打麻将，今天你玩，明天她玩，来回拉锯去呗，输能输多少，两天就回来了，谁也没靠这个发家啊，就是闲着没事干。（村民 HK）

老王家媳妇经常玩，还去下边那个屯去玩，偶尔还带一个去，人家都玩大的，输赢咱也不知道，回咱屯儿都没人愿意跟她玩。（村民 WKL）

我之前不怎么玩，现在可爱玩了，黑夜白儿玩，我家那位也玩，他玩的比较大，但是有脸，输了几回就不玩了，我这打的小。（村民 FJN）

你说不玩干嘛去啊，周围也没啥厂子，也没有活干，待着也是待着，只能打麻将，要是一天天的在家待着谁待住了啊。（村民 WLH）

几个大老爷们天天去我家打扑克，两伙儿，一把五块钱，赢的得，输的掏，一把能打一个点儿，一晚上也就玩个五六把，最多50块钱挡住了，没多大输赢。但是那帮人玩得激恼的，他、你出这个，他出那个的，跟个小孩似的。（村民 TLM）

我们是人够了就开始，吃完饭大家就往老黄家走，谁先去谁就先坐那，一般是八个人，老少都有，但是基本上就那几个人，其他的只是去卖单儿（看热闹）。（村民 ZCQ）

广场位于村北部，在村委会旁边，因新农村建设，近两年建成。广场配有简单的运动器材（如篮球架）。夏天晚饭后，村民到广场跳舞、闲聊，村委会提供音响和跳舞的工具，其他村民坐在一旁观赏、聊天，天黑返家。每年广场有秧歌比赛，参赛者为望海乡各村村民。

村民聊天内容广泛，庄稼、收入、新闻。多在固定地点，不论性别、年龄。晚上看电视剧时返家。夏季男性村民多至晚 9 时散，冬季多聚在某好客村民家中。

杨村人手一部手机，通话外，村民用之玩游戏、看电子书、网上聊天。这构成村民的娱乐，此前，村民多看电视。

村中年轻村民家庭有电脑，用于聊天、打游戏、网购。因乡村物流建设不足，加之村民不熟悉电脑操作，网购频次有限。

（八）子女养育

> 孩子上学也得给老师塞钱，不给钱你家孩子受欺负啊，都没人管你，那还能学习吗，没法，现在的老师就是这样，不给钱不好使。（村民 YJH）

> 现在这孩子费钱着呢，啥都要钱，还得给老师钱，老师都是家长雇的啊。（村民 YMH）

子女消费（学费、生活费、补课费）是村民家庭一笔大的开销。杨的儿子小学五年级需补课。杨本是小学老师，因工资少辞职。给儿子补课的老师是退休教师，杨觉得其知识储备与自己差不多，杨不理解儿子补课原因，却也一直支持。"看人家都补，他也要去，也不教啥，只是看写作业，偶尔测试一下，但是错的地方也不给讲。人家就是愿意去，你也没办法，那就去吧。"村中多老人看孩子，孩子的父母外出打工。老人无力辅导孩子功课，遂送孩子去补课班。补课班教师原为无编制的在校教师，补课内容仅限于语文和数学两个科目。

父母与子女之间的关系，或者更准确地说，村民对自己生命历程的理解，也常构成谈资。

> 还没到那时候呢，等到有那么一天，我们老两口就往小屋子里一猫，哪儿也不去，也不连累孩子，能活多久就多久（问：那要是生活不能自理呢？）那就直接喝点药就死了得了（大笑），估计不能那样，能不能活到那时候还不一定呢。（村民 WXM）

> 我们家俩孩子，到时候还能有个照应，闺女咋也得管我啊，至于儿子就不一定了，谁知道将来儿媳妇啥样啊，爱养不养，不指望。（村民 LDH）

> 我儿子还挺孝顺的，估计到时候能看他爸、他妈一眼吧（大笑），主要还是自己攒点养老钱，到时候万一指不上呢，得留点后抽头。（村民 ZZC）

> 我那大闺女是领养的，当时她妈生她的时候死了，刚生下来几天，他爸也养不活她，然后看我家没孩子，就给我了，我是一把屎一把尿把她拉扯大的，那时候我家那位当电工，手里一直有钱，我大闺女手里钱也一直不断，对她可好了。现在我大闺女也经常给我钱，给我买衣服，家里的衣服都穿不完的，还给我买了台冰箱，花了两千多呢，啥都给我买，到老了也不愁啊，我还有一个儿子和一个女儿呢，都可孝顺了，呵呵。（村民 CRX）

> 这年头都是老人养孩子，哪有孩子养老人的，老人都有养老金，一年到头也得不少钱，有的家庭还指望老人得养老金呢。（村民 YXC）

　　我们家没有儿子，将来两个闺女家谁都不去，俩人自己往家一呆，愿意看就看一眼，不愿意看就拉倒。（村民 SGY）

　　我家老两口好几个儿子呢，将来有那么一天大家管呗，反正谁也逃不了，当儿女的咋也得做点事吧。（村民 YK）

　　子女婚嫁是另一项大笔支出，男孩家庭尤为如此。建新房或买楼之外，男方需另支付 10 万元彩礼。村民建新房基本花掉数年积蓄，彩礼多是从亲戚借来，儿子结婚后、父母还债。若女方坚持在城里买楼，那男方家庭所出更多。相对男孩家庭，女孩家庭的经济压力要小许多，无具体数量要求，嫁妆高低仅凭父母意愿。

四　两户村民的日常生活消费案例

（一）徐家的日常生活消费

　　徐家三口。徐 35 岁，妻子杨 38 岁。年收入在 10 万元左右，属村中富裕户。徐家有八亩土地，由徐的父母耕种。徐家收入来源主要为车和外出务工，徐的妻子在家养几头猪和十几只鸡、照顾孩子上学和辅导作业。

　　日常生活消费方面，徐家的重大支出主要为住房、属一次性消费支出；其他消费支出表现为衣食住行、人情随礼方面。因徐夫妻二人没有赡养父母和抚养儿子的经济压力，故在消费方面会"大方"很多，"有需要就会买，不会顾及什么"。徐家的家电设备齐全，是村内同龄人的榜样，会被很多人羡慕。徐妻杨少于打扮、穿着普通。

1. 服饰与美妆消费

　　徐家的服饰消费主体是妻子杨和儿子，徐的服饰消费由妻子代劳。

　　杨的服饰消费劳动。（1）之于儿子着装，杨在市内购买。杨的儿子小的时候，其衣服由杨代买，相对随意；随儿子年龄渐长，合身较为重要，杨会带着儿子去市内选购衣服。在杨看来，孩子之间时有攀比，不能培养儿子攀比的消费习惯，故选购服装时，杨会权衡、保证质量的同时又不高档。（2）之于徐的服装，杨选购起来则随意许多。杨认为，"男人没那么讲究，但是出门的衣服还是要买有些档次的"。

杨的服装消费。（1）杨少于出门，多是家人缺少衣服、家中缺少必要物品时去一次县城或市内。（2）选购服装时，杨会参考同行村民的建议，参考两个姐姐的意见，也受网络、电视之影响。（3）杨会注重选购流行款式。杨喜暗色衣服，尽管接受丈夫徐建议买过亮色衣服，总体仍以黑、白、灰三色为主。杨相对传统、保守，不喜外露服装。

徐在妻子的服饰方面支出较为舍得。杨曾在商场买过2200元的大衣。杨本打算以1700—1800元买一件大衣，逛商场时看中2200元的大衣，徐表示"不差那点钱，喜欢就买呗"。虽然事后杨表示"真有点贵，有点舍不得"，不过得到丈夫的支持和大方确很开心。徐在给自己的消费时却并没有这么爽快。

首饰流行于农村女性群体、特别是年轻女性群中。刚结婚的女性喜戴首饰。杨不喜打扮，却喜首饰，曾以几百元购置一枚银手镯。后银手镯颜色变暗、不美观，杨遂不戴。其后徐以工钱为杨购入一对金耳环。杨很高兴、第一时间佩戴。

杨在化妆品消费方面也会参考他人建议。多是与其姐姐商量。杨所用化妆品多从集市购得，多为护肤品，无彩妆。徐近些年也用护肤品，品牌多为"大宝"。

杨会受其他村民影响，烫、染头发，离子烫、染成黄色是杨的限度。烫、染发多是"一时新鲜"，如烫染发后两三个月长出新发，杨并不会及时补染。

2. 住房消费

徐家在 2011 年（结婚第九年）建房，支出约 18 万元。在此之前，徐家居住在父母的老房子。

于东北农村居民而言，建房是一项工程，建房建的不只是住房本身，而且包括住房内部与外部整体的配套。首先，徐家新建住房共四间。东侧间由徐的父母居住，西侧两间由徐家三口居住；东西两侧中间设有走廊，用于存放物品。因冬季取暖，故住房内均设火炕，东、西屋均带有厨房。其次，住房安设塑钢门窗，地面铺设地板砖，墙壁粘贴瓷砖。住房外部、前后"晾台"铺设水泥，院内搭建车棚。再次，室内摆设相对简单。其中一间内置电视、电视柜、小柜子、电脑、电脑桌，另一间内置床和冰箱。室内衣柜内嵌在墙中，炕安设在北面。外加建房人工费，18 万元的住房支出便是由此而来。

既是工程，便有未竟之事，消费支出也要有所预估。住房棚顶、墙面白灰尚未处理。徐估计此支出在 1 万元以上，"在农村想要盖一个好点的房子，花费也是巨大的。这样的房子在村里是数一数二的，最好也不过如此，其实 10 万块钱就能盖一座房子，只是看怎么弄的问题，都用好的材料肯定是花费大的，最终来说还是经济决定一切。"

3. 饮食消费

徐家三口与其父母共食，并不自己做饭。后徐父母搬至徐妹妹家看房子，遂自做饭。

徐家主食米饭和饺子，偶尔搭配玉米碴子，饼、馒头、花卷和面条少做。"之前的米是高粱米，现在人们都吃大米，反倒高粱米成了配食，而且现在的高粱米比大米的价格要贵。"徐家习惯以电饭锅煮饭、以电磁炉炒菜或炖菜；冬季用"大锅"，因以之取暖。以电烹饪，源于节省时间、方便、干净利落，烧秸秆煮饭会带灰尘、收拾起来麻烦。

徐因新建住房，平整原院子内的蔬菜园，只在住房后种一点蔬菜。自种蔬菜可满足徐家蔬菜所需。徐家，蔬菜主食土豆、芸豆、葱、白菜、韭菜、生菜和茄子，土豆炖芸豆、炒土豆丝、炒鸡蛋常有。

徐家肉食猪肉以为主。徐家也食海鲜。妻子杨喜欢吃"肉活"的鱼，故杨买鱼时也挑选鱼品种，带鱼、胖头鱼和片鱼是首选。夏季徐家也会购买海红和蚬子煮食。夏季食不新鲜海鲜、易坏肚子，徐家对海鲜新鲜度有所挑剔。

徐家偶食火锅，从集市购得肉片、茼蒿、油菜、金针菇、细粉、小白菜、丸子、火锅底料和蘸料。徐认为，火锅主吃肉，肉类多为猪肉，少有牛肉，因徐家不喜羊肉膻味，故无羊肉；徐夫妻不食丸子，丸子是为孩子购买。火锅材料选择时，徐夫妻多听从店主意见"啥菜都一样，都是肉的话太腻，还得买点蔬菜"。在徐看来，火锅不能饱腹，故徐家食火锅同时会煮米饭，"那东西吃再多也吃不饱，解解馋还行，还是饭最管饱"。

徐家中常备有零食、饼干、牛奶、水果。因家中有孩子，牛奶常备，饼干买来给孩子垫嘴。水果从屯里流动小贩处购得，遇之则买、倒不刻意。徐家自种桃、梨、杏树，夏季可食。徐冬季会储存100—200元苹果。

徐不抽烟，会喝点啤酒。"自己想喝酒了就到商店买一箱，里面有12瓶，每次干活累了回到家之后，会喝上一瓶，解解乏。我的酒量很好的，即使喝四五瓶啤酒，还能吃几碗饭，而且也不会醉，啤酒家中常备。"（徐语）

4. 出行消费

徐家代步工具为摩托车和四轮车。徐原有三轮车，用来拉活挣钱；后因收花生和玉米，换大车，支出逾6万元。四轮车用来耕地和翻地。徐本欲买轿车,后因无时间驾驶,故作罢。

5. 娱乐消费

徐家的娱乐活动如下:聊天,看视频,以视频形式与亲人和朋友聊天。晚8时观看电视。徐安装电脑后,电脑取代手机。徐妻子有时晚饭后走出家门,与屯里村民聊天。

喂鸡打狗,辅导孩子作业是妻子杨的生活状态。冬季,杨会和邻居打麻将,杨"不舍得玩一二五的,这小局点背了都得几十块呢,咱可不玩那么大的,不玩"。

6. 人情消费

徐夫妻二人的人情消费不多。因徐的亲戚往来的人情多由徐的父母维系。徐家的人情消费支出主要在杨。杨的父母已去世、有两个姐姐和三个哥哥。杨的外甥结婚、杨随礼500元,这是重头。其他亲戚200元即可。

徐家有子女读书的人情费。村民的说法是:孩子在学校若要得到老师的重视,家长需要奉献一些。为了让儿子得到优待,徐夫妻二人也给老师送了礼。

另外,徐在外奔波,时常麻烦别人,偶尔请别人吃饭。

7. 耐用品消费

徐夫妻二人结婚时购置一台长虹电视机,配有VCD。"VCD是闲坏的。"

妻子杨近期刚换手机,vivo牌,价格逾700元。杨原是使用其二姐从北京邮寄的手机,使用两年时,因村中其他村民更换智能机,遂以400元更换智能机,将原手机留给徐使用。后因此智能机无法连接无线网络、扣费,杨"一气之下"换了vivo手机。徐则继续使用杨的手机,接打电话。

徐家近期安装电脑,累计支出约3500元,其中,网费每年480元。妻子杨用电脑和远在北京的姐姐视频,徐的儿子偶尔玩游戏。

徐安装电脑的初衷是"为了上网查花生米的价格"。

8. 节日的"应景"消费

诸如端午、中秋和元宵节，徐家会有"应景"消费。端午、中秋、元宵相应地表现为吃粽子、月饼、元宵和汤圆；清明为上坟所需的纸钱。

过年更显隆重。徐家会购买对联、鞭炮、肉（鸡肉、鱼肉）等年货。"糖果要买一大袋，猪肉也要买上几十斤"。鞭炮虽有购置，却不及狂热程度。徐家的年货由妻子杨操办，唯有鞭炮，徐本来喜燃放鞭炮，每逢过年会约堂兄弟购买鞭炮。不过，两年前徐因在燃放鞭炮时伤到手，影响日常劳作，遂罢。

（二）夏家的日常生活消费

夏家四口。夏48岁，妻子毛49岁，两个孩子一个女儿和一个儿子。夏家依靠务农和外出务工获得收入，年收入5万元左右。务农和外出务工收入基本持平。夏家在村中属于中等经济水平。

夏夫妻二人节俭，一是家庭收入不高，二是养育子女支出较多。夏家80%的家庭消费用于子女的教育与生活支出（夏的女儿读大学，学费和年生活费累计1万—2万元，儿子学费和生活费也在1万元左右），20%用于随礼和基本生活。饮食支出外，夏家少娱乐类消费、服饰与化妆品支出。夏能养育两个孩子读书，虽生活节俭，却为其他村民羡慕。

夏妻子感慨地说：每次孩子们回家，家里都像来客人。子女读书回家，夏夫妻二人都要炒菜或炖肉，菜肉从市内或商店购买，每年四五次。

这一辈子就为他俩干呢，也不图啥，只要将来孩子不在家种地就行，可不吃这份苦。

夏夫妻俩的花费甚少。服装上"捡剩儿",夏夫妻穿子女穿旧的衣服,使用子女用旧的手机。手机仅用于通话。

1. 服饰消费

在服装方面夏夫妻俩的花费较少,大部分用于子女。子女在外面求学,会买许多衣服,包括鞋子和化妆品之类。

夏夫妻平时穿着普通,下地干活和闲在家里是同一件衣服,脏了洗洗。换洗衣服虽有、却不多。夏夫妻备有两套出门时的服装。对于鞋子,夏表示"买一双好的鞋子,够我穿好几年的了";妻子也是如此。

夏的儿女长年在外生活,有着与夏夫妻二人不同的消费习惯。夏的女儿曾为夏妻毛网购一件短衫,作为母亲节的礼物。毛表示"不好看,但是料子还挺好,挺凉快的"。毛虽然不太满意,却也开心。不满意源于毛不相信网购,认为网上出售的服装质量不过关。夏的女儿也曾给夏夫妻二人购买保暖内衣,夏个子较高、穿着并不十分合身,因价格便宜、倒是认可女儿的网购。

毛会用护肤品。他人或女儿赠送。毛对护肤品的牌子不甚在意。"这是人家(指女儿)拿到家里我给留下的,我说把这个给我吧,你再去买一套。"不过,毛会选择价格略贵的牌子牙膏,因其认为"用好的牙膏,刷牙会很白"。

2. 饮食消费

夏年中时外出打工,妻子毛一人独处,饮食便也简单。"不愿意做菜,煮点饭,然后带两个鸡蛋,再吃点葱蘸酱就可以了。"

夏家的主食为大米和白面,少食米类。具体烹饪上,多食饺子、面汤。蔬菜为自种土豆、豆角、黄瓜、西红柿、酸菜、大白菜,配有蘸酱菜和小咸菜;买菜时少,来客或孩子回家时,夏会到商店买菜炒食,或子女从城市带蔬菜回家。夏家常吃炖菜、蒜薹炒肉,肉为猪肉、存于冰箱,少食鸡肉和鱼肉。夏的儿子喜食鸡肉,儿子在家时，夏常备鸡腿和鸡脖，用酱的方式烹饪。

夏过节时喝啤酒、白酒，现喝现买。夏的哥哥常年喝酒，家中存有散装白酒，夏欲喝白酒，多到其哥哥家中索要。夏过节，且孩子在家时会购置饮料。

夏买便宜的烟卷来抽。原为1—2元卷烟，后为2—3元，现为4元一包卷烟，支出变动是因市场卷烟售价变动。

夏家备有饼干、蛋糕之类零食，用于饿的时候"打零"，或下田劳作时充饥。过年时购买瓜子和糖果之类零食。

夏冬季会储存100—200元的苹果。其他时间少吃水果。

3. 人情消费

子女生活与教育支出外，人情消费是夏家的另一大项开支。夏夫妻二人亲戚较多，妻子毛兄弟姐妹十人。随礼时这些均要顾及。夫妻二人无事操办，故随礼方面"只出不进"。夫妻俩虽苦恼，却也只能如此。就夏家的随礼支出来看，兄弟姐妹之间随礼300元，侄子、侄女和外甥、外甥女都是200元，其他，如邻居关系100元、少数50元。

辽宁沿海村庄的日常生活消费①

一　L村基本情况概述

L村隶属辽宁省大连市，为临海渔村。2015年，L村共700户，约2000人。村中老一辈村民多为小学学历，中老年一辈多初中毕业，"八零""九零"中青年村民多大学本科或专科毕业。

L村村民经济收入来源包括出海捕鱼、务农与在外打工。1. 出

---

① 此部分文字原始材料由孙梦提供，目前文字由孙梦、李洪君共同完成，征得孙梦同意，录于此。

海捕鱼构成村民的主要经济收入来源。L村几乎每家有一条渔船，约有90%家庭靠捕鱼赚钱养家。村民春、夏、秋三季领船出海赚取经济收入，冬季不出海时多赋闲在家。2. 务农。L村每位村民有4分耕地。耕地上，村民主要种植玉米，但村民并不指望以此赚钱。耕地种植外，村民会在自己家院子或前后院开一块10—20平方米的土地种植白菜、辣椒、茄子、土豆等蔬菜用以自食。3. 外出务工。L村在外务工者主要为文凭教育不成功的"八零""九零"群体，他们的主要打工地点在大连市市内和开发区（学手艺）。

二 村民 XD 一家的日常生活消费

XD 一家四口。2015 年，XD45 岁，XD 的妻子 47 岁，二人初中毕业；XD 的儿子 15 岁，为初三学生，XD 的女儿 22 岁，为大学生。XD 家庭年收入在 10 万元左右，出海捕鱼为其主要经济来源。

XD 家的日常生活消费包括衣、食、住、行、XD 子女读书的教育支出、人情随礼、海上摊位费以及其他零项支出。XD 家庭的日常生活消费在 L 村同龄群体中的日常生活消费方面具有代表性。

（一）食物消费

家里食品支出最大的就是蔬菜和水果，肉还是占其次的。现在都讲究健康饮食，不像过去吃不饱、吃不好的。我是喜欢吃肉、不喜欢吃菜，但是我老婆做的都是蔬菜炒肉、蔬菜炒海鲜，什么菜里面都会配上蔬菜，我现在也会吃一些蔬菜，肉家里人吃的还是少。[①]

如访谈记录所示，XD 家的食品消费支出结构中比重较大的支

---

① XD 语。

出包括蔬菜、水果与肉类。其中，蔬菜和水果的消费支出比重大于肉类的消费支出比重，且 XD 家有关于饮食的健康消费理念。访谈记录中亦呈现出 XD 个人的肉类饮食偏好，XD 所描述的家庭饮食结构即与此有关。如 XD 不喜面食，喜食肉，故 XD 家日常饮食中常包饺子，面条并不常吃。不过因家庭成员对于肉与蔬菜的偏好不同，如 XD 妻子和女儿不喜食肉，XD 妻子每次包制两类馅料饺子，一是纯肉馅饺子，为满足 XD 和其儿子的饮食偏好；一是以蔬菜为主的饺子，为满足自身和女儿的偏好。

XD 家的饮食结构如下。XD 家的主食为米、面。XD 家并不自种水稻，但日常大米的消费支出较少。其原因在于 XD 家与其朋友之间建立的人情为基础的物品交换。XD 的朋友家种植十几亩水稻，每年会赠送给 XD 家几袋大米。作为回报，XD 回赠捕捞的海产品。大米与海产品为载体的礼尚往来促成 XD 与朋友之间亲如兄弟般的关系，交换过程中彼此的利益得失被这种关系冲淡、不被双方计较。

XD 家的蔬菜消费有自给性消费和非自给性消费两种消费方式。XD 家种植应季蔬菜食用，包括白菜、卷心菜、土豆、茄子、辣椒、生菜、葱、洋葱、韭菜、黄瓜、苦瓜、芸豆、白萝卜、胡萝卜、西红柿。非此期间 XD 妻子在集市或者村内超市购买蔬菜食用，也因此 XD 家的食物消费中蔬菜消费支出较多。

XD 家也以地窖储存萝卜，以棉被遮盖土豆防止其被冻，冬季 XD 妻子会挑选十几颗白菜腌制酸菜。酸菜属东北地域的饮食文化构成，这在 L 村亦然，L 村村民家中几乎每家都存有一口用于冬季腌制酸菜的酸菜缸，酸菜炖肉为 L 村冬季常见饮食。"XD 女儿每次都不愿意到酸菜缸附近拿东西，说味道太大、有股酸臭味。这种味道为酸菜发酵所致，但是每逢冬季 XD 妻子做酸菜炖排骨时，XD

女儿都会忘记酸菜发酵出来的味道而吃好多。"[①] 萝卜豆腐排骨汤、萝卜白菜汤亦为 XD 家冬季常见饮食。

XD 家日常主要食用猪肉、鸡肉和鱼肉，XD 妻子偶尔会在集市上购买牛肉。XD 家的猪肉消费在 2010 年前后有所变化，这与其经济活动变化有关。2010 年以前，XD 家的猪肉消费以自给自足为主，2010 年之后，XD 家不再养猪，其日常食用的猪肉转从市场购买。XD 和妻子曾估算，每年养猪的成本投入与年底的猪肉消费支出，二者相差不多。XD 家原为养猪种玉米，不养猪之后，其玉米种植也不具必要性。[②] XD 家冬季食用自养的鸡肉，非冬季的鸡肉为现买。鱼肉消费未有变化，以捕鱼为经济来源，XD 家的海产品消费亦自给自足。不过 XD 家冬季食用的是事先储放在冰柜里冷冻的、非新鲜的海产品。

XD 家的水果消费主要为 XD 的儿女，由 XD 夫妻二人代理。XD 儿子初中住校，每星期回家一次，一次周末回家，XD 未及准备水果，此周末恰逢 XD 女儿回家，XD 妻子第二天在集市上购买几样水果，共支出一百多元。当时 XD 女儿觉得太贵："下次回家就不要买那么多水果，吃点便宜的就好了"，XD 则以为"反正也不是每天都这么吃，我和你妈两个人在家一般都不买水果"。如 XD 表述，在水果消费方面，XD 无水果消费兴趣，不吃水果，XD 妻子也吃不太多。一年中只要 XD 儿女在家，XD 家的水果（2—3 种）便供应不断，若儿女上学不在家，XD 家水果消费支出较儿女在家时明显减少。

XD 家亦有零食消费，消费比重大者为牛奶和糕点。XD 儿子平均两星期喝掉一箱"特仑苏"。XD 喜甜食，诸如蛋糕、桃酥、饼

---

① 转述 XD 妻子语。
② 家庭分工方面，XD 妻子承担种植玉米的农活，XD 海上捕鱼。自不种玉米之后，XD 妻子的劳作负担减轻。XD 妻子多数时间帮 XD 补网、记录捕捞货物的账单和其他一些琐碎事情。

干之类。在出海捕鱼季节，XD 会在船上备些蛋糕、桃酥、饼干做干粮。零食消费方面，XD 家处于"不断货"状态。

不过，XD 妻子出于健康考虑监管着子女的薯片、辣条之类的小食品消费。XD 家人一起去超市时，XD 的子女会"趁机"拿一两袋小食品（如非油炸的薯片）。XD 儿子喜欢吃五角钱或者一元钱一包的辣条，但因其吃辣条胃痛或拉肚子，XD 妻子对儿子吃辣条之类的食品报以禁止态度。XD 夫妻二人会为子女购置水果，但从不为其购买辣条与薯片之类的零食。

XD 家的雪糕消费支出也相对较多。夏季 XD 家会批发 2—3 箱雪糕（2008 年以前为红豆雪糕，零售价格 0.5 元一支；2015 年雪糕批发价为 1 元一支），也会在村内小卖部单买雪糕。XD 出海回家后平均要吃两支雪糕；夏季中午 XD 家和邻居在家门口乘凉唠嗑时，XD 家会分雪糕给他人吃。

XD 本人喜欢抽烟，但不喝酒。烟消费对 XD 的吸引力在于"出海的时候不抽烟就没有劲干活"（XD 语），XD 每次出海时的烟消费支出较多，少则一包烟的四分之三，多则整包香烟；非出海在家时，XD 平均每天半包烟。XD 知晓长年吸烟影响身体健康，也曾有戒烟念头，但每次还未尝试便已放弃戒烟。XD 妻子认为，既然无法劝 XD 戒烟，不如让 XD 购买好烟以减小香烟对他身体的危害。当前，XD 的烟消费在每盒 15—20 元之间，XD 常抽香烟为软包玉溪。逢年过节亦有他人赠送 XD 一两条香烟，价格在 500—600 元左右，对此，XD 表示"舍不得抽太快"。

（二）住房消费

XD 家的住房消费主要为装修消费支出，且是因循自然环境、建材市场与邻里参照的变化而发展的过程性消费。

1997 年，XD 家以 5 万多元购买村内一座近 200 平方米的住房。1998 年 XD 装修整个住房。装修内容包括房子内部刷大白，铺地砖，西屋吊棚、扣天花板与装暖气片，在院子建二层台、加围栏杆。此次装修 XD 共支出 3 万元左右。1999 年 XD 为新房子加瓦房盖，支出在 3000 元左右。搬进这一新房子之前 XD 家与 XD 父母住在 80 平方米左右的三间房①内。

XD 家的新住房内有五大间，共十个屋子，屋子由正中间一条走廊均匀隔开。新房子为标准的东西对称式房屋，其特点在于观一侧布局可透知整个住房轮廓。房子中间是走廊，挨着走廊东西两侧，南面是两个厨房，北面分别是水房和仓库；挨着两个厨房东、西两侧，南面是有火炕的两个主卧，火炕能同时容纳六七人居住；住房内部最东和最西的两间屋子为安床的卧室；北侧分别有两个大屋子，这两个屋子被 XD 家用来存放杂物。XD 家 1997 年搬进新房，初住在西边的两个卧室。

购房、装修耗去 XD 家的经济积累。待 XD 经济缓解一些后，XD 家在 2003 年装修东屋的天棚（扣上天花板）。XD 之前几次装修时，住房地面铺设的是瓷砖，但因近海（距离海边五六百米左右）居住，室内环境潮湿，阴天时地上渗水，地面潮湿居住不便。2006 年时 L 村流行铺地板的装修方式，XD 妻子去村里铺地板的几户村民家中"参观"几次，比较几家地板的颜色和花纹，后和 XD 商量，决定在自家四个卧室铺地板。地板样式由 XD 妻子选定，均为棕黄色、木头纹。铺地板时，木匠建议 XD 家在最西屋的卧室内的整面北墙装一排壁柜。这样装修，美观之外也能为 XD 家省下很多钱（装修时顺便制作壁柜比单独打柜省钱）。XD 和妻子商量觉得可行，以此装修。

XD 家的装修事务主要由 XD 妻子决定，XD 少对家里装修设计这些事情发表意见。如 2006 年的装修消费中，XD 家亦在墙壁粘贴

---

① 三间房为村民对住房格局的描述，是指同一屋檐下有面积相差不多的三个活动空间。

壁纸，此为 XD 妻子在饭店吃饭时参观所得。XD 家一次在当地饭店吃饭时，XD 妻子注意到饭店里面每个房间贴有不同壁纸。XD 妻子当时甚是喜欢，认为家里墙壁贴壁纸后也会显得干净与漂亮。受此次观感影响，也是出于墙壁贴壁纸后耐脏、与每年墙壁刮大白相比要"省事儿"① 许多的考虑，且此时 XD 家已有日后大规模装修住房的计划，故 XD 妻子提议采用墙上贴壁纸的装修方式。XD 妻子在征求女儿意见后，为女儿的卧室（有火炕的屋子）粘贴浅绿色壁纸；XD 妻子此举除了考虑到女儿的颜色偏好外，也有对粘贴绿色壁纸显得室内亮堂的考虑。后来 XD 妻子将女儿卧室的窗帘更换为浅绿色，以为与壁纸颜色相适应。在另一间有大床的卧室，XD 妻子粘贴暖色调的暗红色壁纸，并搭配与之相适应的紫红色窗帘；XD 妻子的考虑是，这间卧室稍小，粘贴暗红色壁纸整体显得比较温馨。因其他屋子（东屋）在 2006 年时尚未被 XD 家作为卧室使用，故并未在其他屋子粘贴壁纸。此次装修后，XD 全家人都觉得装修效果不错。

其后 XD 家又连续装修住房两次。2008 年，XD 家将住房前后木头制、小玻璃的窗户更换成塑钢窗。XD 这次装修一是顺应村庄当时的住房装修潮流，一是对擦玻璃"省事儿"的实用考虑。2011年，XD 家庭收入不错，遂装修一直未被作卧室用的东西屋。装修内容为安装暖气片，更换一张新的大床，墙壁上扣上薄板。此次装修后，东西屋被 XD 家用来招待过年来访的亲戚。

关于住房的使用上，XD 家城里的亲戚过年时会在 XD 家里住上一两天，其他时间，XD 的儿女一人一间卧室，XD 和妻子则较为随意，如一人一间卧室或者两人合用一间卧室。

（三）交通通信消费

出行消费。2011 年以前，XD 家的代步工具主要是摩托车，外

---

① 地方方言，是指日常生活上的方便。

出时打车出行，打车费用在 15 元、20 元、25 元不等，具体价格依据距离远近而定。XD 家赶集亦需乘车，赶集乘车有打车和乘客车两种方式，两种乘车方式费用均为每人 3 元①。

2011 年 XD 家购买一辆吉普车，取代摩托车作为代步工具。其后除 XD 不在家外，XD 家人很少打车出行。XD 家新购车减少家人外出的打车费用，但同时增加汽车燃油费的消费支出。XD 表示，"自己都没觉得怎么样，上个星期一星期加了 100 块钱的油就跑没了。昨天又去加油，加满了一共 400 块钱，上次 350 块钱就加满油了。油价再涨以后都是能买得起车，可加不起油了"。

通信消费带来生活便利。XD 家 1998 年以前没有座机和手机，与亲戚之间往来受到空间距离的限制。无座机与手机的不便亦体现在 XD 出海时与家人的联络方面。每次 XD 出海，XD 妻子在家"睡不好觉，一直担心"。1997 年夏，一次 XD 出海，"半夜时风刮的特别大、还下着雨，海上的风浪更大"，XD 妻子联系不上 XD，便半夜跑去海边等，"当时我整个人都崩溃了，就怕他在海里出了什么事，等到凌晨快四点。不过幸好他平安回来了，这次事之后我就一直有些神经衰弱。"（XD 妻语）

1998 年，L 村接通电话线，村内三分之一户安装电话机，出海村民陆续购买手机。XD 的第一部手机为诺基亚牌的小手机，价格在 400 元左右，此时村内许多男性村民已有此品牌手机。XD 家主机设在卧室，2003 年时 XD 在家中厨房墙壁上安设电话分机（100元左右），以为在室外忙碌时接电话方便。2008 年 XD 以电视购物的方式购买一部价值在 2000 元以上的金立智能手机。此时，村内尚未流行触屏手机，XD 购买的这部手机可按键、可触屏。XD 的手

---

① 2010 年以前是每人 2 元。若非集期，村民打车去集市费用为 25 元，2010 年以前此为 20元。

机消费成为村内村民触屏手机消费的先驱，引来其他村民的羡慕。

XD 购买诺基亚手机时，村内女性村民无手机。变化的是，当前女性村民也是手机的持有者。XD 妻子如果不在家，XD 即使购买手机、家中虽安设座机却也无法与妻子联系，考虑到此，2009 年XD 为妻子购买一部价值 500 多元的手机。关于手机消费，XD 妻子对手机所知不多，也并不对此抱有消费兴趣，XD 妻子对自身手机消费能力的要求是"会打电话就行"。2012 年 XD 女儿读大学更换手机，将原来使用不到一年的手机留给 XD 妻子使用。2013 年 XD妻子学会用手机发短信，但对于该手机的使用，XD 妻子只用其打电话与收短信、少发短信。

（四）服装与染发消费

XD 本人少服装消费，原因有二，一是 XD 出海穿旧衣服，几件衣服换穿。比较来说，XD 冬季衣服较多。L 村有一不成文习俗，每家不管贫富，过年时全家人都会去县里买新衣服。XD 本人一年两套新衣服的服装消费便是在此时发生。二是 XD 妻子的服装消费代理免去 XD 本人购买服装的麻烦。XD 表示"妻子的眼光很好，给自己买的衣服都很合身，也穿得出去"。XD 虽不主动展演服装消费，但是会给其妻子的服装消费、服装代理消费提供参考意见。

XD 妻子的服装消费表现在两方面，一是其自身的服装消费。XD 妻子衣服虽不多，但每件衣服价格比较高，如冬季外套在千元以上，夏季连衣裙平均 400 元、500 元一件。XD 妻子的服装消费参照有二，一是村子不大，邻里之间的服装消费构成彼此参照，二是商场提供当年流行服装信息，后者为 XD 妻子服装消费时的主要参考。XD 妻子本人的服装消费随年龄增长有所变化，"现在自己都老了，不像前几年爱美，也不怎么买衣服。以前买的衣服挺多穿的，也都挺好。不是特别需要的话基本上平时不会给自己买衣服了。现在家里就给小儿子买衣服，女儿有时会给我买一两件衣服，再就等过年前和家里人一起去买新衣服了"。

XD 妻子服装消费的第二方面是其作为家庭服装消费代理者的代理消费呈现。XD 本人虽少服装消费,但 XD 妻子会帮助其展演这种服装消费。XD 妻子一度想给 XD"买几件贵的、出门穿的出去"的衣服。村内有男性村民穿皮夹克后显得精神,XD 妻子提议让 XD 也购买一件。2015 年过年前 XD 家逛商场时看到流行款的皮夹克,XD 妻子拉着 XD 去试穿,XD 女儿给参考意见,最后 XD 购买一件皮夹克。

作为代理消费者,XD 妻子对消费空间有所了解。XD 妻子偏好在当地一家鞋店为家里人买鞋。当地鞋店不多,XD 妻子认为:"该鞋店鞋的种类比较多,质量不错,而且保修期比较长。儿子穿的鞋一直都是他家的,有一双鞋穿了两个月穿坏了,还给返厂换了一双新鞋。"这种以旧换新的消费体验下,XD 妻子亦会带外出读书的女儿来此鞋店买鞋。同时,XD 妻子也会向同村人推荐该鞋店,如经由 XD 妻子推荐,村内一户村民也和 XD 家一样、成为该鞋店的"老顾客"。XD 妻子因长期光顾,能够在该鞋店享受到买鞋优惠。一年内,XD 家在该鞋店的鞋消费在五双左右,凉鞋、棉鞋都有。

青春期的生命阶段,"长个儿"带来服装消费的必要性。XD 儿子正值"长个儿"年龄,"一年前的衣服和鞋子一件都穿不了了,就现在买的衣服都要大一号的,不然再过半年就会又穿不了了。"当前,随 XD 夫妻服装消费减少,XD 家服装消费中 XD 儿子的服装消费为多。

XD 女儿外出读书(大学)习得网购的消费方式。XD 女儿选择网购是因为其觉得实体店服装太贵、买了心里不踏实,网上服装价格便宜,不过网上服装也因价格低廉、质量无法保证。初始,XD 女儿仍依靠家庭经济支持,其后做家教的工资、奖学金被其积攒用于网购。也是在此时,XD 女儿开始参与到家庭的代理消费之中。

　　XD 女儿初期的网购并不被 XD 妻子看好，XD 女儿每次回家，XD 妻子都认为女儿穿的衣服不好看，遂带其去商场购买新衣服。此时，互联网在 L 村尚未普及，为数不多的村民家中有电脑，XD 妻子不会网购。也因不了解网购，XD 妻子担心女儿乱花钱，不喜欢让女儿为家里人网购代买服装。其后，XD 女儿为 XD 妻子购买外套与连衣裙、为 XD 购买衬衫与皮鞋、为弟弟购买的几件衣服均比较合适，其以网购方式所展演的代理消费渐为家人接受。此后 XD 妻子有时会打电话让女儿在网上查找是否有合适的服装，如 2014 年冬，XD 妻子在商场为儿子看中一套睡衣，价格在 150—200 元，但是该睡衣布料薄、不保暖，XD 妻子遂让女儿在网上为弟弟购买睡衣。XD 女儿以网购方式为家人各购买一套珊瑚绒睡衣。此睡衣为打折款，总消费支出不足 300 元。对于此次女儿的代理消费，XD 说"一冬天在家里就这一套睡衣就够了，不冷不热的，穿着很舒服"。

　　XD 家服装消费上的性别差异在各自的染发消费上亦有体现。XD 妻子平均每年去理发店四次左右，消费内容为烫发、染发。与鞋店的空间偏好相似，XD 妻子从三年前开始、去县里的同一家理发店，XD 妻子每次做头发消费支出在 300 元。XD 和其儿子的理发消费在村附近的普通理发店，每次消费 10 元钱。

　　（五）耐用品消费

　　XD 家的耐用品消费始于 1992 年（XD 结婚）。1992 年，XD 家新添置一台 2200 元的熊猫牌彩色电视机，一台 1600 元的海尔电冰箱，当时 XD 家有 XD 妻子从娘家带来的一套家具。2003 年家电下乡，XD 购买一辆"新动力"电动摩托车，此为村内当时比较流行的电动车品牌，电动车的性价比也比较高、XD 家使用至今尚未更换。2008 年家电下乡电视机以旧换新，XD 以旧的小彩电、外加

4000 元更换一台 42 寸长虹牌液晶电视。2011 年 XD 家购买一辆吉普车取代摩托车作为代步工具。

（六）文教娱乐与医疗保健消费

2008 年始，L 村渐兴跳广场舞。村内有一村民提供音响，并组织带队。跳广场舞的场地为村内一小卖部附近。广场舞的前身为扭秧歌，村内女性村民参加，活动时间大致为每天晚上 6 时到 8 时，其间有其他村民围观，场景甚是热闹。2010 年大连市组织文化下乡活动，且有奖项设置，村民积极性被调动，有村民开始学跳广场舞。村民学习广场舞的"教师"为电脑视频，一两个村民学会后、晚上教给其他村民，跳广场舞的参与成员无一例外为女性，年龄多在四、五十岁左右，4—5 名 60 岁以上的女性村民和个别 70 岁之上者参与其中。跳舞成员并不固定，"大家想跳就一起跳，当锻炼身体了"（村民语），L 村跳广场舞者在 20—30 人。

XD 妻子每天晚上（2010 年时）吃完饭跳广场舞 1 小时左右。XD 妻子自评"手脚协调性不好、每次学的都很慢，有时自己在家闲着还会跳几下"。如上所述，后来村大队选村民培训去参加比赛，村大队出钱为跳舞村民雇请教练教跳舞，比赛演出服的费用部分由跳舞村民自付（100 元左右）。XD 妻子当时虽有意参赛，但因跳舞培训耗时一个月影响其晚上为 XD 做饭（XD 每天出海，回家时间不确定，XD 妻子需要在 XD 回家前为其备好晚饭），故 XD 妻子最后放弃参加比赛，那一个月也未去跳舞。

比赛结束后，村民每天晚上亦聚在一起跳舞，但"天气太冷大家也都懒得动弹，不愿出来"，广场舞的娱乐活动在冬季中止。XD妻子在广场舞比赛后复又跳舞，但亦中止，"现在大家不是每天都会去跳舞，因为一些原因场地换了好几次，有时会影响到村里小孩学习。现在晚上跳舞的人都不到 20 个，也没有人去看热闹了，我现在不去跳舞了，她们总是换样，今天这个舞还没学会又开始教下一个，不爱跳了。"

村民的娱乐活动较少。广场舞之外，XD 妻子闲暇时也会去小卖店打麻将。XD 不喜打麻将，但也会待在小卖部。小卖部人多，村民聚在一起闲聊。除去往小卖店打麻将、闲聊外，XD 家人晚上在家看电视。对于打麻将，XD 妻子说"一年打麻将也没有很大的输赢，就是一起打发时间了"。

XD 坦言，"家里同时供两个孩子读书，压力确实比较大"。XD 儿子从 2 岁起便被 XD 夫妻送到县里寄宿学校读书。XD 的儿女一年读书加生活费的消费支出在 2—2.5 万元。子女高额的教育消费支出影响 XD 夫妻二人的医疗保健消费，XD 为妻子交纳养老保险，自己则无。

（七）人情消费

XD 家人情消费支出占家庭支出的比重越来越大。20 世纪 90 年代 XD 家一次人情随礼在 20 元、50 元，关系非常亲密者为 100 元。近年来，人情消费金额趋高，50 元的随礼金额不复存在，一般关系的随礼为 100 元，关系稍微好些的随礼为 500 元，近亲关系者则要包 1000 元的红包。2015 年 XD 合计：这一年里已经"随出去"的礼，加上已经确定的、将要随的礼，礼金合起来在 10000 元左右。这尚未算及 XD 家逢年过节的礼物消费支出。

对 XD 家来说，人情随礼的消费支出范围为出海捕鱼过程中所结交的必要的朋友（大多数都是负责某一片海域的几个人）关系。朋友多、人情消费支出大，但交朋友多、挣钱的机会也多，经济收入会随之增加。所以 XD 估计，"这种情况会一直持续下去，估计以后家里的人情消费就会占家庭支出的很大一部分比重。"

（八）节日消费

1997 年那年买了新房子搬家、又快赶上过年，手里真的是一分钱都没有，还是在村里借了 500 块钱过了一个年，那个年过的也挺好；可是现在过个年 5000 块钱都不够，不痛不痒的这钱都不知道花哪了。[①]

"不知道花哪了"的钱部分被 XD 用在彩灯、鞭炮、零食的消费上。过年期间，L 村每家每户会树鞭架，购买一些五颜六色的彩灯悬挂在鞭架上，同时配上红色灯笼和小彩旗。近几年，村民经济支付能力提升，过年期间围在自家的房檐上或墙头上的彩灯花样也越来越多。村民热衷彩灯消费，其体现便是过年至正月十五元宵节期间，村民悬挂的彩灯照亮村内的大、小道路，村民夜里走路无须携带手电筒。不过与 L 村相较，其他村落远无此景观。L 村村民在彩灯好看与否方面存在一定程度的消费竞争，这构成村民彩灯消费的消费动力。

XD 喜欢购买彩灯且每年要买新的彩灯装饰鞭架。2014 年和 2015 年 XD 以彩灯装饰自家房檐，同时正门屋檐上悬挂一大的红色五角星彩灯。XD 家每年在过年期间的彩灯消费支出在 200—300 元。XD 喜欢摆弄彩灯，当其儿女夸他弄得好看时，他会像孩子似的、特别高兴。

XD 过年时会为子女购买烟花与鞭炮，支出在 100—200 元。在这一方面 XD 妻子与 XD 有所分歧，XD 妻子担心小孩子燃放爆竹不安全、劝 XD 少购买。XD 在儿子 13 岁以前为其购买的爆竹多为桶装和手里拿着的两种，再大的烟花 XD 也顾及安全问题、亲自燃放。随子女年纪增长而来的对烟花消费的热情的淡化，XD 仍会每年购置 2、3 桶礼花放给子女看、以图热闹。

XD 家过年期间的零食必不可少，坚果、干果、瓜子和水果之

---

① XD 语。

类。糖果消费在 3 种，3、4 斤左右。XD 喜欢吃糖，XD 妻子会藏糖以避免孩子多吃，但其后发现原来糖吃得最多的是 XD。

端午节等的应景消费。端午节时，长者会为小孩子佩戴五彩绳，在 2003 年之前亦为小孩子佩戴龙尾①。当前佩戴龙尾的节日庆祝方式已消失，原因有二，一是龙尾做起来比较麻烦，村民当前也不像之前会积攒方便面袋和碎布；二是当前四十岁、五十岁的女性村民大多未做过龙尾，无做龙尾技能。2003 年以前 XD 的女儿和儿子端午节时佩戴过龙尾。每年端午节，XD 妻子会早起为两个孩子带好五彩绳。L 村村民亦会在端午节前后剪几根桃树枝，穿上几个小铜钱悬挂在门上。

相较过年的消费支出，村民在非过年的其他节日消费支出不多且以食物消费支出为主。L 村村民会在端午节吃自己包制的粽子，村民包制的粽子以"个儿"大为特征，对此，XD 略带调侃的提及，"我们这里的粽子应该是全国最大的粽子了，还不带馅"。

　　现在哪有那么规矩，一般端午节我们提前半个月就吃上粽子了，月饼元宵也都是提前吃，这些都不怎么讲究了。家里人想吃就去买来吃了，也不管是不是过节，反正现在卖的也多，什么时候想吃都能买到，但是过节那天也都会象征性的吃一些。②

端午节吃粽子、中秋节吃月饼、正月十五吃元宵，食物是村民庆祝节日的方式，但是这一方式正在发生变化。如 XD 的表述，约

---

　　① 一种人工制品。是用线把方便面袋剪成一个个正方形，和其他好看的布还有细细的庄稼秆相互交错穿起来做成，此时尾部会带几个布条被叫做"穗儿"。长者把它用别针别在孩子的肩头上，孩子一跑龙尾就会"飞"起来。

　　② XD 语。

束节日展演方式的"规矩"趋于淡化。

三　RJ 一家的日常生活消费

RJ 家两口人。RJ72 岁，初中毕业，为鞍钢退休工人。RJ 妻子72 岁，小学毕业。RJ 家庭年收入在 5 万元左右，收入主要来源为退休工资和国家养老补贴。以经济收入计，RJ 为 L 村老年家庭的中上层。

与中老年一代村民家庭日常生活消费支出项目不同，以 RJ 家为代表的老年村民家庭，其日常生活消费支出中并无儿女教育、住房和通信的消费支出。

RJ 家无代步工具，远行外出由儿子开车接送。RJ 妻子喜欢赶集，赶集支出往返 6 元钱。

（一）食品消费

RJ 夫妻二人一年的食物消费支出不多。原因如下，一是 RJ 家院内有一块 30 平方米左右的菜地，RJ 每年会在其上种植蔬菜以满足蔬菜所需（RJ 家种植的蔬菜种类与 XD 家种植的蔬菜种类相似，L 村其他村民亦如此），RJ 妻子有时会赶集购买蔬菜。同时，RJ 在院内饲养一头猪和十多只鸡。2015 年笔者调查时，有 8 只鸡能下蛋，RJ 家每天至少可获一枚鸡蛋。也因此，RJ 家不但每年无鸡蛋消费支出，而且能将一大半的鸡蛋送给儿子。RJ 女儿回来时也会带些鸡蛋走。二是作为长辈，RJ 夫妻会收到晚辈送来的孝敬礼物。RJ 的儿子和女儿会为 RJ 夫妻购买水果和肉，RJ 儿子出海后亦会送给 RJ 海产品。RJ 夫妻逢年过节也会收到节日礼物，礼物多为营养品，如牛奶。RJ 夫妻作为长辈，其接收到晚辈赠送的礼物后无须回礼，故 RJ 夫妻在食品消费方面支出不多。不过，对于收到的营养品，RJ 夫妻通常是留置两盒礼品后将多出的礼品转送给儿子。

RJ 夫妻二人的食品消费支出主要在水费。RJ 说："以前喝我们这井里水还觉得很甜，但是现在井里水越来越'懒'（不好喝的意思）"。RJ家日常用水有二，一是成箱批发的康师傅牌矿泉水，被用于做饭；二是井水，被用于非饮用外的其他用途。RJ夫妻平均每月购买一箱矿泉水，每箱矿泉水支出在20—25元。

　　RJ喜欢抽烟，"这烟是戒不掉了，现在烟瘾也比较大，稍微控制的话一天抽不到一盒，要是不控制的话一天能抽一盒。"（RJ语），RJ抽的烟、每盒10元，逢年过节RJ的儿子会为RJ购置1—2条贵烟。RJ儿子的香烟消费为每盒20元，对于RJ而言，20元一盒的香烟属于享受，"不能总抽贵的烟，抽得多了就不爱抽自己以前总抽的便宜的烟了"。[1]

　　（二）服装与染发消费

　　　　年轻的时候没有那么多好看的衣服，老了就爱穿的漂亮，等真不能动弹、出不了门的时候就不想这些了。[2]

　　不同年龄段的村民对消费的体悟不同。如XD妻子，年轻时注重服装消费，待年长时服装消费减少。与之不同，RJ妻子将过去无好看衣服和未来不能动弹作为参照，当前注重服装消费。不过，与XD妻子的服装消费在百元以上不同，RJ妻子每件衣服仅有30—40元、不超60元，RJ妻子更重视服装花样与颜色。

　　这与L村其他老年女性村民的服装消费相似。L村老年女性村民喜追逐时尚、打扮自己，她们赶集时除了购买食品，便是购买衣服鞋子；这些老年村民每次聚在一起，聊天内容也常为"XX赶集买了一件新衣服、衣服是什么样子、衣服花了多少钱"。RJ妻子在

---

① RJ语，笔者转述。
② RJ妻子语。

村里有两到三个关系较好的老伙伴，彼此在夏季服装消费上常相互推荐，也因此彼此有四、五件相同的服装。

> 老人就该有个老人样，穿得朴素些，每天穿着大红大绿的看着不好看。

这是 RJ 对妻子服装消费的态度。不过，RJ 对妻子服装消费的不满也仅止于言语上的唠叨，并未有实际的制止妻子服装消费的行动。

RJ 本人从不赶集为自己购置衣服，除儿媳和女儿为其购置的衣服外，RJ 只在过年时为自己添置一套新衣。对于服装消费，在 RJ 看来"我不是为了省钱，人都这么大岁数了，老搁家待着①用不着买那么多衣服"。

夫妻间的消费差异亦体现在头发消费方面，不过与 XD 夫妻二人的消费差异不同，RJ 也有染发消费。RJ70 岁之前曾将头发染成黑色，RJ70 岁后头发变白速度加快，RJ 觉得频繁染发麻烦、便不再染发。RJ 平均一个月或一个半月剪发一次，支出在 10 元钱。与 RJ 相较，RJ 妻子每年染头、烫头的次数比较多，平均每两个月做一次头发，地点为村附近的理发店。RJ 妻子的染发或烫发消费每次为 100 元钱（在当地属便宜价格）。

（三）医疗保健消费

医疗消费支出是 RJ 家日常生活消费的重头。RJ 退休后享有工人医疗保险，保险率有 85%。RJ 患有糖尿病近十六年，打胰岛素已十余年，同时 RJ 日常亦要吃药，如 RJ 在糖尿病的治疗药物方面的消费支出平均一年在 8000 元左右。RJ 近些年心脏不好，随身带

---

① 在家待着的意思。

有救心丸。近两年 RJ 也常因为心脏不好住院调养，每次住院 RJ 需要自己负担费用，平均在 2000—3000 元，住院期在 10—14 天。也因此，RJ 虽有保险，但医疗消费支出仍较大。

（四）休闲娱乐消费

与 XD 为代表的中老年夫妻相比，RJ 夫妻的娱乐消费颇显丰富。2010 年之前 RJ 会和妻子一起赶庙会，近些年因身体不好，RJ 不喜欢"凑那热闹"。L 村村民拼车赶庙会，每人支付 30 元或 40 元拼车费。RJ 身体不好后，RJ 妻子和女性朋友一起赶庙会。

RJ 妻子喜欢跳舞，在广场舞跳舞比赛之列（花钱买衣服、接受培训、参加比赛）。

近两年，L 村老年女性村民流行去 KTV。RJ 妻子和其女性朋友平均一年去 KTV1－2 次，时间在过节时。"有一次是在妇女节那天去的，还有一次是过什么节忘了，一共 9、10 个人拼了两辆面包车，一人拿了 60 块钱。"

（五）人情消费与节日消费

现在关系近一些的，我们去赶人情，主人都不让我们上人情钱，就是人到了就好，但我们心里不过意啊，没有多的，还有少的，还是会给人包 100 块钱红包。要是关系远一点的我们就直接不去了，儿子女儿他们后辈去就行了，反正以后都是他们之间往来。现在我们家人情消费越来越少了，一年也就 1000 多块钱，但是以后不一定啊，孙子考大学，孙子、孙女结婚，我们都要包大红包的，这都是后话，要是我们有福还能赶上的话。

每年过年我们家除了买吃的穿的，还有一部分支出就是给孙子、孙女，还有一个外孙女的压岁钱。他们三个给的都是一样多的，以前是每人 100 块钱压岁钱，2008 年以后每人涨到

200 块钱，外孙女比较大，到了 2012 年她工作了我就再没给了，孙女和孙子都还在读书，等他们工作了我也就都不给压岁钱了。2012 年以后我每年给孙子 200 元压岁钱、给孙女 400 元，当然我孙子是不知道的，孙女上大学一年回来几次，我见不到也想，自己在外面念书不容易，所以我给她的多。但是今年（2015 年年初）过年我给他们一人 500 块钱压岁钱，我想我和我妻子都这么大岁数了也没有多少花钱的地方，我今年工资也涨了，给两个孙子我也高兴。①

随年龄增长，人情往来被交由子女代从事，RJ 一家的人情消费支出减少。所剩为孙子与孙女的红包消费支出，但这其中又涉及"要是我们有福能赶上的话"的生命期限。总体而言，RJ 家以及其他老年村民家庭的人情消费支出不多。

节日消费亦是如此，如果说人情消费中老年村民还有到场参与的义务的双向性互动，节日消费中则无。如上描述，晚辈为 RJ 夫妻二人送礼物，RJ 夫妻二人的节日消费支出除了节日必备的食物等支出外，主要为给孙子和孙女的压岁钱。且压岁钱有时间限制。就此看，RJ 夫妻二人在节日与人情消费方面的支出有限，其以消费传递的是长辈对晚辈的惦念，如 RJ 认为孙女在外读书不容易，给孙女的压岁钱多于给孙子的压岁钱。

四　L 村居民的日常生活消费

总的来说，大连 L 村两代村民的日常生活消费有所差异。因为老年村民无经济支付能力，其日常消费或依靠退休工资，或是自给自足，或是儿女赡养。与子女分开居住的老人无居住与通信消费支

---

① RJ 语。

出，但同时增加因年龄和疾病而来的医疗消费支出；老年村民的人情消费支出亦有所变化，作为长辈的老年村民可以无须回礼地接受晚辈的礼物孝敬，但其有对孙子与孙女一代的、以现金形式表达的情感惦念。

具体来说，大连 L 村村民的食物消费以自给性消费和积累性消费方式为主。其中，经济活动与自然环境决定 L 村村民的食物消费结构（如矿泉水消费，海产品消费）。与中老年村民相较，老年村民因年龄增加、日常食物摄入量减少，加之院落经济已能自给自足和子女供养、晚辈的节日礼物（食物），老年村民能在较少支出的基础上有相对丰富饮食结构。家庭内部，家庭食物消费在共享性之外亦具有个性特征，如 XD 家的水果消费表明代际的水果消费差异和父代对子代的情感表达，如香烟消费为男性村民之偏好。此外，村民日常生活中愈益重视健康消费，如 XD 妻子禁止子女的零食消费，在不能劝诫 XD 戒烟时，建议 XD 买好烟以减少 XD 抽烟对身体的危害。

老年村民无居住消费支出，这是因为年龄增长促其生活重心转移。大连 L 村中老年村民的住房消费是随村民家庭经济条件缓解而发生的持续性装修消费，住房装修消费既是气候因素所致，又由村庄住房装修潮流等因素促动。村民的住房消费以面积大、空间多为特征，住房内部空间布局具有"以一见全"特征。但这并不表明村民在住房消费过程中无现代审美观念，XD 夫妻二人的住房装修消费以及对邻里的住房装修参照表明，现代审美消费已在村内出现。村民的住房消费中现代消费与传统消费并置（如火炕与床并置），其原因在于狄德罗配套审美（如窗帘与墙壁纸的颜色配套以及对壁纸所营造出来的氛围的设想）与"省事儿"的实用性原因的综合考虑。

服装消费彰显性别差异与代际差异。女性村民是家庭服装消费的代理者，年轻外出女性以网购成为家庭新的代理消费者；服装消费是女性村民结交社会关系、从家庭与生命历程层面展演自我的有力工具，反映着农村消费发展过程中的代际分化。女性以服装展演自我遭遇男性村民的年龄认知障碍，呈现农村消费发展过程中的代际冲突。

大连 L 村的日常生活消费呈现如下特征。其一，经济活动与自然气候部分决定了村民的消费支出结构。如经济活动促成人情消费的必要性，如老年村民无通信消费支出是因为老年村民无须在家庭经济收入上费心，L 村的通信消费的发展是由出海带来远距离的通信需要所致。其二，农村消费发展突出女性的社会角色。女性村民是家庭住房消费的操刀者，是家庭服装消费的代理者。其三，消费成为村民，特别是老年女性村民自我表达的工具。女性村民热衷服装消费与染发消费，男性村民则在节日消费上有所表达。RJ 以压岁钱、红包传递对孙子孙女的惦记。从生命历程角度看，老年女性村民正在打破我们惯常刻画的老年村民的消费形象，以新的消费方式展演老年生活、追赶时代潮流，如 RJ 妻子的 KTV 消费、染发消费、服装消费。其四，消费正在从不同方面参与建构村民的日常生活，如手机、汽车带来 XD 家生活便利的同时增加 XD 家的日常生活消费支出，手机在代与代之间传递，网购助力年轻村民成为家庭的消费代理者。其五，国家政策参与农村居民日常生活消费建构，如家电下乡的消费政策下，XD 家以旧换新、购买新电视；虽然 RJ 的医疗报销比例有限，但退休工人的医疗保险仍为其节省医疗支出。其六，日常生活中无处不在的是同村村民彼此的消费参照。如 XD 妻子以商场中的服装为参照跟随服装消费潮流、在住房装修中参考邻里的装修方式，RJ 妻子与老伙伴共同去 KTV、彼此有相同的服装。

辽宁留守村庄的日常生活消费①

一　村庄概况

Y 村隶属于辽宁省锦州市黑山县，地处辽宁西部，位于黑山县境内东北部。

（一）黑山县概览

黑山县地处辽宁西部，在医巫闾山东 40 千米、辽河西 60 千米、古柳条边南 45 千米、渤海北 50 千米处。东距沈阳市 136 千米，西距锦州市 127 千米。县境成铧形，东西横距最长为 66 千米，南北纵距最长为 75 千米。县内地势西北高、东南低，西北部为丘陵区，中部为平原区，东部为低洼易涝区。季节性河流绕阳河、东沙河和羊肠河自北向南，穿境而过，汇辽河后注入渤海，形成"一水二山七分田"的自然格局。②

全县区域面积 2481 平方千米，耕地面积 205 万亩，人均耕地面积 3.25 亩。黑山县水资源总量为 4.255 亿立方米，人均水资源占有量为 672 立方米，亩均水资源量为 260 立方米。黑山县矿产资源以煤和膨润土为主，煤炭储存 5 亿吨，主要分布在八道壕地区；膨润土为优势矿产资源，贮量达 5.6 亿吨。

黑山县属温带大陆性季风气候，四季分明。春季干旱少雨、大风较多，夏季炎热、降水集中，秋季降温快、冷凉少雨，冬季严寒少雪。多年年平均气温为 7.9 摄氏度，月平均气温 7 月份最高、为 24.1 摄氏度，1 月份气温最低、为零下 10.7 摄氏度，无霜期 165

---

① 此部分文字原始材料由冯文熙提供，目前文字由冯文熙、李洪君共同完成，征得冯文熙同意，录于此。

② 黑山县人民政府：《走进黑山—自然资源》（http：//www. heishan. gov. cn/typenews. asp? id = 130）。

天。多年年平均降水量为 568.4 毫米，但时空分布不均，6—8 月降水量多、强度大，占全年降水量的 64.6%，县内降水量分布的空间趋势是由东南向西北逐渐递减。黑山县的风力资源和光能资源均丰富，日照时数达 3300—3500 小时，农作物的生长期为 147 天。①

黑山县下辖 2 个街道，4 个乡村，16 个镇，14 个社区，278 个村，7 个分场。全县人口 64.38 万人，共有 24 个民族，以汉族人口最多。截至 2017 年 10 月末，黑山县劳务输出 23792 人。② 2017 年，黑山县地区生产总值预计完成 126 亿元，同比增长 1.6%。黑山县农民人均可支配收入约为 14645 元，增长 7%。③

（二）黑山县历史沿革④

虽然黑山建县有一百多年，但人类聚居时间较早。根据全国文物普查结果显示，黑山从新石器时期就已有人类居住，目前已确定的新石器时期遗址有大兴大吴台、芳山镇蛇盘山、大虎山等二十余处。黑山的新石器遗址具有典型的红山文化特征，最早可追溯到红山文化早期的查海文化。⑤

商周至秦汉时期黑山已经有大量的人类居住。经文物普查考证，目前在英城子、镇安乡、白厂门、段家等地发现这一时期的历史遗迹有一百多处。大致明确年代的有白厂门的三台子遗址及英城

---

① 黑山县人民政府：《走进黑山—自然资源》（http://www.heishan.gov.cn/typenews.asp?id=61）。

② 黑山县人民政府：《走进黑山—社会保障》（http://www.heishan.gov.cn/typenews.asp?id=134）。

③ 黑山县人民政府：《走进黑山—综合实力》（http://www.heishan.gov.cn/typenews.asp?id=114）。

④ 黑山县人民政府：《走进黑山—历史沿革》（http://www.heishan.gov.cn/typenews.asp?id=59）。

⑤ 虽然黑山建县史只有一百多年，但人类聚居时间较早。根据全国文物普查结果显示，黑山从新石器时期就有人类居住，目前已确定的新石器时期遗址有大兴大吴台、芳山镇蛇盘山、大虎山等二十余处。黑山的新石器遗址具有典型的红山文化特征，最早可追溯到红山文化早期的查海文化。

子歪脖山遗址为商周时期，最为明确的是段家乡蛇山子汉墓群及汉代生活遗址为西汉时期。

黑山尚未发现三国至隋唐时期的历史遗迹。历史原因看，可能是因为三国时期曹操灭乌桓和司马懿攻打公孙渊殁及黑山，致使这一地区人烟稀少。

公元925年耶律阿保机灭渤海国之后，曾强迁大批渤海国居民至辽东，黑山居住民逐渐增多。金灭辽后，在与宋朝的战争中，继续强迁汉族人口到金朝内地。大定二十九年（1189）金设望平县于梁渔务（姜屯土城子）。这一时期黑山境内的人类生活遗址相对较多，大约有50余处。

明洪武二十年（1387），朱元璋平定北元纳哈楚部，黑山纳入明朝版图。目前发现的这一时期黑山境内的历史遗迹有50余处。明长城山海关至丹东虎山段经过黑山，有多处可见遗迹，与其相关的还有烽火台及堡城等，如白厂门的镇静堡、八道壕苇城子的镇安堡等都有遗迹可循。

入清以后，特别是1860年清政府向流民开放关东，大批闯关东者涌入关外。根据宣统三年（1911）的统计资料，东北人口当时有1841万，其中约有1000万是由山东、河北、河南等地闯关东而来，这一时期的黑山人口也因此剧增。由于辽西走廊独特的地理位置，在新立屯、黑山镇内、姜屯等地自发形成了较大的贸易区，从而扩大了居住区范围。光绪二十八年（1902）清政府为消除匪患、除鞭长莫及之弊，在广宁（北镇）新民之间的"小河山"置官设县，名镇安县（并于小三家子设镇安分县）。1914年1月，因与陕西镇安县同名，改为黑山县。

（三）黑山县风俗文化①

1. 二人转、皮影戏与满族剪纸

黑山县是东北二人转的发祥地。入清以后，随着闯关东大军而来的莲花落、什不闲儿、影调儿、打花鼓儿等民俗艺术流入关外，因被统治者视为"有伤风化"的活动难于在兴城、锦州和广宁等朝廷府地驻足。黑山地处广宁新民交界，官府管理疏漏，又有各类的集市贸易，有较好的演出市场，成为各色艺人落脚谋生的第一站。这些民间艺术与本地的唱秧歌儿、凤柳儿调等艺术碰撞融合，渐渐形成早期的二人转。1997 年辽宁省文化厅命名黑山县为二人转基地县，2006 年经国务院批准，黑山二人转列入第一批国家级非物质文化遗产保护名录。

黑山皮影属于滦州皮影派系，是在吸收河北乐亭皮影技艺的基础上结合当地的唱腔发展而来。早在金代已有出现，真正有所传承发展始于 18 世纪末期，至今有 200 多年的历史。2007 年 7 月，黑山皮影戏被列入第二批辽宁省非物质文化遗产名录。

黑山的满族剪纸全称为"医巫闾山满族剪纸"，是以表现满族原始的萨满文化以及民间风俗为主要内容的剪纸形式，流传于医巫闾山周边的满族地区。黑山剪纸不仅是节庆、婚礼、祭祀等活动中烘托氛围不可或缺的文化符号，又被村民用于日常生活用品、服装、鞋帽的装饰刺绣图样。2006 年，锦州市政府申报的满族剪纸入选第一批国家非物质文化遗产名录，2010 年锦州市的医巫闾山满族剪纸成功入选联合国教科文组织非物质文化遗产名录。

2. 善德寺庙会

新立屯善德寺始建于清道光二十一年（1841）（另有一说是同治八年）。早年的新立屯镇交通便利、商贾云集，因商贾们推崇关

---

① 黑山县人民政府：《走进黑山》（http：//www. heishan. gov. cn/typenews. asp？id = 58）。

公、同时为行商讨个吉利，庙会活动遂随之兴起。其是以善德寺为依托，以祭祀活动为动因，以集市为表现形式，融艺术、游乐、经贸为一体。2007 年 2 月，善德寺庙会被锦州市人民政府列为第一批市级非物质文化遗产。

每年农历六月二十四日，一般从凌晨 2 时起，即开始有人进入关帝庙内上香拜祭，庙会邀请高僧主持开幕仪式。早 7 时的关帝出巡为庙会活动的高潮。出巡队伍有主法僧人在前，其后是鸣锣开道和童男童女的灯笼、龙旗、彩旗、鲜花队伍，关帝轿前高举回避、肃静、义勇、忠精的牌子，轿后是诵经与唱赞的居士，后有秧歌队相随。沿途所经商业门店，家家燃放礼花鞭炮。请关老爷看戏是善德寺庙会特有的表现形式，由商家赞助邀请戏班在大市场搭台唱三天大戏，关公神像出巡后在戏台前落座后，大戏方可开场。三天后再将神像请回庙内，庙会结束。

3. 玛瑙雕

黑山北部出产玛瑙，黑山玛瑙加工业历史悠久。据黑山县志记载，明代黑山已有玛瑙加工行业。黑山的六合、火石岭在 20 世纪 50、60 年代已有玛瑙料开采，70 年代成立以玛瑙雕刻为业的六合玉器加工厂，雕刻、创作各种玛瑙艺术作品。2009 年 4 月，黑山玛瑙雕被省政府列入第三批省级非物质文化遗产名录。

4. 端午节走百步

走百步取其谐音"走百病"，以端午节当天的日出之前为始，随着太阳的升起而结束。寓意随着太阳的升起而走，让太阳带走百病，保佑行走者身体健康。由于走百步是在端午节这天进行，所以和端午节相关的商机也随之产生，在人们行走的路边会有一些小商小贩出售节日纪念品及食品。

（四）Y 村概况

Y 村位于黑山县东北部，地处开阔平原，土壤为黑土和沙土，

土地面积 198.4 公顷。Y 村人口总数 634 人，185 户，现居人口 431
人。村内有一条水泥主路，其他辅路为砂石路、土路。村内有河流
一条，树木植被少许。Y 村主要由主干家庭构成，户与户之间存在
亲属关系，嫁娶多在邻近村庄。

村民以外出务工、土地耕种、畜牧养殖以及小型手工作坊等为
经济活动。村中外出务工者占村庄总人口的 50%。外出者多为青壮
年劳动力，占村内青壮年劳动力总数的 80%。村民外出务工形式多
为青年夫妇带着孩子一起进城务工，最终定居城市。外出务工村民
中，男性村民在建筑工地从事技工或力工，月工资在 5000—9000
元，Y 村留守老人较多，占现居住人口的 40.8%。其中，男性 90
人，女性 86 人，60—70 岁 115 人，70 岁以上 61 人。

能干点就干点，种这么多年地了，对付这点农活还是没问
题的。孩子们在城里过得好就行，我们自己种点地，挣点钱花
着也"仗义"。①

不同经济活动涉及家庭劳务分工。村民人均耕地面积 5 亩（旱
田），青壮年进城务工时，家里留守父母能够从事简单农业劳动，
也因此土地并未随青壮年村民外出务工而被荒弃。与黑龙江 J 村相
似，Y 村外出务工者亦在春秋农忙之时回村务农（Y 村经济作物耕
作时间如表 1 示）。"去年大旱啊，五月二十几号也没下雨，种子在
地里待二十多天都要粉了，我大儿子请了五天假回来浇的地，这才
出来苗了。"（村民张语）。

---

① 村民王老汉语。

表1 经济作物生长时间

耕地类型	经济作物	栽种时间	收获时间
旱田	花生	5月上旬	
	玉米	5月中下旬	
	高粱		

村民每年耕种农田一次，主要种植玉米、花生、高粱三种农作物。三种农作物的成本与产出如表2示。

因操劳农事者为留守老人，体力支出限制下，加之对农事的经验积累，村民种植何种农作物有所挑选。"虽然花生和高粱挣钱多，但是不好管理，而且这两种作物太挑地了，种苞米呢方便，播完种后打点封地的除草剂就等着秋天收获了。花生还得一遍一遍地拔草，打不了除草剂，高粱也是，拣苗费劲"。

表2 经济作物的投入与产出（以2017年为参考）

耕地类型	经济作物	成本投入（斤/亩）	粮食补贴（元/亩）	产量（斤/亩）	出售单价（元/亩）	利润（元/亩）
旱田	花生	450	153	600	2.2	1023
	玉米	380	272	1300	0.7	802
	高粱	400	153	500	2.5	1003

成本投入包括购买种子、化肥、人工费、机械费等费用。

农业种植方面，村民也有着不同尝试。村民石某告诉笔者，村委十年前曾组织村民扣温室大棚，开始约有20户村民扣起温室蔬菜大棚。初期借邻村大棚的规模发展之势，偶尔有收菜车"光顾"村内，承包温室蔬菜大棚效益不错，但长期发展下，蔬菜大棚无法规模发展，加之交通之不便、技术相对落后，村民扣大棚的积极性下降，其后这20多户村民也相继拆了大棚、改耕玉米。

　　村里亦有村民曾尝试在洼地种植水稻，但是由于土壤肥力不足，不符水稻生长条件，洼地结出的稻米又小又涩，市场收益不佳，因此水田种植的实验也宣布失败。

　　村民的畜牧养殖主要为生猪、牛和蛋鸡。2017 年，村中生猪养殖户有 52 户，牛养殖户为 43 户，蛋鸡养殖 17 户（包含交叉养殖）。村民多采用交叉养殖形式，村中最大的孔姓村民养有生猪 80 余头，牛 8 头，蛋鸡 3000 余只。交叉养殖是村民在认知市场风险后的理性考虑，"我家这每样都养点，起初我是为了均衡一点，避免哪个掉价了不挣钱，另两个能给补回来，现在越投资越多，还有点控制不过来了，虽然政府对于我家这种小规模养殖还有点补贴，但是在风险面前也是无济于事的。"关于政府提供给从事养殖活动的村民的补贴，村民饲养 50 头以上生猪、每头猪补助 50 元，村民饲养牛 5 头以上、每头牛补助 150 元，村民饲养蛋鸡 2000 只以上、每只鸡补助 5 元。在当地政府补助政策引导下，村民有从事养殖的热情。"去年（2017 年）村里生猪出栏近六千头，平均每户大概十头，牛的出栏量要比猪少很多，大概有七百头，由于交通不太便利价格往往会低于其他地方，还好我们这离阜新双汇比较近，猪价一直还算不错。"（村会计语）

　　村内有两家豆腐作坊，分别为白豆腐坊张家和干豆腐坊冯家。"豆腐卖的的确挺好，尤其是冻豆腐，过年返城的都会带走点。但这东西利润太低，也挣不了几个钱，主要是为了维持生活方便大家了。"（村民张语）张、冯二人的豆腐好卖是因为二人制作豆腐的原材料有所保证，黄豆为二人从本村或附近村庄采购而来的非转基因大豆，特别"出豆腐"，村内、村附近又无重工业和污染源。水源与黄豆保证豆腐质量。

　　村内有村民从事玛瑙的简单加工（编串、玛瑙钻眼），工作者多为中老年妇女，个别工作有男性村民协助。"我们就是在农闲时，没事做点这个赚点零花钱呗，像这个串一天最多也就编 12、13 个，好的时候一串能赚到 4 块钱，正常也就 3 块多。"玛瑙加工的工作易损耗眼睛，虽然村民不是经常从事此工作，但确有村民患有轻微的青光眼和白内障。

不同经济活动对村民的经济收入影响不同。以土地耕种为经济来源，种田面积少者，所种粮食仅能供自家食用，在无其他经济收入来源时生活比较困苦；种田面积多者，自食自用外亦有余粮出售，又因近些年来国家一再提高玉米、花生等农作物的市场价格，从事这些经济活动的村民对家庭经济发展前景抱以乐观态度，认为经济收入会增加。以外出务工为主要经济收入来源的村民家庭，其家庭收入受到外出后的工作机会的影响，若外出有工作，家庭收入会稳步增加，相反若外出务工不顺，家庭收入则会下降。以小型手工作坊为收入的村民，其收入来源并不稳定，不过因为村民少将其作为家庭主业，手工作坊对村民家庭经济收入的影响较小。

二　Y 村村民的日常生活消费

（一）消费空间

Y 村共有小卖部 3 家，[①] 小卖部提供村民以各种生活用品。历时性发展中，小卖店的产品质量在逐步提升。

还记得前几年在咱们村某商店买过一瓶汽水，那会商店的老板告诉我说这叫雪碧。后来我上大学了去了城里发现喝的雪碧和在家小卖店买的不是一个味道，再后来有一次回家我看见了几年喝的饮料瓶还在，上边写着"雪碧"，确实很像，但真不一样哈！但是近几年好多了，这种冒牌货一般也不会在农村

---

① 其中两家为残疾人家庭经营（免交营业税）。

出现了。[①]

如此，村民的购买力相对不足时，村民更注重货物的性价比而非品牌，也因此张喝汽水时并未留意汽水品牌标识，被小卖店店主告知喝的汽水是雪碧牌便以为自己喝的汽水为雪碧，待其进入城市后发现其认识错误。

除三家小卖店和两家豆腐坊外，Y 村村民的内部消费处也包括平时来到村里的售货车。售货车的出现一定程度上改变了村民的消费方式：从自给自足到买菜。

前些年我们的简单家常菜都是自给自足，冬天吃菜窖里的储存菜，近几年几乎每天都有售货、售菜车来，也没人储存菜了，基本也用不了几个钱，买个十几块钱的够吃两三天了。

消费空间发展促成村民消费变化也如：邻村一户村民去年经营饭店用于承接附近乡村的婚丧嫁娶之事，平时也接待一些散客。邻村饭店的出现增加 Y 村村民的外出就餐频次，村民农闲之时或者家里来客人不喜在家做饭时会去往此饭店。

Y 村距离县城较远，村民日常生活用品基本源于集市。村民赶集处有三，主要为 Y 村所在乡集市，村庄距离此集市 4 千米，集市开集时间为农历二、五、八。邻近镇的集市分别距离 Y 村约 6 千米和 10 千米，集市开集时间为农历一、四、七。

村民亦有去往县城消费，但消费项目则是如家电、交通工具、通信工具、家具等，县城商品选择性多、质量有保证是村民县城消费的主要考虑。

---

① 张，女，外地读书，大学二年级。

我们一年也就去县城两三次，没啥大事基本不去，大城市就去过一次，那还是 20 年前我姐嫁到锦州我跟着去过一次，后来他们搬到关里了，我就再也没去过了。①

在村落小卖店、村附近集市能够满足村民基本所需，且无须大件物品消费的情况下，村民外出到县城消费，乃至无工具性目的（如购物、办事）的到县城的次数有限。Y 村有 20% 的村民没出过村子所在的县城，有 30% 的村民没有去过省城。

就此而言，年轻村民的地理流动的范围要广于年长村民的地理流动的范围。年轻村民通过升学、进城务工等途径离开村庄。对于年轻村民的外出，年长村民不放心地叮嘱，"孩子进城后你得省着点花钱，在咱们这地方土里刨食挣的钱，放到城里就不一样了"。

（二）服装消费

村民于服装消费无高要求，每季有换洗衣服即可，少购置新衣。且随着青年人进城，父母会穿子女穿剩下的衣服。"我们一年也出不了几个门，穿着新衣服平时干活都不趁，所以家里备个一两套足够了，每年啊用在买衣物上的也就一两百块钱足够了，现在孩子穿剩下的，我们穿着还挺好的"。（村民张语）因从事农业活动，村民在鞋消费上频次较高。

年轻女性村民是村内的主流消费群体，她们经常去往集市或县城购买衣物，其服装消费频次一般是一年 3—5 次，消费支出在 500—1000 元。其他方面的消费频次是一年 1—2 次，消费支出在 300—500 元。

（三）饮食消费

在饮食上，村民大多有菜园，应季蔬菜基本能够满足需要，并

---

① 村民王，男性，52 岁。

且村民自家养殖鸡鸭鹅，可满足蛋类和肉类的需要。近几年来村里的售菜车增加，村民除储存白菜、土豆为过冬做准备外，不再挖菜窖储菜。随着村民经济收入的增长，村民购买反季节食物的频次增多，村民冬季也会购买新鲜蔬菜。总体而言，蛋、奶、肉、菜等在村民饮食结构中比重增加，村民愈益重视饮食结构。"家里购买鱼类大概一个月一两次，牛羊肉一个月平均也能吃一两顿，家里来亲戚了可能就多做两顿，牛奶一般都是买给孩子喝，我们很少喝。"[1]粗算下来，平均每户村民的食品消费支出为每年7000元。

（四）耐用品消费与出行消费

Y村与邻近几个村子相比住房情况较好，村内住房多砖瓦房。村民的住房消费发展除了村民自身的消费投入外，也有政府政策之作用。村民苗某是患有残疾的孤寡老人，之前独自一人住着土房，雨水冲刷下房子漏雨，后来当地残联出资为苗某免费盖起一座45平方米的两间砖瓦房。近几年Y村的危房、险房在当地政府、残联等部门的扶持下逐步被翻建。

由于老房翻修价值小，翻新老房的村户较少。近几年随进城务工后在城里定居者增多，村内建设新房村民趋减。"村里以前每年应该都有盖房子的，已经有近三年没人盖房子了，另外现在咱们村这房子都下来多少了，都没人住了，现在谁还会盖房子了。"（村民赵语）。

Y村距县城约32千米，村民出行乘坐客车、打车或自驾私家车。客车（大巴车）由私人承包，来往于（不同）村庄与县城之间，村民单次乘车价格1995年每人5元，2010年每人8元，2017年每人10元。乘坐客车是大多数村民选择的出行方式。村民在时间紧张情况时会选择打车，依季节不同打车价格不同，从Y村打车

---

[1] 村民谭语。

至县城，价格在 60—80 元。随村民经济收入增长，驾驶私家车出行成为村中富裕村民的出行方式，从 2007 年村里有第一台车至今，村中有车户占比 9%。

村民赶乡镇集市骑行电动车或者摩托车，有时也会乘坐通勤小客车，客车费每次 2 元钱。距离 Y 村较远的两个集市，村民乘客车赶集，票价分别为 4 元和 3 元。"以前去赶集大多是骑自行车或者赶毛驴车，现在最差也都是骑电动车了，方便还快捷了。"（村民王、女）

住房消费之外，村内耐用品普及率也在稳步提高。随着家电下乡、汽车摩托车下乡补贴等各种惠农政策的落实，以家用电器、交通工具、通信等为代表的耐用品消费，年均增长 16% 以上。洗衣机、电冰箱、彩电等家用电器在 Y 村已基本普及，移动电话也成为村民与外界联系的重要通信工具，空调、电脑、汽车等高档消费品正逐步进入村民日常生活。

（五）教育消费

"再穷不能穷教育，再苦不能苦孩子。"这是 1995 年时村内流行的教育口号，这一口号被村民落到实处，在村委号召下，Y 村与隔壁两个村合资开办"东城小学"。

> 当时按人口集资，每口人交 50 元钱，我家四口人，交了 200 呢，那时候的 200 块钱那可真叫钱啊，但是没有人有怨言，大家都自觉交了。

此为 Y 村老书记语。家庭经济收入、重男轻女观念影响升学率，Y 村男孩升学率明显高出女孩升学率。Y 村村民的文化程度普遍偏低，20% 村民没有接受过文化教育，40% 村民接受过小学教育，15% 村民接受过初中以上教育。年长一代的低文化教育促成其看重对子女的教育投入。平均来说，中小学义务教育上，村民为孩子的教育投入在每年 4000 元，高中教育的投入较多、每年约为8000 元，大学教育支出在每年 1.2 万元。教育支出约占农村家庭总收入的三分之一。

访谈者于某提及，"现在条件好了不说，国家还给我们这些农村家上不起学的孩子办助学贷款，我们家老二就是办了四年助学贷款，国家不收利息，现在升学读研了还继续给贷，有这好的政策谁不念书啊，更何况农村不念书有啥出息啊！"

国家教育政策资助、村民经济条件改善与村民对教育的重视促成年青一代村民的升学率增加。Y 村"八零后"群体的升学率在50% 左右，"九零后"群体升学率超过 90%。据村民粗略统计，近十年来村里考取大学的约有 120 余人，大专有 50 余人，本科及以上大概 70 余人。其中考取清华大学 1 人，北京师范大学 1 人，吉林大学、北京交通大学也有考入者。

（六）休闲娱乐

相较笔者调查的其他村落，Y 村村民的娱乐活动较为丰富。

与黑龙江 J 村的休闲娱乐消费相似，以大众媒体为载体的娱乐消费为村民休闲娱乐消费的构成。在 Y 村，2010 年之后，村民观看电视节目需每年缴纳 120 元频道接收费用，2015 年前后 Y 村实行网络村村通，村民使用网络和观看电视的费用每年共 400 元，不使用网络的村民每年交纳 200 元。

Y 村内部并无娱乐活动场所。Y 村 1 千米外的邻村有一个小型的休闲娱乐广场。村民每到闲时会骑车或步行去邻村扭秧歌、跳广场舞。黑山县为张三丰太极武术发源地，村内亦有太极爱好者聚集在邻村休闲娱乐广场上"比划比划"。

村民有喜二人转者，无论是干农活还是农闲时间，他们会哼着"二人转小帽"。"二人转那是咱东北的特色文化，那个演乡村爱情长贵的王小宝就是咱隔壁村的，在这里很少有人不会唱，也基本没有人不爱听，'宁舍一顿饭，不舍二人转'嘛！"（受访者刘老汉语）。二人转偏好下，老年村民有购买二人转 DVD 光盘，不过限于电脑使用技能不足，其二人转欣赏以 DVD 影碟机播放。

玛瑙是现代上层文化的象征，在这个村子里也成为财富的象征。玛瑙作为黑山特有资源，助村民实现了物质消费的跨越式发展[①]，村内富裕户借玛瑙展演收藏消费。村民严某提及"村里有几户有钱人家收藏了战国红，品相好的那可是价值不菲呢，像我们这些打工的就只能辖辘这破火石球子"。

集市之外，庙会亦是村民的休闲娱乐去处。村民王女士提及，"我们一年中除了盼过年就是盼庙会，每年庙会我们能挣到点，也能够买点新鲜的东西"。

与二人转、太极文化、逛庙会作为村民休闲娱乐活动不同，黑山既有的民俗文化也有衰退，但未成为村民的文娱内容。如关于皮影戏，"彩电普及，现在即使再有皮影戏也很少有人去看了，就像过去村上放电影大家伙都抢着去，现在让去都没人愿意去了"。

三　Y村村民的日常生活消费变化

还记得 1999 年我家是村里第二户装电话的，那时候谁家城里有个亲戚需要联系都来我家接打电话，十年后我家也是村里比较早安装宽带的，现在再看看这些都普及了。

还记得村里有第一辆轿车的是王 X 家，那会应该是 2007年，他家里有亲戚在城里就给他搞了一辆二手车，当时在村子

---

① 李洪君：《当代乡村消费文化及其变革：一个东北村庄的物质、规范与表达》，博士学位论文，华中科技大学，2014 年。

里那属实是风光啊，现在村子里一共能有 17、18 辆轿车了。
大家的手里的闲钱多了，消费观念也开始转变了。

上述为笔者与村民冯某的部分访谈记录。从座机电话到轿车消费，Y 村村民的日常生活消费正在不断地发生着转变。表现在如下三个方面。

其一，村民的消费存在时间与空间维度上的消费分化。空间维度上，村一组村民（村民口中的村东）的消费购买力和消费欲望要强于村中的二、三组村民（村中和村西）。来村的售货车也大多愿意停在村东。时间维度上，Y 村村民的消费力度与消费欲望夏天高于冬天、春天高于秋天。每年夏季是村民消费高峰期，这个时候村民农闲（农活少），村民三五成群地坐在树荫下乘凉聊天、打牌。此时，村内售货车增加，村民常去往邻村饭店吃饭。

其二，村民外出消费有限，但因经济活动不同，村民彼此亦有消费分化。如村民外部空间的消费冬季高于其他三个季节。入冬、城市工地停工，在外打工村民返村，又因此时村内农闲，这些外出归来者会带上家人去县城采购商品、逛街，经济条件好些的村民会带老婆孩子去往大城市"转转"。在消费方面冬季高于其他季节的原因也在于过年的节日氛围带动村民的外出消费。

其三，于村民而言，贷款消费与旅游消费属城里人常见的消费方式，此时尚消费正在村内出现。有少部分经济条件不错的村民逐渐为在城市打拼的孩子购房，村民以能够为孩子在城里买房或者支付首付（"拿个首付"）为荣。村内亦有四五户村民有外出旅游消费经历。他们的子女已在城市定居，无须他们提供经济支持。经济条件不错下，他们结朋辈群体出去旅游。

黑龙江农业村庄的日常生活消费[①]

一 村庄概况

J 村隶属于黑龙江省绥化市庆安县，地处绥化市东部、庆安县西南部。[②]

(一) 庆安县概览

庆安县地处中国北疆，位于黑龙江省中部的松嫩平原与小兴安岭余脉的交汇地带，属呼兰河流域中上游。东以安邦河、伊吉密河为界与铁力市隔河相望，东北与伊春市接壤，南部与巴彦县、木兰县毗邻，东南与通河县相连，西接绥化市，北靠绥棱县。

庆安县总面积为 5469 平方千米，下辖 14 个乡镇、93 个行政村、12 个街道社区、8 个国有林场。县内居住着汉族、朝鲜族、满族、回族、蒙古族、鄂伦春族等 7 个民族。全县总人口为 41.2 万人，其中农业人口为 31 万人。[③]

清同治初年，山东农民于清携眷来此垦殖定居，渐成村落，称"于清窝堡"，继而商贾日兴。1882 年（清光绪八年）改称"于清街"。1885 年 5 月（清光绪十一年四月），黑龙江将军奏准，设置绥化厅治的同时，于清街设分防经历，并取"于清"二字之谐音，以"吉庆有余"之意，定名"余庆街"。1905 年 1 月 29 日（清光绪三十年十二月二十四日），奏准设置县的建制，沿用街名，定名余庆县。知县王耀昆于同年 11 月 17 日（清光绪三十一年十月二十一日）于余庆街"开用余庆县木质关防"，隶属绥化府。中华民国

---

① 此部分文字原始材料由孙雨晴提供，目前文字由孙雨晴、李洪君共同完成，征得孙雨晴同意，录于此。

② 黑龙江省庆安县人民政府：《走进庆安》（http：//www. hljqingan. gov. cn/）。

③ 黑龙江省庆安县人民政府：《走进庆安》（http：//www. hljqingan. gov. cn/）。

成立后，因与贵州省之余庆县重名，于 1914 年 2 月 5 日改为庆城县。同年 6 月，隶属绥兰道管辖。1929 年 2 月，撤销道制，改由省直辖。东北沦陷后，初隶黑龙江省管辖，1934 年 12 月改隶滨江省管辖。1939 年 6 月，又改隶新设之北安省管辖。1943 年 7 月 1 日，庆城、铁骊两县正式合并，改为庆安县，县城改为庆安街。1945 年"九三"抗日战争胜利后，庆安县隶属黑龙江省。1946 年 6 月，将原铁骊地区划出，恢复铁骊县。1947 年 2 月，庆安县由黑嫩联合省第一专区管辖。同年 9 月，黑嫩联合省分开后，仍归黑龙江省直辖。1956 年 3 月，划归绥化专区管辖。1958 年 8 月，改由松花江专区管辖。同年 9 月 5 日，经国务院批准，撤销铁力县，并入庆安县。1962 年 10 月 20 日，经国务院批准，将原并入庆安县的铁力地区划出，恢复铁力县。1965 年 6 月，松花江专区改称绥化专区，庆安县隶属绥化专区。1999 年经国务院批准，成立地级绥化市，庆安县隶属于绥化市。①

（二）巨宝山乡

巨宝山乡地处庆安县西南部，小兴安岭余脉北侧黑山脚下，东与大罗镇毗邻，南与东风林场靠山施业区相连，西与哈尔滨市巴彦县隔泥河相望，北与民乐镇、建民乡接壤。

巨宝山乡属近山丘陵区，土质以黑钙土为主，地形南高北低，南窄北宽，近似三角形。银河、泥河两条东、西界河从南向北流经巨宝山乡，流域面积 35 平方千米，沿河形成两块冲积平原。境内海拔最高点位于李万荣屯西，海拔高度 218 米，最低点位于韩德功屯北，海拔 182 米。境内有小型水库（靠山水库）一座，于 1958 年修建、1978 年合拢竣工，库容 45 公顷，集雨面积 20 平方千米，2011 年消险加固。1984 年修建靠山水库干

---

① 黑龙江省庆安县人民政府：《走进庆安》（http://www.hljqingan.gov.cn/）。

渠一条，长 10 千米。

境内矿产资源主要有石油、辉绿岩、花岗岩、页岩等，其中石油、辉绿岩、花岗岩储量不详，页岩储量 80 万立方米。境内有采石场 1 处；野生动物 10 余种，野生动物包括野鸡、野鸭、飞龙、野猪、狍子、黑熊等；有上百种药用植物，如五味子、刺五加、柴胡、穿地龙等；有林地面积 1.53 万亩，内有杨树、柳树、落叶松、云杉生长。巨宝山乡有以页岩资源为主要原料的庆安县聚宝新型建筑材料有限公司，其年产陶粒 3 万立方米、水泥砌块砖 30 万立方米；有红砖生产企业 1 家，其年生产红砖 200 万块；有密胺工艺品加工厂 1 家。

巨宝山乡属寒温带大陆性季风气候。四季分明，春季多风干旱，夏季温热多雨，秋季温凉适中，冬季寒冷干燥。多年平均气温为 1.70 摄氏度，1 月平均气温零下 24 摄氏度，极端最低气温零下 48.3 摄氏度；7 月平均气温 21.1 摄氏度，最高温度 38.7 摄氏度。农作物生长期年平均 113 天，无霜期 120 天左右。年平均降雨量 550 毫米，年平均日照时数为 2592 小时，有效积温 2350 摄氏度左右。

巨宝山辖区面积 104 平方千米，属典型旱作农业乡镇，主种粮食作物玉米、大豆、水稻和经济作物烤烟。巨宝山境内农业耕地面积 11.47 万亩，其中，旱田 9.35 万亩，水田 2.12 万亩。

巨宝山下辖 4 个村、46 个自然屯，人口 3426 户、15243 人。乡政府所在地位于巨龙村狄什长屯，距庆安县城 34 千米。①

（三）J 村概况

J 村为行政村，包括前宫家屯、高海屯、高峰屯、西梨树沟屯、韩德功屯、高粉坊屯、东梨树沟屯七个村屯，村屯之间的分布情况

---

① 黑龙江省庆安县人民政府：《走进庆安》（http：//www. hljqingan. gov. cn/）。

如图 1 所示。村民彼此依托地缘、血缘和姻缘关系形成沾亲带故的互动关系，村屯内部与村屯之间少发生冲突。"我们都有亲属关系，一点鸡毛蒜皮的小事不能影响我们之间的感情，老话都说打断骨头连着筋呢"。农忙时节，村民完成自家粮食收割后会帮忙其他村民劳作，被帮助者以酒菜招待帮助者、表示感谢。

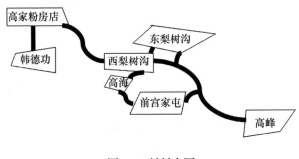

图 1　J 村村内图

J 村以三代同堂的主干家庭为多，其次为核心家庭，少有老人家庭。村民文化程度较低，30% 村民没有接受过文化教育，55% 村民接受过小学教育，15% 村民有小学以上教育。村中年青一代多走入城市，其中学生群体成为传递外部信息入村庄的媒介。一位刘姓村民表示："今年我家的苞米卖价比别人高，多亏了我家孩子。" 刘的儿子在外读书，在网上看到当年的玉米价格变动趋势后及时通知刘不要急于出售玉米，这帮助刘每斤玉米多卖 0.1 元。学生作为信息的传递者亦带动村民消费，如村民日常生活中用的旋转拖把为在外学生为家里购买，其后旋转拖把省时省力的性能吸引村内其他妇女注意，旋转拖把现为村内普及性用品。

村民经济收入来源包括务农、养殖与务工三种。1. 猪、牛养殖。村民养殖以家庭为单位。近几年猪肉价格下降，J 村毛猪养殖农户逐步减少。牛的繁殖速度慢、数量少，但成活率高、价格平稳，为村民所青睐。肉牛养殖农户占全村 24%，平均每户 4 头。村

民从事养殖不会耽误其种植农作物，村民的农业劳作节奏如表1
所示。

表1　　　　　　　　　　经济作物耕作时间

耕地类型	经济作物	栽种时间	收获时间
旱田	大豆	5月上旬	10月初
	玉米		
	烤烟	5月中旬	7月上旬—10月下旬
水田	水稻	4月上旬	10月中旬

2. 依土而生。四季分明的气候环境影响村民的劳作节奏（见
表1），村民每年耕种农田一次。村民的耕地有旱田和水田两种，
旱田平均每人5.3亩，村民主要种植大豆、玉米、烤烟三种经济作
物；水田平均每人0.7亩，村民主要种植水稻。村民种植四种经济
作物的收入如表2所示。

表2　　　　　　　经济作物的投入与产出（以2017年为参考）

耕地类型	经济作物	成本投入 （斤/亩）	粮食补贴 （元/亩）	产量 （斤/亩）	出售单价 （元/亩）	利润 （元/亩）
旱田	大豆	280	153	350	1.7	468
	玉米	380	153	1300	0.65	618
	烤烟	1200	—	350	8	1600
水田	水稻	400	—	1000	1.5	1100

成本投入包括购买种子、化肥、人工费、机械费等。

村民种植烤烟所能获得的收益最大，种植大豆的经济收益最
小，但村民的种植结构仍为四种经济作物并置。这样的种植结构并
非是村民未预估各农作物的经济收益，而是其依土而生的生活经验
积累促成的理性考虑。

　　大豆虽然挣钱少，但种的时候和收的时候也方便，再说连续几年种烤烟或者玉米，土地没劲，轮着种对收成有保证，还有种烤烟是需要技术的，咱们文化低，也不敢随便种。①

　　村民对四种粮食收益了然于胸，但对种植四种经济作物所需的技术能力、土壤本身特征的理解决定他们采取当前的农业种植结构。也因此，当这样的经济结构带来的经济收益有限时，如何在现有的耕地基础上获取更多的收入成为村民思考的问题。村庄中 3% 的村民找到答案：土地承包。

　　2013 年一户王姓村民购买土地，当时土地承包价格为旱田每亩 200 元、水田每亩 280 元。虽然承包土地会增加经济作物种植的成本投入，但利少地多的耕作方式下，王姓村民亦获利、成为村中的富户。2017 年村庄土地承包价格上涨，旱田每亩 350 元、水田每亩 500 元，种地成本虽增加，但有能力承包土地的村民依旧热情不减。一位大面积承包土地的村民表示："农村人祖祖辈辈靠天吃饭，靠地挣钱，土地能挣一分钱我都要种地，这是农村人的命"。

　　3. 日常生活消费催动下的经济活动扩展。村中一户高姓村民，在 1997 年分地时，家庭成员有三人（父母和儿子）。分地后的十年中，从高的儿子娶媳妇到高的两个孙子上学，三口人的土地并不能维持六口人的生活。这种情况在 J 村中常见，村民化解此种生活境遇的办法是务工。

　　外出务工涉及家庭内部的劳动分工。年老夫妇负责耕种原有土地以获得耕地收入，若年老夫妇无力承担农业劳作则将土地承包给其他村民获取租金，年轻夫妇靠务工贴补家用。务工形式上亦有性别差异。男性务工大都背井离乡，如在建筑工地从事技工（楼房铺

---

① 村民语，其中"没劲儿"在此语境下为土壤肥力下降的意思。

设电缆线）或力工（搬砖、抬水泥）；考虑照顾家中老人和孩子，女性村民多选择就近工作，主要在本村或邻村种田大户处打工，如铲地、掰烟①、烤烟②或到村中砖厂打零工，人均工资每天在80—120元，工作时间为2—4个月。

总的来看，J村40%村民外出务工维持家庭开销。外出者多为25—45岁的男性村民，务工地点多为哈尔滨、绥化、建三江等省内地区，外出者从事的工种各不相同，外出时间与农业时节相关。三月初（约正月十五过后），部分村民外出寻找务工机会，这些外出村民分为短期工和长期工。短期工工期为一百天，主要从事稻苗的培育和栽种工作，薪资为2万元；从事短期工的村民在结束工作后会回到村内照顾自家农田，或者外出另谋其他活计。长期工是指务工者从稻苗培育直至秋季水稻收获都在同一雇主家务工，时间长达八个月左右，薪资约为7万元。此外，五月初天气回暖，J村亦会有一批村民出发，这些村民多分散到省内的各个城市的建筑工地，人均月工资在5000—9000元，这一务工群体在十一月份气温下降、室外不能劳动时返回村庄。

二　J村村民的日常生活消费

（一）消费空间

村内的小卖店是村民购买日常生活用品的主要场所，小卖店内油盐酱醋、烟酒糖茶、文教用品一应俱全。除了商品物美价廉与购买便捷外，这种由本村村民开设的小卖店在村中受到欢迎另有原因。一是在熟人社会中，村民因为信任店主而信任其出售的商品的质量，商品买卖过程中省去讨价还价的中间过程、较为方便，二是

---

① 将成熟烟叶摘下的过程。
② 将烟叶烤制变干，是香烟的初级产品。

在村民时间或金钱紧张时，店主允许村民赊账。

相较城市社区，富有乡土特色的是沿街叫卖。经营商品的村民开车沿着村庄叫喊自己出售的商品，村民闻声依据需要购买相应商品。沿街叫卖的商品种类繁多，蔬菜水果、米面粮油、生产工具五花八门。不过沿街叫卖易受天气和场地等影响，不同于城市居民气候恶劣时亦要按时上班，沿街叫卖的周期和商家具有不固定的特点，有时村中每天出现3个商家沿街叫卖，有时则一次未有。也因此，村民在沿街叫卖中的消费也不具固定性，对于日常生活中的急用物品，村民到小卖店购买，或是到村外采购。

J村村民外部消费空间包括乡里集市、县里商业街和大市场、城市的各个角落。

J村距离乡集4千米。乡集月逢5、15、25在固定地点开设，开设时间约为上午8时至下午1时，集市上有生产工具（镰刀、锄头、铁锹等）、食品（青菜、肉类等）、家畜（雏鸡、雏鹅等）、服装、家居等商品出售。村民或依消费需要前往采购商品，或以赶集作为娱乐、前去看热闹。

村民购买家电、交通与通信工具、家具等商品会去往县城商业街或大市场。村民的考虑是，县城商品种类丰富且质量有保证、"不至于开白钱"①。村民大病就医也会去往县城。城市也是村民的就医选择，但在其他方面的消费，村民少去往城市。

（二）饮食消费与服装消费

J村村民的饮食消费亦具自给性特征。每户村民在住房四周种有应季蔬菜，自养鸡、鸭、鹅，满足日常蛋类和肉类所需。入冬前储存白菜与土豆为过冬做准备在J村亦有体现。随着村民经济收入增长，村民购买反季节食物的频次增多，村民在冬季也会购买新鲜

---

① 村民语。

蔬菜食用。村民的食品消费支出主要在烟、酒、糖、茶等副食品上，年均消费在 8000 元左右。

历时性看，村民的服装消费呈现消费周期缩短、消费种类增多的特点。2000 年时，村民人均服装消费支出为每年 150 元，村民如果每季有换洗衣服多不会购置新衣，穿暖是村民穿衣的基本要求。此时村庄中服装消费频繁者会被其他村民嘲笑为"败家子""大手大脚""不会过日子"。当前，村民每季会为自己或家人购置 2—3 件衣服，每年人均服装消费支出为 500—1000 元。除满足基本的保暖需要外，村民对衣服的款式、质量、品牌也有着一定要求。此时，与 2000 年之前的消费评议内容相反，若村中有村民一年不购置新衣会遭到其他村民议论（"不注意形象""抠门"）。

（三）住房消费

J 村 1992 年时仅有 13 座砖房，住房房体由红砖砌成，房顶为水泥瓦，屋内为简单白灰墙和水泥地面，村民自搭砖炉取暖。当前，村内 92% 住房为砖房，房体由红砖砌成、外粘瓷砖，房顶由铁皮、彩钢或琉璃瓦构成，室内墙壁为瓷砖或粘贴壁纸，室内地面由瓷砖或地板铺就，村民亦购买专门的供暖设备取暖。

村民的住房消费主要为建设新房，消费支出主要用在随建材市场发展而来的建材商品和用工方面。以村民新建 70—80 平方米的住房为例，1992 年需花费 3 万元，2007 年需花费 5 万元，现今需花费 8 万元。"有房才有家"观念下，村民在住房消费上并不吝啬。

（四）出行消费

村民去往县城有乘坐客车、打车、开私家车三种出行方式。乘坐客车出行为大多数村民选择的出行方式。客车（大巴）由私人承包，来往于不同村庄与县城之间，从 J 村出发至县城每天往返两趟班车，单次乘车价格由 1995 年每人 5 元、2010 年每人 8

元上涨至如今每人10元。打车是村民在时间紧张情况下选择的出行方式，受季节影响，从县城到J村打车的价格在60—80元之间。随村民经济收入的增长，私家车成为村中有钱户的消费对象，自2010年村民关某购买第一台车始，至今村中有车家庭占比7%。私家车为村民出行提供方便，不少村民也会免费搭乘私家车之便出行。

（五）文教娱乐与医疗消费

在J村，主干家庭的医疗消费支出要多于核心家庭的医疗消费支出。

J村独生子女家庭居多，教育消费主要为家庭供子女读书所支付的学费、书费、生活费、学习用品费。平均而言，村民供子女读书的教育消费支出每年8000元。教育消费的支出路径如下，学生在乡里学校完成九年义务教育后到县城读高中，最后进入城市读大学。与城市学生相比，村内学生极少有补课经历。J村学生成绩偏低，部分学生未能顺利进入高中或大学。

村民的娱乐活动多发生在农闲时节，其中的消费成分不多。农闲时节，村民会相互串门，女性村民大都到平日交好的朋友①家话家常，男性村民则聚集在某户村民家中聊天或打扑克、打麻将（打扑克、打麻将被村民称为"玩两把"）。"玩两把"过程中，村民投入各不相同，输赢也是未知。聚集的场地为村民自发形成。一般来说，玩牌赢钱的人要给提供场地的村民一定回报，如玩家赢10元分给提供场地的村民2元钱。

村民亦有依托电视、电脑、手机等媒体的娱乐方式。2015年前村民家中媒体主要为电视，村民若接收电视频道需要交纳年费120元。2015年后网络村村通下，村民使用网络和观看电视的年费在

———————

① 由于村庄中亲缘关系，这里的朋友也包含其亲属。

400 元，不使用网络的村民的电视频道接收费用为每年 315 元。村中第一部手机出现在 2005 年，2010 年村内手机普及。村民手机消费除购买手机外，也包括电话费的消费支出。2017 年前村民支付的手机费按手机拨打电话时长、使用网络流量收取，2017 年后，这一收费方式转变为每张手机卡月最低消费 18 元。接打电话次数有限、流量使用有限，每月 18 元的最低消费对村民而言意味着额外支出，村民对通信商更改收费方式表示不满。

（六）节日与人情消费

村民在清明节、端午节、春节、元宵节均有消费支出。清明节时，村民购买纸钱、水果、糕点等扫墓祭祀，每户消费支出在 30—60 元。端午节时，村民悬挂纸葫芦、吃粽子，消费支出在 100 元以内。春节是村民最为重视的节日，村民的春节消费集中于买年货和为晚辈包红包两项上。年货支出方面，每户村民的水果、蔬菜、鱼、肉类、饮品消费支出在 1000 元左右，鞭炮消费（"窜天猴""坐地炮""双响子"种类众多）在 500 元左右，春联消费在 50 元左右。长辈包给晚辈的红包是春节期间必需性的消费支出，红包一般为每份 200 元或每份 500 元。村民的元宵节消费支出为烟花消费，支出金额一般在 200—500 元。与村民过去庆祝节日相比，村民对待一年中的每个节日似是例行公事，节日氛围变淡。

以酒席为载体的人情往来是村民的社交方式之一。一对新人结成夫妻，男方家庭婚礼当天宴请宾客，女方家庭婚礼前一天宴请宾客。男女双方结为夫妻的一年或几年后小孩出生，男方家庭会再次宴请。除婚嫁和添丁宴外，J 村村民购买楼房后也会摆酒席。随时间推移，宴请宾客的消费支出（表 3 中的酒席成本）与宾客参宴的消费支出（表 3 中的礼金）各有不同，均有变化。

表3   不同时期的酒席与随礼消费支出金额

年份	酒席成本（元/桌）	礼金（元/户）
1997 年	150	30
2007 年	240	100
2017 年	500	200

以酒席为载体的人情往来不只是随礼者有消费支出，酒席操办者亦有置办酒席的消费支出。表3为操办者和随礼者在人情往来的酒席宴的消费支出的变化。表3中"礼金"为一般关系的随礼者的随礼金额，摆酒席家庭的亲属或关系相近的好友随礼、礼金会更多，如2017年村民王的儿子结婚，其姐姐的礼金为3000元，为普通关系村民随礼金额的15倍。

村中丧事也有宴请酒席，但与其他场合的宴请酒席有所差异。丧事中摆酒席的目的是对宾客前来悼念表示感谢，摆酒席的家庭不收宾客礼金。宾客携带纸钱参宴，以表对逝者哀悼和对主人的尊敬。丧事中，主人除有摆酒席消费外，围绕逝者产生的消费也包括多种，如棺木、衣服、纸钱、纸人、请阴阳先生等开销，消费支出在8000—10000元。

（七）余钱支配方式变化

2008年，余钱分配只对村内有钱村民适用，因为村内年尾存有余钱的村民仅占5%，能够基本维持生活的村民占60%，5%村民日常生活中需要借贷。村民的借贷渠道有两种，一是向银行贷款，二是向有钱户借款。向有钱户借款需要找担保人，借款承担利息，村民借款1万元每年承担利息约200元。借款时，由借款人写好借据，借贷双方签字、按手印，借款人按时还款。

现今村庄中，85%的农户有余钱，余钱分配不再只适用于有钱农户。村民的余钱分配方式有三种，一是村民将余钱以定期形式存进银行，获得稳定的利息。二是农户为家人购买保险，购买保险的村民认为"买保险也算是一种投资吧，自己给自己投资，钱放在银行收利息没意思，还不如买保险以后有个保障。"村民这种对未来的投资表征着村民消费观念的转变。三是农户在村中或县城购买房产，等其升值，同时以其为子女婚嫁做准备。

三 J村村民的消费意识之变

"消费水平提高了"是J村村民对十年消费变化的感叹。2008年，村民用"花钱"表示自身的消费，消费支出集中在食品消费与医疗消费方面。当前，交通、通信、文化娱乐消费已在村民日常生活消费支出中占有一定比重。

如上描述，村民余钱分配方式的变化，对日常生活的长远投资，曾经频繁的服装消费被村民议论转变为当前一年不买衣服的村民被其他村民议论。与村民这种日常生活消费结构的变化相伴的是村民消费意识的变化。2008年"精打细算"可以用来形容村民的日常生活消费特征。随着村民经济收入提高，吃饱穿暖之外，村民亦讲求着装质量、注重饮食营养搭配，亦有村民注重养生、穿衣追求时尚，"好衣服留待出门穿"已成村民的消费记忆。

村民的消费意识之变有其促发因素。以关某的汽车消费为例（2010年，村民关某购买村内第一辆汽车、大众牌），

> 以前到县城里只看到道上车在跑，那时候可羡慕了，但是家里穷，买车的事我是想都不敢想，现在好了，家里有了闲钱，我第一件事就是买车，也算是实现愿望了。

县城内道路上行驶的轿车构成关某的消费参照，但限于经济支付能力而无法实现。当关某有经济支付能力时，轿车消费成为

首选。

村民消费意识整体转变的同时，不同年龄段村民的消费意识存在差异。

表4 不同年龄群体家庭消费倾向 （占百分比：%）

年龄段		食品	生产资料	生活用品	子女教育	住房	医疗	文化娱乐	其他	合计
年龄	30 岁以下	30%	8%	8%	10%	17%	15%	10%	2%	100%
	30—60 岁	37%	10%	10%	15%	18%	7%	1%	2%	100%
	60 岁以下	45%	12%	5%	5%	25%	7%	—	1%	100%

与统计数据的分析结果相同，食品消费与住房消费仍为村民所看重（见表4）。不过，在其他消费支出方面代际差异明显。年轻村民（30 岁以下）较年长村民更为看重文化娱乐消费。家民"过日子"基本单位，亦是生命历程下的新的生命阶段的展演，30—60 岁村民重视子女教育，其对文化娱乐消费倾向则弱许多。家庭"过日子"的生产维续方面显示，年长一代村民较年青一代更看重生产投入。

除参照城市消费外，村民消费意识转变亦受到国家政策的影响。2009 年家电下乡政策推行，村民购买洗衣机、电冰箱、电视、电脑等商品可享受 13% 的政策补贴。这种政策优惠宣传之下，27 户村民"除旧换新"：黑白电视机换彩色电视机，添置电脑与洗衣机。

社会保障政策也是村民转变消费意识的推手。2010 年国家为减轻农民的医疗消费负担，推行新型农村合作医疗制度。新农合在 J 村的覆盖率达 100%。

山东 TH 村的日常生活消费[①]

TH 村位于山东半岛、鲁中山区，隶属淄博市沂源县悦庄镇。[①]沂源属纯山区，距济南市约 60 分钟车程，距青岛市约 90 分钟车程。悦庄镇位于沂源县东北部，面积 161.59 平方千米，其中耕地面积 5.72 万亩。2002 年统计数据显示，悦庄镇下辖 69 个行政村，约 6.1 万人。[②]

TH 村四面环山，是沿南北主干通道形成的狭长山谷村，村民临街居住。[③] TH 村户籍登记人口约 600 人，常住人口 300—400 人，共有 100 户常住家庭。其中，村内年轻人多外出读书、打工，常年居住在村内的年轻人较少。

TH 村为农业山村，村内多宗族。据村里老人讲，TH 村原名"逃荒峪"。清末、民国年间大量移民涌入到此处，在此安家。因缺少物质资源且交通不便，村民只得世代务农养家糊口。

村民的教育程度曾以小学学历和文盲为主，初中学历次之，少有高中及以上学历。学历关联村民的职业，高中学历的村民从事小学老师、乡村医生工作。随义务教育普及，年青一代的教育程度提高。至 2015 年时，村内博士生、硕士生各 1 人，大学生约 10 人，高中生多于 20 人。

---

① 此部分文字原始材料由赵敏提供，目前文字由赵敏、李洪君共同完成，征得赵敏同意，录于此。

① 沂源县位于山东省中部，淄博市最南端，属沂蒙山区。

② https://www.meet99.com/map–n26808.html.

③ 2015 年该主干道因上级扶贫（7 万元）得以修建三分之一，在此之前村民夏季出行常受雨水侵扰。

一　经济来源

　　TH 村地处沂蒙山支脉，耕地类型山地居多，少有平地，土质以沙地为主。村民的收入来源较为广泛，其中，农业种植和家畜饲养（猪、羊、鸡）收入约占村民家庭年收入的40%。

　　TH 村的农业种植结构相对多样。村民以种植玉米、花生为主。20 世纪 90 年代，烟草、南瓜、佛手瓜、韭菜等被村民引进，后因村民缺乏科学的管理技术和产品销路，这些农作物产品或腐烂或以低价卖出。受国家农业扶持政策影响，TH 村近几年大量种植丹参、黄芩等草药，并据此建成中草药基地，大樱桃、黄金桃、板栗、山楂等经济作物也陆续被村民大量种植。

　　村中有 3 位村民从事"经纪人"工作，内容涉及售卖牲畜（尤以卖猪为主）、卖树和组织零工。相对其他村民，"经纪人"有较为广泛的社会关系网络助其获取农业等方面的有效信息，"经纪人"也是借此位于村民与买方的中间位置，以此作为经济收入来源。

　　村内打工者有三类。第一类是以中年人和年轻人为主的外出务工者。这些外出务工者均缺少专业技能，打工地点主要为省内淄博市、潍坊、青岛等地，少数村民在山东省的邻近省份或东北三省打工。男性外出务工者从事建筑、煤矿、工厂等重工业作业，妇女多在与饮食相关的行业打工。外出打工者的月收入在 2000—3000 元，无社保。第二类是往返城乡的上班族。村内约有 20—30 人在县城内的工厂打工，三、八班倒换，月收入约 3000 元。这些村民驾驶摩托车往返于 TH 村和县城。[①] 另有村民在县城从事装修工作。装修工作的工资高于在工厂打工，但不稳定，从事此工作的村民常处于待业状态。第三类为零工。同村打工工资结算易受人情往来影

---

　　① TH 村距离县城 30—40 分钟车程。

响，村民做零工多不愿在本村内。TH 村村民每年有去到邻市寿光①
从事"捋蒜薹"的计件工作，亦有村民到邻村"杀小鸭"。TH 村
邻近村落种植桃花、苹果树，果树授粉季节需雇佣零工帮忙，TH
村村民亦有做此工作。此外，每年 5—7 月，TH 村的中年妇女外出
到邻村从事"套袋"工作，此工作雇主负责接送，村民无往返路费
和饮食费用支出。此项工作每天收入 60—70 元，近两年涨至每天
120—150 元。零工种类多样，除上述零工外，亦有村民从事伐木工
作。TH 村及邻村有村民承包林地（主要种植杨树和槐树），承包者
以种植和出售树木为收入来源，伐木工作无法独自完成，需要雇
工。村中从事树木销售的"经纪人"组建伐树队，雇佣村内年纪稍
长的中年男子从事伐木工作。伐木为周期性工作，伐木工每天收入
在 200—400 元。其中，因村民爬树有从树上摔下来的危险，"经纪
人"为有爬树工作的伐木工购买保险。

二　TH 村的日常生活消费

（一）饮食消费

村民因从事农业种植和家畜养殖的经济活动，故仍保持着相对
自给自足的生活状态。饮食方面，与村民种植玉米、花生相关，村
民主食煎饼和花生油。

1. 粮油调料消费

村民主食主以煎饼，辅之米饭和馒头。煎饼以玉米面做成，口
感较硬、充饥效果好。不过，村民制作煎饼需坐在鏊子前被热火烤
之，较为苦累，夏季尤为如此，故部分村民购买煎饼机器摊煎饼。
米饭于村民在农闲时和吃腻煎饼时起调节作用，有村民每月不足两
次，平均每户每周吃大米不足两次。在村民看来，"大米是细粮，

---

① 寿光为"大棚蔬菜之都"。

不顶饱"。村民也有种植小麦，少于自食。小麦多是被村民运到镇上面粉加工厂或者拿到市场售卖。近些年馒头有取代煎饼成为主食之趋势，其因一是年轻村民喜欢吃馒头，二是村民农忙时少有时间和精力制作复杂的煎饼，买馒头较为省时省力。

村民主食花生油，少食豆油、玉米油。村民自种花生，秋收后将花生运到镇上榨油房榨油。① 若花生油的市场售价提高，村民也会将花生油卖掉，转而购买售价低于花生油的豆油。部分村民弃花生油选豆油、玉米油，价格之外，主要是健康考虑："花生油含有的脂肪太多，常吃不利于身体健康"（村民语）。TH 村共有 65 名高血压患者，年龄多在 50—60 岁之间。部分村民相信这些村民患有高血压为过多食用花生油所致。

村民食用的米、面粉（小麦）、酱油、盐、醋、白糖等购自"串村"的一位年轻商贩。商贩于每村、每户甚为了解，也因此，村民买米、面可"赊账"，商贩年底时收账；村民家中无米面时，可直接电话订购，商贩送货上门。商贩平均每 4 天到 TH 村一次。② 商贩的出现影响到村内小卖部的生意，一是因为商贩处的油、醋的价格略低；二是因村民认为，小卖部的油、醋的质量不如商贩处。村民日渐注重商品的品质，如村民喜从小卖部购买袋装食用盐、白糖、红糖。价格虽贵，胜在干净、卫生。村民也自产调料（每户种有 1—2 棵花椒树）③，如村民赵家喜吃火锅，除了火锅的各种底料之外，其他配料（如辣椒粉、芝麻酱、韭菜花）均出自赵家自种、自制。

2. 肉、蛋消费

村民主食猪肉、鸡肉。村民以养猪为家庭副业，平均每户养

---

① 榨油方式历经手工榨油到机器榨油的变化。
② 据商贩讲，博山酱油、博山醋在当地名气较大，各类价格兼有。
③ 市场上花椒价格约每两 10 元。

1—2 头猪。村民自养猪，也是因较之市场上出售的猪肉（"不卫生、价钱贵"），"自家猪划算且吃着放心"。如 ZH 家每年留一头小猪仔，养到过年（200 斤左右）宰杀，与女儿家分食。村民会将自留的猪肉存放在冰箱，留备过年和来年春天食之。村内也有几户凑在一起杀一头猪分食之例。村民食用猪肉的方式原限于炖、炒和包饺子，随火锅在村内的兴起，涮猪肉成为村民食用猪肉的新方式。

村民亦圈养或散养数只鸡（少者 2 只，多者 6—7 只）。公鸡用于售卖或在过节、人情宴席时宰杀食之。因笨鸡蛋的市场售价是洋鸡蛋的 2 倍，村民自养母鸡获得鸡蛋除自家食用外，也将自家的笨鸡蛋出售给隔壁村的饭店（该饭店将收到的笨鸡蛋转卖给城里人）。

随着村民的经济收入提高，鱼肉、牛羊肉也出现在村民的餐桌上。村民的鱼肉消费（购买咸鱼或死鱼）原发生在过年时，近几年村民到镇上购买活鱼，在鱼贩处处理好后带鱼肉回村烹饪之。2015年时，村民正偏好泡菜鱼。于村民而言，每斤 30 元的牛肉、羊肉价格偏贵，村民较少购之。不过当牛生病或者受伤，饲养者会宰杀之、其后出售，此类牛肉价格便宜，有村民购之。

3. 果蔬消费

"只要你不懒，在村里你可以天天有蔬菜吃"（村民语）。TH 村山地一年四季盛产蔬菜，村民会将多余的蔬菜拿到市场售卖，少从集市购买蔬菜。村民从市场购买蔬菜多发生在待客之时。亦是因此，TH 村的大棚蔬菜（韭菜、茄子、芹菜、南瓜等）的市场销路并不面向村内。村内有一户村民种植芹菜，当芹菜市场价格走低时，该户村民挨家挨户售卖芹菜。邻里乡亲不好拒绝，村民戏称该村民此举为"买卖上的绑架"。分季节看，村民夏季主食豆角、黄瓜、西红柿和茄子，冬季主食白菜、萝卜、土豆、南瓜和冬瓜。

村民食用较多的是苹果、西瓜、山楂和大樱桃。村内有几户村民大面积种植苹果和樱桃。苹果因品种限制售价较低，村民会一次性购置很多。樱桃的售价在每斤 10 元，即使村民自种，也不舍得吃。村民喜在田地里种植西瓜、甜瓜、面瓜以自食。少数村民家中栽有核桃树、栗子树和山楂树，产量虽不高，自食足够，逢盛产时亦可出售。年轻村民、富裕的村民常购置如香蕉、柚子、橙子、橘子、猕猴桃等南方水果。

4. 零食与烟酒消费

农闲时，村民做花生粘和炒栗子。饼干、瓜子、糖果等也构成村民的零食。其中，村民食用瓜子和糖果常见于节日和婚礼。于月饼、糖果、雪糕等零食，村民多是从镇上批发。村内小卖部的方便面、火腿肠等零食迎合的是小孩子。

男性村民喝酒、抽烟。烟酒支出在家庭各项消费支出中所占比重较大。上了年纪的村民喜欢抽旱烟，旱烟为村民在集市上购买或自种，年轻人喜欢香烟。村内小卖部所售香烟在 5—10 元不等，①村民多是在家中来客时购置 1、2 盒香烟，若操办红白喜事，村民则到镇上批发（因香烟批发价格低于零售价格）。村民赵为儿子举办婚礼，烟酒消费支出约 2000 元。总的来说，女性村民并不赞同男性村民的烟酒消费。村内酗酒问题常见，2005 年村民王因过度饮酒死亡，每年亦有村民酗酒闹事。

（二）住房消费

TH 村的居住场所为"深宅小院"。院墙墙体较高，在 2 米左右，院落大门 3—4 米宽。院落大门和院落之间设有过道，安放摩托车、农具。院落多成四方形，内分东、南、西、北四屋。其中，北屋为主人卧室、客厅，西屋为子女的卧室和饭屋，东屋用于储藏粮食或作洗衣间，南屋用作牲畜间和储存各种杂物。经济条件好的村民在北屋外安设推拉门和防水板，亦有村民将整个院落遮上防晒

---

① 如"红双喜"每盒 5 元，"泰山"和"一支笔"均为每盒 10 元。

网。"出厦屋"是村民的共同追求。

村民认为，子女成家必须建新房，建新房"喜庆"。村民刘（40 岁）一家四口原挤在一间房内生活。随女儿年龄渐长，刘着手搭建新房。刘在镇上购买石灰、钢筋、砖头、木头等建筑材料，也在每年夏天河里涨水的时候堵沙。此外，建房需雇工，"大工"每天 200 元，"小工"每天 120 元，刘雇工亦需提供工人伙食和住宿。"房子建成一共花了两三万块钱，一年的收入"（刘语）。因各种建筑材料价格上涨，村民建房成本增加，为建房而欠下的债务也随之增多。

当前，住房样式发生变化。村内土房已被全部淘汰，瓦房正成为时尚，新建住房多红色瓦、石灰色墙皮。因村民比较注重大门与院落的和谐，遂大门多为红色铁大门。

主屋的内部空间结构也发生转变。首先，村民以推拉门划定客厅与卧室边界，进而划定私人空间。其次，村民一改房梁裸露在外、灰色墙体、土地或水泥地的装修风格，模仿城市室内设计，如地面铺设地板砖，将墙体刷成白色（触感光滑），安设铝合金门窗，搭建多样式、多种材料的天花板。最后，茶几、沙发、席梦思床取代老式的桌椅①、木质床，洗衣机、热水器亦随新建住房进入村民的日常生活。据村民估计，约有 40% 的家庭有洗衣机，45% 的家庭有热水器。

村里的年轻人更愿意到县城买房。至笔者调查时，年轻人结婚后仍然居住在村内的不超过 5 户，城里租房、城里买房已为常态。城市住房约每平方米 4000 元，40 万的住房（100 平方米）于 TH 村属"巨款"。即使如此，城市楼房也是彩礼的要件。村民赵的儿子结婚，历经一个月时间，凑足住房首付 15 万元。15 万元的来源

_____

① 老式桌椅被村民称为八仙桌。八仙桌为木制，高约 1 米，四四方方。

如下：赵出售猪羊获得收入 5 万元，从亲戚家无利息借款 4.5 万元，从同村王处和邻村以 0.12 元的利息借款 5 万元。住房预定成功后，钥匙费、物业费、装修费等支出接踵而至。2014 年冬，赵以 3 万元简单装修新房。

（三）服饰与美妆消费

2000 年以前，"找裁缝做衣服"是 TH 村的时尚。村民在集市购回布料，送到村内裁缝处量尺寸，回家等上半月左右，即得新衣。因村内仅有两位裁缝，排队做衣服者众多，故两位裁缝地位较高。村民讲：若与裁缝关系不好，送去的布料要等一年之久才能被做成新衣服。此时，服装款式与颜色并无明显的性别区分、和年龄区分，衣服均宽松、肥大，不显体型，颜色以黑色和灰色居多（年轻的新媳妇或者小姑娘被允许穿着略为亮色的衣服），布料为棉和涤纶。

后村民转变着装消费。一是村民先后转向从集市、县城和邻市购买服装。莱芜和临沂有着山东省内较大的服装批发市场，村民发现"那里的衣服款式多样（棉、麻、雪纺、丝绸）、漂亮，质量好且价格低。"二是"紧身"衣服（如牛仔裤、打底裤、靴子、高跟鞋）成为中年妇女的常见着装。女性村民在冬季有如下搭配：色彩鲜艳的羽绒服搭配紧身的打底裤、高跟鞋和靴子。"农民就应该穿农民的衣服"的消费观已悄然改变。

2000 年之前，女性满头黑发是美丽的象征，"身体发肤授之于父母"，不能有丝毫的改变（包括颜色）。"张家的小吴去市里上专科，上了不到半年就染头发了，回家被他父母打了一顿，我们还都去拉架了呢"。那些染了发的青年回村后被村民视为"放荡子"，失了父母的颜面。此时，村民理发或由村内会理发的村民代劳（这些会理发者并未有过专业技能训练）或到集市露天理发（白布围起来空地上，一把剪刀、一个脸盆、一条毛巾，每次 1—2 元）。

　　近几年，烫发和染发成为时尚。以"看着年轻"的染发为村民所追求。如2014年马（40岁）在镇上理发店将自己的头发染成黄色，并烫发。相对村内理发店，镇内理发店设备与服务齐全（配备电推子、吹风机、热水、洗发水等）。镇上理发原为每次5元，现升至每次10元。

　　相对服饰和烫染发消费的变化，女性村民于护肤品和洗漱用品的消费变化有限。女性村民冬季以"舒肤佳"洗脸，使用的护肤品为"雪花膏"。2000年之后，虽然村内护肤品种类增多，使用"大宝"者仍占主流。洗面奶取代香皂，"去痘痘""去色斑"等护肤品消费是新近的消费景象。

　　（四）耐用品消费

　　经济收入提升后，村民有改善生活质量的需要。耐用品消费方面表现尤为明显。当前，TH村已完成黑白电视机向彩色电视机的升级，为数不多的村民新购入超薄液晶电视。

　　经济收入带来生活质量提升外，国家财政补贴的家电下乡政策亦促成村民的家电消费，村内冰箱、洗衣机、热水器发展迅速。双桶洗衣机在村中常见，约30户村民家中有太阳能热水器，约50%的家庭有冰箱。

　　冬季寒冷，村民洗衣费力，而且衣服不易晒干。村民原惯于积累脏衣服至夏天，到河边一次清洗。洗衣机的出现促成村民改变生活方式，脏衣服即时洗净。

　　热水器发端于2010年前后，受电视广告影响和亲友推荐，热水器品牌具有共性，包括"太阳雨热水器"（市场售价约3000元）、"小鸭热水器""海尔热水器"，另有村民选择政府家电下乡的热水器。未购买热水器的村民家中备有热水袋或热水囊。热水器、热水袋、热水囊的出现源起于村民改变了的卫生意识。2000年前后，村民尚无洗澡习惯。村民回忆："很多人一辈子没有洗过一次澡，洗澡是城里有钱人才有的，农村人就应该是这样的。如果村里有人弄个洗澡的澡堂子，会被认为是小资产阶级的情调。只因为这家人太爱干净了，会被大家故意疏远。"2015年，村委组织"卫生大扫除活动"，挨家挨户的串门，加之村中为数不多的热水器的消费刺激，村民的卫生意识逐渐改变。

冰箱出现时间早于热水器。夏季炎热，饭菜易变质，村民有电冰箱的消费需要。亦是因同村人的相互参照，村内冰箱品牌海尔居多。

村内已近人手一部手机。村民的手机消费分两个阶段，第一阶段为"诺基亚"手机消费。村民选择"诺基亚"，除了村市场提供的手机品牌有限、以"诺基亚"为主外，亦因"诺基亚"手机体积小、携带方便。第二阶段是"诺基亚"之后，村民的手机消费品牌丰富，如华为、三星、小米。村民使用手机除拨打电话外，亦包括使用手机聊天、浏览网页和拍照。

少数村民购入电脑。购之者使用电脑观看电视节目、影片、购物，2015年，"在网上买东西"是TH村的时尚。

村民步行或骑自行车去往邻村。村民去到悦庄镇或县城的出行方式有三，一为客车。村北有一条省道，两辆客车通往悦庄镇、县城。TH村距离县城30分钟车程，客车售价每次7元；TH村距悦庄镇15分钟车程，客车售价每次3元。村民去淄博市需到县城转车，车费累计44元。客车发车有时间限制，早7时40分，晚5时10分，一日4班次。出行村民可提前与车主预约时间。二是拼车。拼车每人每次5元。村民在多人同行时（如参加婚礼）多选择拼车，在村民看来，拼车方便、时间自由。三是摩托车。村民每家有一辆摩托车，村民骑之可去县城或镇上。

村中农用车包括摩托三轮车、深耕机、播种机等。农业车于村民来讲价格不菲，又因农事活动所需，村民多两家合伙购置。政策补贴是村民购买这些农业车的又一原因。

（五）人情消费

村民之间的人情消费事项包括考学（大学、中专、技校）、建房、婚丧嫁娶、生孩子、老人过寿。

人情消费事涉随礼方和操办宴席者。于随礼方面，年均人情消费支出约在 2000 元，占村民家庭总消费支出的 10%。亲戚结婚事项，直系长辈（如叔叔、伯伯）需随礼 500 元，其他亲戚 20—100 元不等。丧礼，礼金也需依亲疏远近关系定。

于操办人情宴席一方，宴席地点可设在县城饭店、镇上招待所、邻村小饭店或者办事者家中。婚礼、丧礼多在办事者家中操办。以举办婚礼为例，办事者需提前一周准备。除家族成员外，邻居会到场帮忙，举办婚宴者需提供饭食和烟酒。若来客较多而借用邻居院子，举办婚宴者事后需帮邻居打扫卫生。婚宴宴席时间设在上午 11 时 30 分，于下午 2 时结束。其间所需的筷子、碗、茶壶、酒壶、碟子、马扎等可从镇上租借，以数量计钱。宴席需设 8 碗 8 碟，主以各种肉丸，少有素菜。宴席后保留较好的剩菜可留给帮工村民，其他喂猪和狗。

村民若在饭店举办婚礼，多因"省劲"（不必劳心的意思）。这是因为，其一，虽然在饭店举办宴席成本高，却不用请人帮忙，可免去许多"人情债"和诸多繁琐程序。二是在村民看来，"宴席是个时间活"，若在家中举办宴席，从准备宴席至宴席结束耗时至少一周，而饭店置办宴席历时不足 3 小时。三是饭店与家宴相比，略奢侈：酒店的菜品种类多、好吃，而且场地大、宽敞。酒店操办宴席会带给操办宴席者以面子。经济条件好的村民们多选择在饭店操办宴席。四是不同于家宴，酒店操办宴席者可打包宴席剩下的饭菜，随礼者中除同家族人外的村民打包饭菜会被视为"怪人"。

村民的人情消费中不乏算计。以考学事项为例，亲戚关系者随礼 100—200 元。若某家孩子从读大学至博士后每操办一次，随礼者类累计支出 800 元。"你投资到别人家孩子上学的费用是 800 块钱，可能自己家的孩子没上到初中就不上了。"村民心中有自己的人情算盘，村中不乏村民为将礼金挣回而让自家"不争气的"孩子读中专或者技校的事例。

（六）节日活动

村民最为重视"过年"，其次为中秋、端午、清明。此外，村中有"请家堂"活动。"请家堂"是简单化了的祭祖仪式，发生于春节和鬼节，地点固定。

以春节时的"请家堂"活动为例，请家堂依次包括"送贡品""守家堂""送家堂""分钱"四项内容。首先为"送贡品"。男性村民需在腊月二十九将自家的贡品送到"家堂"①。家族中的女性长者接过贡品，将之摆放在祖宗牌位周边，② 然后跪地念佛语③。送贡品活动持续至晚 8 时。晚 8 时至第二日为"守家堂"。"守家堂"是同家族村民聚在老人屋子内，一起回忆过去的一年。这期间，老人需不断"烧香"，并保证香火不灭，以此寓意整个家族的香火延续、子孙兴旺。第二日下午为"送家堂"。村中各家族的男性成员、孩子均需到家堂，依年龄从长至幼的顺序向祖宗磕头，然后将准备好的贡品拿到家族所属的、开阔的谷场，在谷场燃香、放鞭炮、磕头。④ 最后为"分钱"。"分钱"是指累计整个"家堂"活动所涉费用，将该费用分摊到同族中的各家。然后各家将钱及时送

---

① 贡品为村民自做的肉丸子。经济水平受限时，贡品为豆腐或者素丸子。贡品放置在家堂，具有外显性，正获得构成村民相互攀比内容的意义。家堂由家族族长组建，设在家族年长者家中。不似南方宗族村落的祠堂，家堂布置较为简单：老人的屋子内摆放一张方形供桌，桌上安放老人亲手题写的祖宗牌位。

② 贡品除各种丸子外，也包括水果、老人家做的各种糕点。

③ 佛语内容大致是向祖宗祈求平安、赐福子孙。

④ 某一家族的鞭炮声响起时，村内其他家族的鞭炮声也陆续响起，似有竞争之意。热闹的氛围由此而来。

到家族的管账人手中。分担到每家的钱并不多，送钱多由小孩子完成。到此，"请家堂"活动结束。"请家堂"仪式活动虽止，活动的余热仍在。家族人数、鞭炮响亮程度、贡品荤素等都会构成村民的私下谈资。

村民过年的消费支出有三，一是"赶年集"，村民平均支出约1000元。二是杀年猪。按猪200斤、市场价每斤7元算，此项支出在1400元。三是红包和送礼支出，累计约3000元。入农历十二月，村民着手"赶集"①置办年货，自此过年便算开始。村民置办年货有先后次序，首先购买的是存得住的商品，如添置一些新家具、新电器。其次是储备40—50斤的煎饼。此项工作由妇女操持。当下，"赶年集"被村民推迟至农历十二月二十一。

除夕当日，村民从上午即准备晚上的年夜饭。饭菜由"六碗菜、六双筷子、六杯酒、六杯茶叶、六碗水饺、整束香"构成。约在晚8时，村民喝过酒、吃过菜后需"上香、发金元宝"：天井需摆放一张桌子，上放香篓；金银元宝和黄纸放在地上。除夕后，村民按惯例赶庙会、回娘家、"敬路神""敬火神"和"敬车神"。

（七）休闲娱乐

家庭内部的娱乐活动包括听戏曲、看电视。中老年村民喜欢看农村题材的情感剧，认为这是在"看自己的生活，这类电视剧能很好地衔接现实。"娱乐节目反映了村中节目偏好的代际差异，中老年村民喜欢观看山东卫视的"我是大明星""快乐向前冲"等娱乐节目，认为这些娱乐节目是"真的、贴近生活、贴近实际"，年轻人则觉其乏味"假的不能再假"。

家庭外的集体活动包括打牌、广场舞、看电影和"当社"。村内每年会播放免费电影，主要为战争片、科普片。

---

① 镇上有集市，逢一、六开集。

广场舞是新近的休闲活动，主体为女性。夏季村民忙于农事，广场舞主要在冬季。2015 年 12 月初，悦庄镇政府组织文艺节目演出，村委接收指令后，组织村民排演广场舞。此项活动准备历时 1 个月，其间每晚 7—9 时于村委会大院排演，村委和各户村民共出节目所需设备，村小学老师担任广场舞的指导。村民排演的广场舞在 2016 年正月初六晚演出。同期演出的共 16 个节目，内容分别为广场舞，黄梅戏，村民自编的快板和小品。①

打牌是为男女老少共享的活动。村民会在雨季聚在一起打"保皇"。村中许多年轻村民喜欢赌博，一晚输 2000 元情形亦有，"愿赌服输，谁也不能抵赖，即使是兄弟"为村民的共识。

"当社"是村中 50 岁上的妇女自愿参加的团体活动。"当社"分月月社和四季社两类，活动主要为敬佛（泰山老母和无生老母），具体包括焚香、燃纸、吃饭、念佛②。月月社的活动时间为每月初九，四季社的活动时间为正月初一、二月初一、四月初九、十月初九。月月社和四季社均有社头（即组织领导者），社的活动发生在社头家中。村民入社即为社员，需履行相应的义务，如活动时社员需备好食物和烟酒到社头家中。村民参与社的动机为"行好"，即村民希望通过此项活动得到神明的保佑，赐福于家庭，以让家庭和睦和子女健康。于女性村民参与当社，男性村民并不反对。参与者认为，年轻人无须参与此项活动。

（八）子女教育

村民重视教育。在村民看来，子女若能读大学，"是祖坟上冒青烟的好事，上辈子祖上积德了"。若子女为本科生、研究生，村

---

① 此项活动的牵头者为村内比较爱热闹的刘家人（书记的叔叔家），活动的具体实施过程中的主要组织者为前村委组织中的党员，村内有二胡技能的老人，沉溺于演出的为村中妇女。

② 此处的"佛"类似于古诗词，短句形式、有韵律，以说唱形式口口相传，内容涉及家庭、事业、祈雨拜神。

中的父母据此也有较高的地位和名声。

为子女的教育投入是家庭的重要支出项，其中县城或镇上辅导班消费是教育消费的重要构成。学生在辅导班的学习内容为文化课。对诸如音乐、美术、体育一类的艺术课，村民认为"学习不好才去的，没前途"。村民普遍对医生、教师的职业抱有好感。

三　个案：ZH 家的日常生活消费

ZH 家四口人。ZH59 岁，高中毕业；ZH 的妻子马 57 岁，小学毕业；ZH 的大女儿 33 岁，2000 年嫁到临镇，已在县城买房；ZH 的小女儿 24 岁，外地读书，常年不在家。[①]

ZH 家年收入 2—3 万元。收入来源如下：种地（花生、玉米、中草药、土豆；桃树、苹果树、樱桃树），饲养家畜（猪、羊、鸡、牛），经营村卫生室。

ZH 家生活费用支出为衣食住行、小女儿教育、节日消费和人情往来。细目如下。

（一）服装消费

按消费的频次和费用由高到低看，ZH 家的服装消费依次是 ZH 的小女儿、妻子马、ZH。

ZH 的小女儿在外地读书，服装消费主要受到同学的影响，与同学保持一致的服装消费时有发生。ZH 的小女儿喜欢在网上购买服装，很少去线下实体店。在她看来，网上服装样式多，服装售价低于线下实体店，且从网上购买服装方便。ZH 的小女儿每学期在衣服和化妆品上的花费约 1500 元，约占每学期生活费的四分之一。

ZH 的小女儿的服装消费并不符合 ZH 夫妻二人的审美。如 ZH 的小女儿穿着小短裤会被 ZH 批评"穿的暴露"。ZH 的小女儿穿着

---

① 2015 年时。

的打底裤的保暖效果一般，冬季 ZH 的小女儿穿打底裤，被 ZH 的妻子马责备："穿得太少，容易老寒腿"。化妆品消费方面亦是如此，ZH 的小女儿放假在家时，诸如 ZH 夫妻二人关于"每天抹那么多，是不是麻烦"的唠叨时有发生。ZH 反对小女儿在服装与化妆品等方面的过度消费。在 ZH 看来，"穿的只要整洁就可以，没必要刻意的装饰自己"。ZH 也不同意小女儿染发、烫发，不过没有强硬的反对行为。

服装连同烫、染发消费在内，马的年均消费约 500 元。马的服装多由大女儿从县城买来，质量好于马在集市上购买的服装，均价约 500 元。马对于日常着装不是很在意，于婚宴等喜庆的人情场合时，打扮得较日常年轻与时尚。随着年龄增长，马越来越偏好色彩较为鲜亮的、款式较为洋气的衣服。例如冬天马也如村内年轻的妇女们一般，穿着紧身的打底裤和靴子。马有固定的理发消费场所，也曾因原理发店发型过时改换理发店。于理发，马平均 1—2 个月剪发一次，每次消费 5 元。随白发渐增，马并未接受女儿们的建议将白发染黑。在马看来，"白的挺好的，人老了就应该有"。染发方面，马和丈夫 ZH 持相同态度。

ZH 相对比较保守，对穿着也并不在意，其日常着装由妻子、女儿代买。

（二）食物消费

ZH 家的主食以煎饼为主，其次为馒头、饼、米饭、饺子等，频次可数。煎饼所需原料为 ZH 家自产，ZH 夫妻自己摊煎饼，"这样既省钱而且吃起来放心。自己家地里产的玉米，研磨成糊状，在鏊子上就可自己摊了。"对于主食煎饼，ZH 夫妻子二人均表示"如果没有煎饼基本上吃不下饭去，就干不了活"。自种小麦外，ZH 家也从镇上购买面粉，蒸制馒头，"都是用最好的面粉，一袋 90 块钱，这一袋面粉全家人就可以吃上两个月。"（马语）① 除煎饼外，ZH 夫妻更喜食荞麦饺子。荞麦亦为 ZH 夫妻二人自种。荞麦的主食消费中体现着 ZH 夫妻二人对健康的追求："可以预防糖尿病"。

ZH 家自种应季蔬菜食用。ZH 家的菜园位于山头，距离住所 20 分钟。蔬菜分季节有所不同，夏季如黄瓜、土豆、茄子、豆角、西红柿、南瓜、冬瓜，秋季如白菜、萝卜。夏季盛产蔬菜，蔬菜量多时，ZH 会将多余的蔬菜转送给邻居，或带给居住在城市里的大女儿和亲戚。马擅长腌制咸菜和咸鸡蛋，亦会将其分送给邻居、大女儿、亲戚。ZH 家每年也种植蒜、辣椒、大葱、大豆等。蒜长势不佳（个头较小）时，ZH 自食和转送给女儿；ZH 种植大豆用以自制豆浆、豆腐。在 ZH 看来，自制豆制品健康、绿色。ZH 家购有豆浆机，有每天喝豆浆的饮食习惯。

ZH 家有一块小面积的瓜地，种有西瓜、甜瓜、面瓜。ZH 家也有山楂树、栗子树、樱桃树、核桃树。于瓜果，ZH 家只在量多时售卖。各类瓜果中，栗子和核桃产量不如樱桃和山楂。山楂年均产量约 500 斤，ZH 家每年可以据此收入 200 元。2015 年，樱桃市场售价每斤 10 元，ZH 家出售樱桃的收入为 2000 元。

ZH 家的肉蛋消费为自给自足式。ZH 家自养两头母猪，母猪每年产猪仔，猪仔养到过年时，ZH 家会杀一头猪，并分一半猪肉给大女儿（同村村民年末也合伙杀猪，ZH 的妻子马会参与随份子，每次约 200 元）。因猪肉可以存放在冰箱里，ZH 家极少从商店购买猪肉。ZH 家散养 6 只母鸡和 3 只公鸡，母鸡每天产蛋。因山鸡蛋价格较贵，ZH 的妻子马会将自家产的山鸡蛋卖给邻村饭店，或是拿给城里的女儿吃，而自家购买洋鸡蛋食用。

饮品消费方面，ZH 家常饮茶。茶叶由大女儿购买。ZH 家存放

---

① 镇上有面粉加工厂。

着亲戚送来的酒，ZH 多是在家里来客时喝酒。马滴酒不沾，偶尔喝饮料。健康观念影响着马的饮品消费，马每年都会自制山楂干泡水喝，因马从邻居处听说："喝山楂水可以治疗高血压和血脂稠"。

（三）住房与家电等耐用品消费

ZH 家的住房是典型的四合院，北屋为主屋。1996 年 ZH 整修住房，分两次完成。在整修住房前，ZH 的住房室内并无明显的空间之别，客厅内安放着 ZH 的大女儿和小女儿的床，老式橱柜和火炉。新整修的住房在一间房的框架内细分三个小房间：一间西屋和两间东屋。此次整修，ZH 家同时在院落内部搭建一间猪棚、一间南棚，过道，大门。1996 年时，装修住房仍较为奢侈，"是城里的人家对楼房进行的"。ZH 家的此次装修属村内时尚，"村内建这种新房子的不过 2—3 户"。ZH 的这次整修成本在 2 万—3 万元，属大额支出："建筑材料不是很贵，雇人也不是很贵"。

2008 年时 ZH 再次翻修住房。2008 年夏，ZH 请邻居刘和刘的施工队①到家里装修，ZH 对刘说"按照城里比较流行的办"。此次装修共计 5 天，装修细目如下：住房室内吊天花板（其中客厅的天花板的价格略高，质量优于卧室），室内墙壁粉刷白瓷粉，室外屋檐吊遮雨板。此次装修，包括刘的施工队的劳务费在内，ZH 支出近 5000 元。

ZH 完成室内装修后，又先后添置冰箱、洗衣机、太阳能热水器各一台。2008 年秋，ZH 在与妻子商量后，从镇上购入一台价值 3500 元的海尔电冰箱。于冰箱品牌，ZH 认为：电视里常见海尔冰箱的广告，质量有保障。2008 年冬，ZH 和妻子又到镇上购买了村内当时比较流行的木质沙发和茶几小组合，支出约 3000 元。此项消费在村内属奢侈，村内经济状况较好的家庭有此消费。2009 年

---

① 刘的施工队共 4 人，均为 TH 村人，在县城从事装修工作。

夏，ZH 和妻子在镇上购入一台流行于当地的"太阳雨"牌太阳能热水器。同年 ZH 和妻子在镇上购入一台价值 400 元的"小鸭"牌双筒洗衣机。ZH 夫妻二人对品牌所知不多，除了常见的电视广告的影响外，夫妻二人也受店员推荐的影响。如 ZH 夫妻选择"太阳雨"这一品牌的热水器是出于如下原因："听家电店里的人介绍，这款是比较好的，所以就毫不犹豫地买了。"

相对于其他家用电器，热水器的出现于 ZH 家的日常生活的影响明显。购置回热水器后，ZH 将东屋隔出一间屋子作为浴室，且自从安装热水器后，ZH 和妻子洗澡的频次增加。ZH 的妻子平均每周 1—2 次，ZH 平均每周 1 次，小女儿若在家，每天 2 次（夏天）。① 于 ZH 家，热水器的功能也不止于洗澡，ZH 的妻子亦使用热水器加热的水煮饭、洗衣、洗碗。对于女儿们的念叨："此举不健康，有化学污染"，ZH 和妻子不以为意。

2007 年，ZH 从镇上购置"熊猫"电视，价格约 1500 元。2010 年时，ZH 在城里的大女儿购买液晶电视后，将使用价值完好的彩电转送给 ZH 家。2010 年，ZH 安装暖气（烧火炉）支出 3000 元，引来邻居的羡慕。

ZH 家每人一部手机。ZH 的小女儿读大学前，有一部价值 600 元的手机，读大学后，ZH 给小女儿买了一部小米手机。ZH 和妻子当前使用的手机均非智能机，ZH 经常念叨"要买一个智能机"。ZH 夫妻二人原共用同一部"诺基亚"牌手机，后 ZH 给妻子购置一部同一品牌手机。2014 年，妻子的"诺基亚"手机坏掉，ZH 本欲另购一台，因市场上无"诺基亚"品牌手机出售，遂放弃。其后 ZH 的大女儿从县城给 ZH 的妻子买了一部老年机。

---

① ZH 家的热水器也惠及邻居。"灰头土脸"是村民的自嘲，形容自己一年不洗澡。那些"爱干净"的村民为其他村民所不屑（甚至是鄙视）。太阳能热水器的出现一改此种消费观。

ZH 家有一辆摩托车作代步工具，一台摩托三轮用于拉载农具和庄稼。ZH 每 5—6 天加油一次，每次支出约 20 元。

（四）节日消费

ZH 家极为重视传统节日，生活富裕之后更是如此。各项节日的消费支出中，春节期间最多，其中又尤以腊月十六赶年集支出为甚。2014 年春节期间，ZH 购买各种蔬菜、鱼等支出约 1000 元，外加鞭炮、生活用品、衣服等，累计支出约 2000 元。

中秋节支出次之。ZH 家通常会购买月饼和糖果庆祝中秋节。如果中秋节时 ZH 的女儿们在家，ZH 夫妻亦会购买羊肉（支出约 200 元）。2014 年中秋节时，ZH 的大女儿、小女儿在家，ZH 总支出约 300 元。

元宵节 ZH 会购买蜡烛和元宵，支出 20—30 元。端午节 ZH 会买鸡蛋，购买 3—4 斤糯米和红枣包粽子，支出约 50 元。

（五）人情消费

近几年不断上涨的人情成本令 ZH 忧愁。ZH 家亲戚比较多，每年各项人情支出 1000—2000 元。2014 年，ZH 的两个本家侄子结婚，ZH 共随礼 1400 元。以 ZH 给其中一位侄子的随礼支出看，细目如下：侄子相亲，ZH 随礼 100 元；侄子结婚当天，ZH 随礼 300 元；侄子结婚当天给 ZH 磕头，ZH 支出 100 元；后侄子"温锅"（乔迁之喜），ZH 又随礼 200 元。ZH 预估，如果 2015 年侄子生孩子，需随礼 1000 元，两个侄子共 2000 元。另 2014 年，ZH 堂弟家的孩子结婚、生孩子，ZH 先后随礼 200 元、100 元；远房亲戚结婚、生孩子，ZH 累计花去 500 元。2014 年，ZH 随礼累计支出 2800 元，占全年收入的 10%。

安徽 LX 村的日常生活消费[①]

一 研究设计

本次调查的目的在于从基础设施建设、医疗卫生、娱乐设施和文化教育四个方面测量农村居民的生活方式变化，以及村民对这四方面的变化的满意度。调查点选为安徽省巢湖市居巢区中垾镇滨湖行政村 LX 自然村。

LX 村位于安徽中部，毗邻巢湖，地处巢湖市与合肥市之间。全村共有 530 户，1800 多人。

本次调查在全村 530 户中抽取 200 户作为研究对象。调查时间从 2017 年 1 月 15 日开始，到 2017 年 2 月 15 日止，为期一个月。

此次调查主要采取半结构式访谈的调查方法，辅之文献法与观察法。

二 LX 村公共基础设施建设的调研结果

LX 村村民普遍认为，近年来农村生活方式确在一定程度上发生改变。其中，78.5% 的家庭认为农村整体生活方式发生较大改变，21.5% 的家庭认为农村整体生活方式改变不是很大。

农村基础设施建设、医疗卫生、娱乐设施和文化教育四个方面的改变程度不同。其中基础设施建设改变最大，娱乐设施改变程度次之，再次为文化教育，医疗卫生方面的改变程度最弱（见表 1）。

---

① 此部分文字原始材料由张文飞提供，目前文字由张文飞、李洪君共同完成，征得张文飞同意，录于此。

表1　　　　　　　　　农村居民生活方式改变的态度调查结果

	有较大改变（%）	改变不大（%）
基础设施建设	84	16
娱乐设施	77	23
文化教育	62	38
医疗卫生	41	59

（一）基础设施建设

近十年的发展中，LX 村基础设施建设上发生显著变化，具体变化情况如下。

数字电视安装方面（见表2），从 2007 年开始，村中数字电视的安装户数从整体上看呈现增加趋势，至 2016 年年底，统计调查的 200 户家庭中有 197 户已安装数字电视。

表2　　　　　　　　　　　数字电视安装情况

安装时间	2007	2008	2009	2010	2011	2012	2013	2014	2015	2016	总计
户数	8	10	13	13	18	16	22	35	33	29	197
占比（%）	4	5	6.5	6.5	9	8	11	17.5	16.5	14.5	98.5

"占比"为每年安装数字电视户数占调查总数（200 户）的比例。

交通工具方面，近十年里，LX 村所使用的交通工具历经三个发展阶段。第一阶段为 2007—2009 年，LX 村村民以自行车为主要交通工具，拥有自行车的家庭比例达 68%。第二阶段为 2010—2013 年，LX 村村民以摩托车为主要交通工具，拥有摩托车的家庭比例达 82%。第三阶段为 2013 年至今，LX 村村民以电动三轮车为主要交通工具，拥有电动三轮车的家庭比例达 96%。自 2007 年始，LX 村拥有交通工具的家庭数在不断增加，交通工具也逐渐现代化：由原来的自行车升级为当前的电动三轮车。

表3　　　　　　　　　　　　通信消费

时间段（年）	2007—2009	2009—2013	2013 至今
仅有固定电话户数	122	61	15
仅有移动电话户数	24	73	146
两者都拥有的户数	8	45	36
总计	154	179	197

通信消费的总体变化方面，LX 村拥有通信工具的家庭数在近十年里保持持续增长，由原来的 154 户增加到现在的 197 户，增加了 21.5%（见表 3）。

LX 村村民的通信工具朝便利化方向发展。2007—2009 年，固定电话为村民主要的通信工具，固定电话拥有者是移动电话拥有者的 2 倍，有 15 户村民二者均有。2009—2013 年，移动电话和固定电话的使用者几近持平，移动电话使用者略高出固定电话的使用者。2013 年以后，移动电话的使用人数远超固定电话的使用人数（见表 3）。

道路建设方面，截止到 2016 年年底，全村水泥路覆盖率高达 95% 以上。LX 村的道路建设分三个阶段，表现为水泥路建设与路标建设两个方面。LX 村的水泥路建设始于 2008 年。村委会根据巢湖市新农村建设的相关政策要求，修建村中主要交通要道，村内原来的土路、石子路被统一修成水泥路。2008 年年底，全村共修成两条水泥路。两条水泥路作为村庄的主干道，在不同方向上横贯村庄。第一条水泥路自东向西，全长 1500 米左右；第二条水泥路自南向北，全长 800 米左右。之后依托这两条主干道，村委又修建多条水泥路，到 2013 年止，全村共修建 15 条水泥路。水泥路修建完成后，村委又在村中各路口安装路标以规范行车。2013 年以后，部分家庭由于居住地未在修成的水泥路旁，遂自行修建直通到家的水泥路。

村民的饮用水由中埠自来水厂提供，该自来水厂成立于2004年，为中埠镇下辖7个行政村、58个自然村提供饮用水服务。LX村的自来水安装于2006年，当时仅有5户村民安装自来水，该厂在LX村也仅铺设一条自来水管道。到2016年年底，LX村已有513户安装自来水，安装率在96%以上。水厂共铺设三十条自来水管道在LX村，管道基本覆盖LX村全村。

2009年之前，LX村仅有一户村民经营小型超市，超市内出售小食品及部分生活用品。其后，村中陆续新开四家超市，超市规模较大，出售商品的种类丰富：各种袋装、散装食品，水果、蔬菜、肉类，日常生活用品。

2012年，村中连通第一条宽带线路，有2户村民安装宽带网络。到2016年年底，村中已连通12条宽带线路，有83户村民安装宽带网络。虽然宽带网络安装者不多（安装宽带者总数占调查总数的41.5%），但是村民对宽带网络已经不再陌生。

（二）文教娱乐与医疗卫生建设

LX村的娱乐设施建设基本能满足全村不同年龄段村民的娱乐需要。2008年之前，LX村的娱乐设施为两户村民各自经营的营利性棋牌室。2008年之后，政府主导建成许多公共娱乐设施，包括：2010年，村集体建成一个休闲广场，并在广场上安设健身器材；2011年，村委会修建一座老年活动中心，其中设有棋牌室、图书馆、舞蹈室等；2012年，村委在休闲广场附近另建成一座小型运动场，内设有篮球筐、乒乓球台、羽毛球场。这期间，村中另增加2家营利性台球室。

自2011年以来，村委会每年开展多次文化知识宣传和政策宣讲。如每年夏季捕鱼期，村委会开展安全教育宣讲以提高渔民安全防范意识；每年的五月份推广普通话宣传活动。

文化教育方面，LX村内有一所私立幼儿园（红梅幼儿园）和一所公办小学（LX 小学），两所学校办学时间均已超过十五年。最近十年内，LX 村并未有新的私立幼儿园成立。近几年，红梅幼儿园和 LX 小学的新生入学率均有所下降，其原因在于村中部分村民为求更好教育、将自己的孩子送到巢湖市市内幼儿园和小学。在被调查的 200 户村民家庭中，有 120 户家庭有 1—2 名儿童正在接受幼儿园或小学教育，136 名儿童中有 67 名儿童被送往市内接受教育，69 名儿童在村内接受教育。近几年来，村中选择让自己的孩子去市里面的学校接受教育的家庭增多。

医疗方面，村中近二十多年来只有一家诊所，医疗基础设施方面无大的改变。有所变化的是，2015 年国家推行的农村新型医疗保险减轻了农民负担。与其他区域施行方案相同，新农合由国家、村集体和个人三方分摊，村民看病就医的报销比例在 60% 以上，村民购买医保的消费支出在每人 100 元左右。

卫生方面，2014 年开始，村中主干道放置垃圾桶，并且每天傍晚有垃圾清理车清理垃圾桶。由政府出资，村里招募四个环卫工清扫道路垃圾。

三　公共基础设施建设与农民生活满意度

安装数字电视与宽带网络、安设自来水管道与使用自来水、交通、通信、道路建设与超市等的变化，是一个村庄从农业型生活方式向城市社区生活方式靠近的基础构成要件。垃圾桶的设立、专业清扫垃圾车和换位工人岗的设立，所实行的是逐步改变诸如垃圾清扫的私人生活方式。从 LX 村的抽样调查结果看，无疑，LX 村村民的生活方式正在朝向以城市生活方式为表征的现代生活方式发展。

就 LX 村近十年的公共基础设施变化及其对村民日常生活的影响，当村民被问及对当前生活是否感到满意时，有 112 户回答"满意"，占调查总数的 56%；有 67 户回答"比较满意"，占比为

33.5%；有 21 户回答"一般"，占比 10.5%；没有调查对象给出
"不满意"表述。

　　被调查者在基础设施建设、娱乐设施、文化教育、医疗卫生四
个方面的满意程度存有差异（见表 4）。比较下来，诸如数字电视
与宽带网络、道路、自来水等的基础设施的变化对村民生活的影响
较大，如被调查者中"满意"与"比较满意"的占比共计 87%，
娱乐设施的影响次之（"满意"、"比较满意"的占比共计 85%）。

表4　　　　　　　　　　LX 村村民对公共基础设施建设的满意度

	满意	比较满意	一般
基础设施	134（67%）	40（20%）	26（13%）
娱乐设施	128（64%）	42（21%）	30（15%）
文化教育	105（52.5%）	56（28%）	39（19.5%）
医疗卫生	67（33.5%）	102（51%）	31（15.5%）

　　基础设施建设中，又以道路建设对农民生活满意度影响最大
（100%）。于村民的访谈显示，村民认可与赞同政府修建水泥路，
认为水泥路替代往日的土路便于他们出行，也改善其居住环境。

甘肃 L 村的丧葬仪式消费①

　　人情消费是农村居民日常生活消费的重要构成。内嵌在熟人社
会结构之中，农村居民的人情消费依托各种人生仪礼展演，丧葬仪
式便是其中之一。此节笔者以甘肃省宕昌县 L 村的丧葬消费为例，
呈现丧葬消费过程中各参与主体的消费实践逻辑，以及不同参与主

　　① 此部分文字原始材料由张雪梅提供，目前文字由张雪梅、李洪君共同完成，征得张雪梅
同意，录于此。

体互动过程中的丧葬消费呈现，期望以此从农村居民日常生活消费的内在构成方面呈现农村日常生活消费变化的作用因素与作用路径。

一　国内丧葬仪式与丧葬消费的研究综述

丧葬或殡葬作为一种仪式过程，是各种社会文化力量交织的场域。历史溯源至各个朝代的丧葬仪式的细节性描述，到社会演进之中的丧葬仪式的传承与变迁，再到国家与市场的介入于丧葬仪式的影响，已有丧葬仪式的相关研究将丧葬仪式置于传统与当代、神圣与世俗的对话之中，在将仪式作为载体、探寻仪式功能的过程中揭示出丧葬仪式本身的变化以及作用于其中的社会文化力量。如郭于华、李汝宾、荣新分析文化力量作用下，传统丧葬仪式于生者、生者之间的互动关系、村庄社会秩序的功能。[1] 郭兴华等学者以丧葬仪式为载体，从不同角度探索国家与社会的关系，揭示国家与传统文化或地方性知识对丧葬仪式的编码及在此过程中丧葬仪式本身的演变。[2]

关于丧葬仪式的研究显示：丧葬仪式的传承与变迁的过程中蕴含着传统文化力量与现代性力量的交织碰撞，体现着丧葬仪式过程中国家、市场、仪式过程的参与者的角色介入以及丧葬仪式本身所表达的文化意涵。这于规范性消费文化分析框架解读丧葬仪式而言具有启示意义。一方面，殡葬改革的实行为市场介入丧葬消费提供

---

[1]　郭于华：《生命的存续与过渡：传统丧葬礼仪的意识结构分析》，载王铭铭，潘忠党主编《象征与社会》，天津人民出版社1997年版，第147—175页。李汝宾：《丧葬仪式、信仰与村落建构》，《民俗研究》2015年第3期。荣新：《仪式象征与社会关系的再生产——以鲁西南丧葬纸扎为例》，《民俗研究》2014年第3期。

[2]　郭兴华，韩恒：《对一起丧葬事件的法社会学分析》，《学海》2003年第1期。董磊明，聂凉波：《均衡与混乱的节奏——一项关于农村丧葬变迁的考察》，《华中科技大学学报（社会科学版）》2007年第4期。崔加田：《从"无序"到"有规"——一项关于殡葬改革的历史社会学研究》，硕士学位论文，苏州大学，2005年。

途径，进一步为丧葬消费研究提供可能。另一方面，丧葬仪式消费研究中，应考虑丧葬仪式消费所处的文化性的时空背景，关注丧葬仪式消费的复杂建构机制，以及丧葬仪式消费所展演出的文化意涵。

不过，已有丧葬消费研究多在分析过程中聚焦国家、市场介入丧葬消费所带来的不利影响，忽视丧葬消费的仪式特性。虽有研究关注到仪式消费，但停于细节描述，并未真正实现消费与丧葬仪式的研究的集合，未对丧葬仪式消费本身做研究。

虽然国家与市场的力量介入带来传统仪式的变迁，但仪式中仍有传统文化的遗存，内含仪式参与者的情感与习惯。[①] 丧葬仪式亦是如此。鉴于此，笔者以规范性消费文化的分析框架解读宕昌县 L 村的丧葬仪式消费，讨论该地的丧葬仪式消费特征。

二　研究设计

L 村隶属于甘肃省宕昌县，地处青藏高原边缘和西秦岭、岷山两大山系支脉的交错地带，山岳特征显著。L 村的经济活动以农业生产为主，农业结构相对单一。改革开放之前，村民种植小麦、大麦、大豆、小豆、马铃薯等农作物满足日常生活所需，但农作物易受自然灾害影响，村民很难从中获得经济效益。改革开放以来，村民逐渐借助地理优势栽种党参、黄芪、柴胡等经济作物，并依据各类药材的市场价格相应调整每年各类药材的种植比例。平均党参的价格为每公斤 30—40 元，黄芪为每公斤 20 元，柴胡每斤 5—6 元。药材价格稳定时期，村民的年收入在 1 万—2 万元之间。除种植药材之外，也有少数村民饲养 100 头左右的牦牛，牦牛的价格在每头

[①]　郭于华主编：《仪式与社会变迁》，社会科学文献出版社 2000 年版。吉国秀：《婚姻仪礼变迁与社会网络重建——以辽宁省东部山区清原镇为个案》，中国社会科学出版社 2005 年版。

5000 元以上。饲养牦牛可为村民带来可观收入，但牦牛养殖风险较大。L 村亦有部分村民外出务工。

L 村现有村民 320 户、1600 余人，平均每户 6 口人，多为三代同堂的直系家庭结构。地理位置加之交通不便，村民之间的血缘与姻亲关系划定村民的日常活动范围，有年老的村民告诉笔者，

> 活这么大岁数了，我都没有出过村，就算出去也走不远，无非就是走亲戚。我们家亲戚不是很多，大都离我们村不远，有的就在我们本村，经常见面。还有一些就在邻村，也不是很远。逢年过节或者遇上生孩子、死人这些事互相都会帮忙和走动。还记得，我唯——次出远门，还是孙女带我去县城里面办事，结果没坐过车，还晕车了。

如上述受访者所述，节日与仪式中，村民彼此之间会相互帮忙和走动。丧葬仪式便是 L 村村民相互帮忙和走动的途径之一。L 村的丧葬仪式流程包括：丧主在仪式前期为逝者配备寿衣、香火、棺材、墓碑等相关物品，其后丧主燃放鞭炮报丧；在仪式过程中丧主需雇请 "艺人"、"画匠"、葬礼主持人、吹唢呐者、厨娘等丧礼仪式必备的相关人员；[①] L 村村民也注重在逝者去世后的第三个月和三年时为逝者举办悼念仪式。

L 村丧葬仪式过程中有三个值得注意的仪式表现：其一，丧葬仪式过程中涉及烟酒消费和食物消费，且消费数额在丧主的丧葬仪式消费中占有很大比重；其二，丧葬仪式消费过程中的人员配置存

---

① 艺人：指负责给逝者超度、念经并管理逝者的灵魂的人物。画匠：指为棺材画图案的人。L 村实行土葬习俗，少有火葬事例，所以丧主主要雇请画匠修饰与美化购买的棺材。在当地吹唢呐者一般为盲人，他们在日常生活中从事体力劳作的能力有限，丧葬仪式上的收入是他们的一项经济来源。

有选择标准；其三，丧葬仪式消费过程中的人际关系与消费数额之间存有关联。

既有的丧葬仪式研究多致力于框定仪式情境，就仪式本身论述仪式，少有学者将仪式与仪式参与者的日常生活情境关联起来。对仪式与仪式参与者而言，仪式是仪式参与者的日常生活逻辑的载体，仪式实践是既往的日常生活逻辑的再现，也构成未来日常生活的组成部分。鉴于此，笔者以消费角度切入丧葬仪式研究，以参与观察和个案访谈的方法，于 L 村的日常生活与丧葬仪式消费中，探寻 L 村丧葬仪式消费特征的形成逻辑以及丧葬仪式消费本身所承载的村民的集体意识的具体指涉，期望以此推进丧葬仪式的研究。

三 规范性消费文化分析框架下的丧葬仪式解读

既有的丧葬消费研究，或因忽视丧葬消费的仪式特性而对丧葬仪式消费的文化意涵关注不足；或因未关注丧葬仪式过程中的参与者的消费差异而止步于仪式细节描述。L 村的田野调查发现，丧葬仪式因涉及扮演不同消费角色的参与者而呈现出复杂性。

L 村丧葬仪式的参与者有两类，一类是丧主，为逝者的子女，是丧葬仪式的举办者。丧主虽然与逝者之间有着相同的直系血缘关系，但因性别、与逝者的情感关系的差异而在丧葬仪式中承担着不同的消费职责；另一类是仪式参与者，他们是丧主之外的、与逝者或者丧主有着血缘、姻缘、地缘关系的人。仪式参与者在丧葬仪式过程中的消费角色彼此不同，也不同于丧主的消费角色。这两类消费主体，遵循不同的文化逻辑，以丧葬仪式为载体，共同建构与展演出为彼此所认可的"集体意识"。

（一）丧葬仪式消费中的差序行为逻辑

费孝通提出差序格局的概念，以石子及石子被投入水中之后所漾起的圈圈波纹的比喻，把握建立在血缘与姻亲关系基础上的乡土社会的人际关系结构。① 费孝通关于差序格局的论述，其实也是对乡土社会中的个体行为逻辑的概述。秉有差序的行为逻辑的个体，在日常生活中依据与他人的关系展演日常生活实践，建构乡土社会的关系结构。L 村丧葬仪式消费中各类消费主体所秉持的就是这样一套差序的行为逻辑。

就丧主在丧葬过程中的消费实践来说，丧主的消费实践遍布整个丧葬仪式过程。仪式前与仪式中两个阶段，丧主需为逝者购置棺材（5000 元左右）、墓碑（200 元左右），需要宴请亲朋好友与邻里，雇请"艺人"、"画匠"、葬礼主持人、吹唢呐者、厨娘（吹唢呐者和厨娘一般需要 50—100 元），这一仪式流程下来，丧主的平均消费支出在 1.3 万—1.8 万元。L 村村民比较重视"三年礼"，"三年礼"期间，丧主的平均消费约在 1 万元。此外，烟酒消费贯穿整个丧葬仪式，丧主的烟酒消费支出范围在 5000—6000 元。与丧主的经济收入对比，丧葬仪式消费支出于丧主而言是笔不小的开支。

当有多位丧主的情况下，丧葬消费于每位丧主而言便不构成经济负担。有多位丧主时，丧葬仪式过程中的所有开销由丧主共同承担，此时费用的具体摊派方式依据血缘和姻缘关系有所区别。一般而言，逝者如果生前由儿子赡养，那丧葬仪式消费中的棺材与烟酒的开销由该子承担，且这位赡养老人的儿子对此不能推辞，否则会遭到其他村民的嘲笑。除此之外的丧葬仪式中的其他消费支出由逝者的其他儿子共同承担。如果逝者有已经出嫁的女儿，那女儿也需要为丧葬仪式出资。具体表现在，首先，女儿需要购置一只羊或一头猪作为丧葬礼上的贡品与食物。当地每只羊的价位在 500—600 元，每头猪的价位在 1000—2000 元。出嫁的女儿出于理性考虑多

---

① 费孝通：《乡土社会》，北京出版社 2011 年版，第 30—41 页、第 101—111 页。

会购买猪，这主要是因为，村民彼此讲究面子与排场，猪肉分量多且因为价格可以显示主人的慷慨，这样计算下来购猪要比购羊划算。其次，出嫁的女儿也需要承担墓碑、纸钱、香火之类的费用。出嫁的女儿在葬礼上的消费支出约在 5000 元。对于丧主在丧葬仪式过程中的这种性别消费差异，有受访者说：

> 我们村里人啊，只要是有一点亲戚关系，尤其是像我们这种出嫁了的女儿，在参加丧礼时要么买一只羊，要么必须得随礼。这随礼的数目也不少啊，最少、最少也得随 500 元吧。一年下来，要是参加好几个丧礼，我们的日子可就没那么轻松了啊。

诸如上述女性受访者的话语表述，一方面揭示出其作为逝者女儿身份应为逝者所负的消费义务，另一方面揭示出作为与逝者有非直系亲属关系的女性身份的消费义务。这种义务即之后所要论述的人情互动的准则所致。人情互动准则约束的主要是丧主之外的仪式参与者。

就仪式参与者而言，他们虽然无义务负担丧礼的各项开支，但需要依据与逝者或者丧主的关系，在丧礼中提供经济或者劳务支持。这种经济与劳务支持的程度因关系性质和远近而存有差异。如与逝者或者丧主有较近亲属关系的仪式参与者会先于其他仪式参与者到达丧礼仪式现场，提供丧主以劳务支持。如果与逝者有亲属关系的女性村民因远嫁等原因不能到场，她也需要按照村内的习俗负担自己在仪式中的义务以尽孝道和表示对亲属关系的认可，金钱是这种义务的直接展现形式。其他仪式参与者则需要依据与逝者或者丧主的关系提供丧主以经济支持，有的村民在经济支持基础上也提供劳务支持。经济与劳务支持的差异受制于人情互动准则。

（二）人情互动准则支配下的丧葬消费

人情互动准则是置于差序格局之中，约束与维系村民之间关系的一种生活规范。人情互动准则既作用于仪式参与者与逝者之间，随着逝者的去世，这一人情互动准则或转移至逝者的子女或就此中断；又作用于丧主与仪式参与者之间。故此处笔者概述丧主与仪式参与者之间的人情互动准则。

丧主与仪式参与者之间的人情互动准则，内涵有二。一是如上所述，在丧葬仪式过程中仪式参与者提供经济支持与劳务支持。二是无论仪式参与者是否期待丧主的回报，丧主都要在未来的某一时刻或某一时间段内对仪式参与者的经济或劳务支持予以回报。这一人情互动准则主要体现在礼金与劳务的"支持"性质和丧葬仪式过程中的礼金记录两个方面。

较之于经济支持，劳务支持更能体现出人情互动的准则。因为仪式参与者提供的劳务支持无法明确评估与计算，只能以记忆的形式存于仪式参与者与丧主之间。这种无法直观把握、虚拟性的支持，赖以存在与维系的基础便是人情互动准则对仪式参与者与丧主之间关系的作用。此外，丧葬仪式过程也赋予劳务支持不同于经济支持的特殊性，这同时与村民的日常生活体验相关。诸如丧主需要在丧葬仪式过程中雇请厨娘，其一，厨娘的选择具有一定的标准，厨娘必须是村内厨艺较好的妇女；其二，丧主在丧葬仪式结束后除支付厨娘的劳务报酬外，还需额外赠予厨娘以礼物以示酬谢，后一点便是人情互动准则的体现。

就经济支持而言，仪式参与者无论与丧主关系如何，无论有无劳务支持，仪式参与者都要以礼金的形式参与到丧葬仪式过程中。而这些礼金的数额加总后几乎可以抵消丧主在丧葬仪式中的开销，这也是笔者以经济支持界定仪式参与者与丧主之间关系的原因。而这其中在深层次上便蕴含着村民之间的人情互动准则，即一方面，以礼金形式表示对丧主的支持是村庄内部一种约定俗成的惯例，无论丧主还是参加葬礼仪式的村民都有对此的意识；另一方面，如劳务支持一样，经济支持也蕴含着丧主在未来的某一时刻回礼的义务。但是，回礼的义务并非即刻进行或者一次性的，而是穿插于村民的日常生活之中，如就经济支持而言，丧主在未来的某个时刻需要以等价或者略高的价值的礼金还给此时赠予礼金的仪式参与者。也是于此，这样一种被纳入日常生活的、以礼金为载体的人情互动具有长期性特征，因而在丧葬仪式消费过程中，丧主会请家族内部或同村的其他村民负责礼金的数额记录和管理工作，并以此作为日后人际交往的参评。进一步来看，秉有差序行为逻辑的村民会依据与逝者或者丧主关系的远近的差异呈现礼金数额上的差异，这也是必须对礼金数额进行记录的又一原因。

丧葬仪式过程中承担记录与掌管礼金工作的村民的话语表述，体现着上述村民的差序行为逻辑与人情互动准则。①

我记录了村里那么多的礼单，发现每一家礼单上的人和礼金都是不一样的。富裕一些的人家，以及在村里和别人来往密切的人家，当他们举办葬礼的时候，去的人就多，几乎是全村的人都会去参加，甚至是村里的干部也会来。对于条件不是很好人家的葬礼，只要他家和村里人相处的不错，平时互帮互助，大家伙也是很乐意去的。因为葬礼是村里面的大事，大家伙平时都忙于种地，遇上这种能聚在一起的活动，都想去看看，顺便放松放松。但是呢，这几年生活变好了，有些亲戚反

---

① 对于记录与掌管礼金这样的工作需要值得信任、能够担负此责任，且能识字与写字的村民承担。在 L 村，经济收入的限制使得村民的日常生活重心置于经济收入而不是文凭教育上。所以，村内在各种仪式中能够承担此项工作的村民有限。

而不来参加葬礼，更别说随礼了。倒是那些和丧主关系好的朋友什么的都来参加，还会随一大笔礼金哩。

（三）"集体意识"的内涵

丧主共同担负葬礼支出，仪式参与者以经济支持和劳务支持的形式参与丧葬仪式，贯穿于丧葬仪式之中的是各消费主体所秉有的差序行为逻辑与对人情互动准则的参照。相对于既有的仪式与仪式消费研究，L村的丧葬仪式消费展示出仪式情境下仪式形成与展演的复杂过程，而非仅仅是传统文化的传承与变迁。而且，深入来看，L村的丧葬仪式消费之中蕴含着仪式情境与日常生活情境的关联。

L村的丧葬仪式消费中潜存着以下两个事实，其一，差序的行为逻辑与人情互动准则以及生活规范（如性别差异），这些不仅为村民所认可，而且为村民彼此所共享。也正是于此，丧主才会视丧葬仪式中仪式参与者差异性的消费实践为理所当然，丧葬仪式上的礼金记录便是一证。这也是当人际互动准则发生变化时，受访者还可以给出自己确信的解释的缘由。

现在大部分人家都富裕起来了，自己基本上能担负起在丧礼中的花费，所以关系一般的人就不用去随礼了，一方面没必要，另一方面自家有事的时候别人也不一定来帮忙。

其二，仪式情境与日常生活情境之间的关联。也就是上述村民所认可与共享的消费实践逻辑与原则，其实并不止于丧葬仪式，而是内置于丧葬仪式之前的仪式或仪式之外的日常生活之中，是日常生活逻辑的呈现形式。如上述记录礼金的村民的述说，丧葬仪式在时空维度上提供给村民彼此之间相聚的机会。又如丧葬仪式中不能随便雇请厨娘而要有一定的选择标准。再如不同性别的丧主在担负丧葬仪式开支时需要有性别与责任差异。而在丧葬仪式之中占有丧主仪式消费较大比重的烟酒消费，其实是丧主借此维系、修复人际关系的工具。

不仅如此，"关系一断即为犯罪"[①]，相似的逻辑，丧葬仪式消费也是村民人际关系疏远与中断的临界点，这将丧葬仪式消费纳入日常生活情境之中。人情互动的交往准则是：丧主会在未来的某个时刻甚至是长时期内对前来参加丧葬仪式的他人予以劳务或经济回报，而这一准则隐含的前提是，此时丧葬仪式过程中的消费关系建基于之前的某个仪式或者日常生活中的互动关系之上。当村民外出务工或者远嫁他地等原因不能参与到丧葬仪式之中时，日常生活中人情互动的长期性虽然存在，却也面临着疏远乃至中断的潜在可能。

上述两种事实之中便揭示出丧葬仪式本身所传达出的文化意涵：社会主体间的集体意识。结合 L 村的乡村关系格局来看，渗透于丧葬仪式之中的、村民的差序的行为逻辑的参照标准其实是亲缘关系与地缘关系。进一步，日常生活之中所形成的人情互动准则对这两种行为参照区分出程度差异与配比差异，如"远亲不如近邻"的俗语。也由此，村民的丧葬仪式消费中所展演的是村民对关系的运用以及对这种关系运用的认同。

诸如为村民共享与认可的差序的行为逻辑、人情互动准则，这种村民在日常生活之间共同形成与沉淀下来的日常生活逻辑，作为一种深层的文化符码，编码出丧葬仪式消费的复杂面貌；以丧葬仪式为载体，各种日常生活逻辑在丧葬仪式的消费空间中展演出他们

---

① ［法］埃米尔·涂尔干：《社会分工论》，渠敬东译，生活·读书·新知三联书店 2000年版，第 33 页。

所认可、共享的集体意识。于此，这一研究对仪式特性的关注，以仪式消费本身所内涵与呈现的文化规则与文化指涉，补充丧葬消费研究的不足之时，或也证明以消费分析仪式的可行性。

四　结论与讨论

既有的丧葬仪式研究对丧葬仪式与日常生活情境的关联关注不足，丧葬消费研究或忽视仪式特性，或关注仪式却忽视仪式消费本身的特性。以规范性消费文化的分析框架解读甘肃省宕昌县 L 村的丧葬仪式消费，可以推进既有的丧葬仪式与丧葬消费研究。

首先，村民在丧葬仪式消费中秉持着差序的行为逻辑，其消费实践受到人情互动准则的约束。丧主之间依性别、与逝者的关系差异在丧葬仪式中担负着不同的消费义务；仪式参与者参照与逝者或者丧主的关系提供给丧主以经济或者劳务支持。丧葬仪式消费实践建构出丧葬仪式消费的复杂性。

其次，丧葬仪式是村民日常生活逻辑的载体，传达出村民的集体意识。丧葬仪式是村民日常生活的构成，一方面丧葬仪式过程中蕴含着诸如性别、子女对老人的赡养义务的消费差异等日常生活规则；另一方面，村民在丧葬仪式过程中所体现出的差序的行为逻辑与对人情互动准则的参照，导源于丧葬仪式所嵌入的日常生活情境，进一步连同丧葬仪式一起构成未来日常生活的一部分。日常生活逻辑作用之下的丧葬仪式本身传达出村民对亲缘与地缘关系的运用以及对这一关系运用方式的认可。规范性消费文化框架下的丧葬仪式消费分析提供消费角度解读仪式的可行性。

基于甘肃宕昌县 L 村丧葬仪式的研究结论，未来的研究可进一步从以下两个方面展开，其一，L 村的地理经济特征使其仍具有乡土社会的特色，未来研究可以将此处的分析思路纳入到那些城市化、现代化程度较高的村落丧葬仪式之中，探索那些融于村民日常生活逻辑之中的现代性文化对丧葬仪式的影响；其二，丧葬仪式仅是众多仪式中的一种。丧葬仪式情境与日常生活情境的关联性，亦可以放置到不同的仪式情境中予以检验。

参考文献

一 汉译专著

〔德〕埃利亚斯:《文明的进程:文明的社会起源和心理起源的研究·第一卷:西方国家世俗上层行为的变化》,王佩莉译,生活·读书·新知三联书店1998年版。

〔德〕埃利亚斯:《文明的进程:文明的社会起源和心理起源的研究·第二卷:社会变迁文明论纲》,袁志英译,生活·读书·新知三联书店1999年版。

〔德〕马克斯·霍克海默、西奥多·阿道尔诺:《启蒙辩证法》,渠敬东、曹卫东译,上海人民出版社2003年版。

〔德〕马克思、恩格斯:《马克思恩格斯选集(46卷)》,人民出版社1979年版。

〔德〕马克斯·韦伯:《新教伦理与资本主义精神》,彭强等译,陕西师范大学出版社2002年版。

〔德〕齐奥尔格·西美尔:《时尚的哲学》,费勇译,文化艺术出版社2001年版。

〔德〕瓦尔特·本雅明:《摄影小史:机械复制时代的艺术作品》,王才勇译,江苏人民出版社2006年版。

〔德〕维尔纳·桑巴特:《奢侈与资本主义》,王燕平等译,上海人民出版社2000年版。

[法] 爱弥尔·涂尔干:《宗教生活的基本形式》,渠敬东、汲喆译,商务印书馆 2011 年版。

[法] 布尔迪厄:《文化资本与社会炼金术——布尔迪厄访谈录》,上海人民出版社 1996 年版。

[法] 布罗代尔:《15 至 18 世纪的物质文明、经济与资本主义(第一卷)》,生活·读书·新知三联书店 2002 年版。

[法] 米歇尔·德·塞托:《日常生活实践》,方琳琳、黄春柳译,南京大学出版社 2009 年版。

[法] 克利福德·格尔茨:《文化的解释》,韩莉译,译林出版社 1999 年版。

[法] 尼古拉·埃尔潘:《消费社会学》,孙沛东译,社会科学文献出版社 2005 年版。

[法] 让·波德里亚:《消费社会》,刘成富、全志钢译,南京大学出版社 2000 年版。

[法] 尚·布西亚:《物体系》,林志明译,上海人民出版 2001 年版。

[美] 大卫·M. 费特曼:《民族志:步步深入》,龚建华译,重庆大学出版社 2013 年版。

[美] 大卫·布鲁克斯:《布波族一个社会新阶层的崛起》,徐子超译,中国对外翻译出版公司 2000 年版。

[美] 丹尼尔·贝尔:《资本主义文化矛盾》,严蓓雯译,江苏人民出版社 2004 年版。

[美] 道格拉斯·凯尔纳:《媒体文化:介于现代与后现代之间的文化研究、认同性与政治》,丁宁译,商务印书馆 2004 年版。

[美] 迪克·赫伯迪格:《亚文化风格的意义》,陆道夫、胡疆锋译,北京大学出版社 2009 年版。

[美] 凡勃伦:《有闲阶级论》,蔡受百译,商务印书馆 2009 年版。

［美］福塞尔:《格调:社会等级与生活品味》,梁丽真等译,中国社会科学出版社 1998 年版。

［美］柯克·约翰逊:《电视与乡村社会的变迁:对印度两村庄的民族志调查》,展明辉、张金玺译,中国人民大学出版社 2005 年版。

［美］克里斯托弗·贝里:《奢侈的概念:概念及历史探究》,江红译,上海世纪出版集团 2005 年版。

［美］理查德·罗宾斯:《资本主义文化与全球问题》,姚伟译,中国人民大学出版社 2010 年版。

［美］流心:《自我的他性:当代中国的自我系谱》,常姝译,上海人民出版社 2004 年版。

［美］马尔库塞:《单向度的人——发达工业社会意识形态研究》,张峰译,重庆出版社 1988 年版。

［美］曼纽·卡斯特:《网络社会的崛起》,夏铸九等译,社会科学文献出版社 2001 年版。

［美］诺曼·K. 邓津,伊冯娜·S. 林肯:《定性研究》,风笑天等译,重庆大学出版社 2007 年版。

［美］欧文·戈夫曼:《日常生活的自我呈现》,冯钢译,北京大学出版社 2008 年版。

［美］乔治·赫伯特·米德:《心灵、自我与社会》,霍桂桓译,华夏出版社 1999 年版。

［美］施坚雅:《中国农村的市场和社会结构》,史建云、徐秀丽译,中国社会科学出版社 1998 年版。

［美］特纳:《仪式过程:结构与反结构》,黄剑波、柳博赟译,中国人民大学出版社 2006 年版。

［美］约翰·费斯克:《理解大众文化》,王晓珏、宋伟杰译,中央编译出版社 2001 年版。

［美］詹明信:《晚期资本主义的文化逻辑》,陈清桥等译,生活·读书·新知三联书店 1997 年版。

［日］富永健一等:《经济社会学》,孙日明译,南开大学出版社 1984 年版。

［匈］阿格妮丝·赫勒:《日常生活》,衣俊卿译,重庆出版社 1990 年版。

［匈］卢卡奇:《历史与阶级意识》,杜章智等译,商务印书馆 1999 年版。

［意大利］卡洛·M. 奇波拉:《欧洲经济史（第三卷)》,吴良健等译,商务印书馆 1989 年版。

［英］Bocock:《消费》,张君玫、黄鹏仁译,巨流出版社 1995 年版。

［英］艾利森·沃尔夫、［美］华莱士:《当代社会学理论》,刘少杰等译,中国人民大学出版社 2008 年版。

［英］安·格雷:《文化研究:民族志方法与生活文化》,许梦云译,重庆大学出版社 2009 年版。

［英］安东尼·吉登斯:《社会的构成:结构化理论大纲》,李康、李猛译,生活·读书·新知三联书店 1998 年版。

［英］安东尼·吉登斯:《现代性与自我认同:现代晚期的自我与社会》,赵旭东、方文译,生活·读书·新知三联书店 1998 年版。

［英］本·海默尔:《日常生活与文化理论导论》,王志宏译,商务印书馆 2008 年版。

［英］丹尼尔·米勒:《物质文化与大众消费》,费文明、朱晓宁译,江苏美术出版社 2010 年版。

［英］弗兰克·莫特:《消费文化——20 世纪后期英国男性气质和社会空间》,余宁平译,南京大学出版社 2001 年版。

［英］安东尼·吉登斯:《现代性的后果》,田禾译,译林出版社

2000 年版。

［英］玛丽·道格拉斯：《洁净与危险》，黄剑波等译，民族出版社 2008 年版。

［英］迈克·费瑟斯通：《消费文化与后现代主义》，刘精明译，译林出版社 2000 年版。

［英］迈克·费瑟斯通：《消解文化——全球化、后现代主义与认同》，杨渝东译，北京大学出版 2009 年版。

［英］史密斯：《文化理论：导论》，张鲲译，商务印书馆 2008 年版。

［英］西莉亚·卢瑞：《消费文化》，张萍译，南京大学出版社 2003 年版。

二　中文专著

包亚明：《上海酒吧》，江苏人民出版社 2001 年版。

陈辉：《过日子：农民的生活伦理》，社会科学文献出版社 2015 年版。

陈昕：《救赎与消费·当代中国日常生活中的消费主义》，江苏人民出版社 2003 年版。

陈学明、吴松、远东：《痛苦中的安乐——马尔库塞、弗洛姆论消费主义》，云南人民出版社 1998 年版。

戴阿宝：《消费社会》，载汪民安主编《文化研究关键词》，江苏人民出版社 2007 年版。

戴慧思、卢汉龙：《中国城市的消费革命》，上海社会科学院出版社 2003 年版。

戴锦华：《隐形书写》，江苏人民出版社 1999 年版。

费孝通：《乡土中国·生育制度·乡土重建》，商务印书馆 2011 年版。

何明升、王雅林:《中国城镇居民的消费生活方式》,黑龙江教育出版社 1992 年版。

贺雪峰:《什么农村? 什么问题?》,山东人民出版社 2009 年版。

侯钧生主编:《西方社会学理论教程》,南天大学出版社 2001 年版。

吉国秀:《婚姻礼仪变迁与社会网络重建》,中国社会科学出版社 2005 年版。

姜彩芬:《面子与消费》,社会科学文献出版社 2009 年版。

李辉:《幻象的饕餮盛宴——西方马克思主义文化消费理论研究》,中国社会科学出版社 2012 年版。

李培林:《村落的终结:羊城村的故事》,商务出版社 2004 年版。

李培林:《社会冲突与阶级意识:当代中国社会矛盾问题研究》,社会科学文献出版社 2005 年版。

李书磊:《村落中的"国家"——文化变迁中的乡村学校》,浙江人民出版社 1999 年版。

李友梅等:《中国社会生活的变迁》,中国大百科全书出版社 2008 年版。

梁漱溟:《中国文化要义》,上海人民出版社 2005 年版。

林耀华:《义序的宗族研究》,生活·读书·新知三联书店 2000 年版。

凌纯声、林耀华等:《20 世纪中国人类学民族学研究方法与方法论》,民族出版社 2004 年版。

刘少杰:《后现代西方社会学理论》,社会科学文献出版社 2002 年版。

罗钢、王中忱主编:《消费文化读本》,中国社会科学出版社 2003 年版。

马惠娣:《休闲:人类美丽的精神家园》,中国经济出版社 2004 年版。

马杰伟：《酒吧工厂：南中国城市文化研究》，江苏人民出版社 2006 年版。

莫少群：《20 世纪西方消费社会理论研究》，社会科学文献出版社 2006 年版。

潘毅：《中国女工：新兴打工者主体的形成》，任焰译，九州出版社 2011 年版。

彭华民：《消费社会学新论》，北京师范大学出版社 2011 年版。

孙立平、郭于华：《软硬兼施：正式权力非正式运作的过程分析——华北 B 镇定购粮收购的个案研究》，载于清华大学社会学系主编《清华社会学评论（特辑）》，鹭江出版社 2000 年版，第 21—46 页。

孙立平：《断裂——20 世纪 90 年代以来的中国社会》，社会科学文献出版社 2003 年版。

陶庆：《福街的现代"商人部落"走出转型期社会重建的合法化危机》，社会科学文献出版社 2007 年版。

王沪宁：《当代中国村落家族文化　对中国社会现代化的一项探索》，上海人民出版社 1991 年版。

王建平：《中国城市中间阶层消费行为》，中国大百科全书出版社 2007 年版。

王宁：《从苦行者社会到消费者社会：中国城市消费制度、劳动激励与主体结构转型》，社会科学文献出版社 2009 年版。

王宁：《家庭消费行为的制度嵌入性》，社会科学文献出版社 2014 年版。

王宁：《消费社会学》，社会科学文献出版社 2011 年版。

王晓毅：《血缘与地缘》，浙江人民出版社 1993 年版。

王亚南：《中国文化消费需求景气评价报告（2011）》，社会科学文献出版社 2011 年版。

吴飞:《麦芒上的圣言——个乡村天主教群体中的信仰和生活》,宗教文化出版社 2013 年版。

项飚:《跨越边界的社区:北京"浙江村"的生活史》,生活·读书·新知三联书店 2000 年版。

阎云翔:《礼物的流动》,李放春与刘瑜译,上海人民出版社 2000 年版。

阎云翔:《私人生活的变革:一个中国村庄里的爱情、家庭与亲密关系(1949—1999)》,龚小夏译,上海书店出版社 2006 年版。

阎云翔:《中国社会的个体化》,陆洋译,上海译文出版社 2016 年版。

杨华:《隐藏的世界:农村妇女的人生归属与生命意义》,中国政法大学出版社 2012 年版。

杨魁、董雅丽:《消费文化——从现代到后现代》,中国社会科学出版社 2003 年版。

杨魁、董雅丽:《消费文化理论研究:基于全球化的视野和历史的维度》,人民出版社 2013 年版。

杨懋春:《一个中国村庄:山东台头》,江苏人民出版社 2001 年版。

姚开建、陈勇勤:《改变中国:中国的十个"五年计划"》,中国经济出版社 2003 年版。

詹娜:《农耕技术民俗的传承与变迁研究》,中国社会科学出版社 2009 年版。

张小莉、曲鹏:《当代中国二元社会——社会学理论及其应用》,辽宁大学出版社 2013 年版。

郑红娥:《社会转型与消费革命——中国城市消费观念变迁》,北京大学出版社 2006 年版。

郑也夫:《后物欲时代的来临》,上海人民出版社 2007 年版。

周笑冰:《消费文化及其当代重构》,人民出版社 2002 年版。

周怡：《解读社会：文化与结构的路径》，社会科学文献出版社 2004 年版。

三 中文论文

邴正：《探索吉林地域特色的文化精神》，《社会科学战线》2002 年第 6 期。

程菁：《20 世纪 90 年代女性都市小说与消费主义文化研究》，博士学位论文，华东师范大学，2004。

董磊明：《传统与嬗变——集体企业改制后的苏南农村村级治理》，《社会学研究》2002 年第 1 期。

范剑平、向书坚：《我国消费结构升级与产业结构—升级的二个时间差》，《管理世界》1994 年第 6 期。

费中正、孙秋云：《文化研究内卷化的探索路径：一种民族志的视角》，《学习与实践》2011 年第 5 期。

高丙中：《人类学反思性民族志研究：一个范式的六种尝试》，《思想战线》2005 年第 5 期。

高丙中：《西方生活方式研究的理论发展叙略》，《社会学研究》1998 年第 3 期。

桂华：《圣凡一体：礼与生命价值——家庭生活中的道德、宗教与法律》，博士学位论文，华中科技大学，2013 年。

郭传燕：《农村体育发展问题与发展对策的研究》，《长春师范学院学报（自然科学版）》2006 年第 2 期。

贺雪峰、仝志辉：《论村庄社会关联》，《中国社会科学》2002 年第 3 期。

贺雪峰：《村庄精英与社区记忆：理解村庄性质的二维框架》，《社会科学辑刊》2000 年第 4 期。

贺雪峰：《公私观念与农民行动的逻辑》，《广东社会科学》2006 年第 1 期。

贺雪峰:《论熟人社会的人情》,《南京师大学报(社会科学版)》2011 年第 4 期。

贺雪峰:《中国农村研究的主位视角》,《开放时代》2005 年第 2 期。

黄平:《生活方式与消费文化:一种问题、一种思路》,《社会学研究》2003 年第 3 期。

黄宗智:《中国农业面临的历史性契机》,《读书》2006 年第 10 期。

蒋建国:《晚清广州城市消费文化研究》,博士学位论文,暨南大学,2005 年。

金艳:《媒体服饰话语中身份认同的建构与消解》,博士学位论文,华中科技大学,2009 年。

鞠惠冰:《消费文化》,博士学位论文,吉林大学,2009 年。

李春玲:《当代中国社会的消费分层》,《中山大学学报》2007 年第 4 期。

李洪君、黄英:《社会关联视角下的东北新型移民村庄》,《沈阳师范大学学报》2009 年第 4 期。

李洪君、张小莉:《十年来的日本时尚特产:酷族》,《中国青年研究》2006 年第 1 期。

李洪君:《从社会资本的视角看村庄生活中的休闲体育》,《武汉体育学院学报》2009 年第 7 期。

李洪君:《村治研究向何处去?——评〈什么农村,什么问题〉的主张》,《华中科技大学学报(社会科学版)》2011 年第 3 期。

李洪君:《当代乡村消费文化及其变革:一个东北村庄的物质、规范与表达》,博士学位论文,华中科技大学,2014 年。

李洪君:《需要视角下的精神文化消费》,《理论视野》2012 年第 5 期。

李金:《现代性中的消费精神》,《社会》2001 年第 11 期。

李岭:《文化研究的现状和面临的挑战》,《文艺理论研究》2003 年第 3 期。

李伟民:《论人情——关于中国人社会交往的分析与探讨》,《中山大学学报(社会科学版)》1996 年第 2 期。

梁彩花、周金衢、张琼:《返乡农民工炫耀性消费行为的社会心理分析》,《广西民族研究》2010 年第 4 期。

刘爱玉:《制度变革过程中工人阶级的内部分化与认同差异》,《中国福建省委党校学报》2004 年第 6 期。

刘芳:《时尚杂志与中产阶级女性身份》,博士学位论文,上海大学,2006 年。

刘勤:《自我、主体性与村庄》,博士学位论文,华中科技大学,2008 年。

刘欣:《阶级惯习与品味:布迪厄的阶级理论》,《社会学研究》2003 年第 6 期。

刘欣:《新政治社会学:范式转型还是理论补充?》,《社会学研究》2009 年第 1 期。

刘燕舞:《论"奔头"——理解冀村农民自杀的一个本土概念》,《社会学评论》2014 年第 5 期。

卢晖临:《集体化与农民平均主义心态的形成——关于房屋的故事》,《社会学研究》2006 年第 6 期。

罗忠勇:《转型期青年工人的阶层意识研究——以 10 家企业青年工人为例》,《青年研究》2002 年第 11 期。

潘毅:《阶级的失语与发声——中国打工妹研究的一种理论视角》,《开放时代》2005 年第 2 期。

彭华民:《炫耀消费探析》,《南开经济研究》1999 年第 1 期。

沈原:《社会转型与工人阶级的再形成》,《社会学研究》2006 年第

2 期。

盛晓白：《悄然兴起的日本第三次"消费革命"》，《现代日本经济》1995 年第 5 期。

孙秋云、黄健：《电视与农民的日常生活——基于湖北省石首市五马口村的调查与分析》，《中南民族大学学报》2009 年第 5 期。

孙秋云：《湘南瑶族青年劳动和消费生活方式》，《社会学研究》1991 年第 1 期。

陶双宾：《再置的生命：1946—1976，辽西北村落中的国家、社会与农民》，博士学位论文，华中师范大学，2008 年。

佟新：《社会变迁与工人社会身份的重构——"失业危机"对工人的意义》，《社会学研究》2002 年第 6 期。

佟新：《延续的社会主义文化传统——一起国有企业工人集体行动的个案分析》，《社会学研究》2006 年第 1 期。

王春光：《新生代农村流动人口的社会认同与城乡融合的关系》，《社会学研究》2001 年第 3 期。

王德福：《做人之道：熟人社会中的自我实现》，博士学位论文，华中科技大学，2013 年。

王笛：《二十世纪初的茶馆与中国城市社会生活》，《历史研究》2001 年第 5 期。

王汉生、刘亚秋：《社会记忆及其建构——项关于知青集体记忆的研究》，《社会》2006 年第 3 期。

王建民：《民族志方法与中国人类学的发展》，《思想战线》2005 年第 5 期。

王宁、严霞：《两栖消费与两栖认同——对广州市 J 工业区服务业打工妹身体消费的质性研究》，《江苏社会科学》2011 年第 4 期。

王宁：《"两栖"消费行为的社会学分析》，《中山大学学报（社会科学版）》2005 年第 4 期。

王宁：《传统消费行为与消费方式的转型》，《广东社会科学》2003
年第 2 期。

王宁：《代表性还是典型性——个案的属性与个案研究方法的逻辑
基础》，《社会学研究》2002 年第 5 期。

王宁：《消费与认同——个消费社会学的分析框架的探索》，《社会
学研究》2001 年第 1 期。

王宁：《消费制度、劳动激励与合法性资源——围绕城镇职工消费
生活与劳动动机的制度安排及转型逻辑》，《社会学研究》2007
年第 3 期。

王亚南：《中国语境下的消费主义研究》，博士学位论文，华东师范
大学，2009 年。

魏杰等：《如何加强对消费文化的研究和引导》，《消费经济》1994
年第 6 期。

吴翠丽、周萍：《主体性的消蚀——后现代视域下的女性消费》，
《深圳大学学报》2010 年第 7 期。

吴飞：《论"过日子"》，《社会学研究》2007 年第 2 期。

吴薇：《农村居民消费结构研究》，博士学位论文，吉林大学，
2009 年。

吴毅：《何以个案为何叙述——对经典农村研究方法质疑的反思》，
《探索与争鸣》2007 年第 4 期。

尹世杰：《加强对消费文化的研究》，《光明日报》1995 年 4 月
30 日。

余晓敏、潘毅：《消费社会与"新生代打工妹"主体性再造》，《社
会学研究》2008 年第 3 期。

袁仕正、杜涛：《日本高速增长期的消费革命》，《学术研究》2010
年第 8 期。

戴慧思、卢汉龙：《消费文化与消费革命》，《社会学研究》2001 年

第 5 期。

张小军：《人类学研究的"文化范式"——"波粒二象性"视野中的文化与社会》，《中国农业大学学报》2012 年第 2 期。

张咏：《认同与发展——一个边疆汉人移民社区的文化研究》，博士学位论文，中央民族大学，2004 年。

章伟：《失去农民的村庄：夏村叙事（1976—2006）》，博士学位论文，华中科技大学，2008 年。

赵吉林：《中国消费文化变迁研究》，博士学位论文，西南财经大学，2009 年。

周晓虹：《时尚现象的社会学研究》，《社会学研究》1995 年第 3 期。

朱迪：《高雅品味还是杂食？——特大城市居民文化区分实证研究》，《山东社会科学》2017 年第 10 期。

朱迪：《品味的辩护：理解当代中国消费者的一条途径》，《广东社会科学》2013 年第 3 期。

四　英文文献

Appadurai, A. ed, *The Social Life of Things*, Cambridge：Cambridge University Press, 1996.

Belk, R. W. , Wallendorf, M. and Sherry, J. , "The Sacred and the Profane in Consumer Behavior", *Journal of Consumer Research*, Vol. 16, pp. 1 –38, 1989.

Belk, Russel W. , "Sharing", *The Journal of Consumer Research*, Vol. 36, No. 5, pp. 715 –734, 2010.

Belk, Russell W. , "Possessions and the Extended Self", *Journal of Consumer Research*, Vol. 15, No. 2, pp. 139 –168, 1988.

Blumer Herbert, "Fashion：From Class Differentiation to Collective Selection", *Sociological Quarterly*, Vol. 10, No. 3, pp. 275 – 291, 1969.

Bourdieu, Pierre, *Outline of a Theory of Practice*, Cambridge: Cambridge University Press, 1977.

Bourdieu, Pierre, *Distinction: A Social Critique of the Judgement of Taste*, Translated by Richard Nice, London: Routledge, 1984.

Campbell Colin, "Romanticism and The Consumer Ethic: Intimations of a Weber-Style Thesis", *Sociological Analysis*, Vol. 44, No. 4, 1983, pp. 279 – 295.

Campbell Colin, "Conspicuous Confusion? A Critique of Veblen' s Theory of Conspicuous Consumption", *Sociological Theory*, Vol. 13, No. 1, 1995. pp. 37 – 47.

Campbell Colin, "The Craft Consumer Culture, Craft and Consumption in a Postmodern Society", *Journal of Consumer Culture*, Vol. 5, No. 1, 2005, pp. 23 – 42.

Campbell Colin, "The Meaning of Objects and the Meaning of Actions: A Critical Note on the Sociology of Consumption and Theories of Clothing", *Journal of Material Culture*, Vol. 1, No. 1, 1996, pp. 93 – 105.

Cappellini Benedetta, Parsons Elizabeth, Harman Vicki, "Right Taste, Wrong Place: Local Food Cultures, (Dis) identification and the Formation of Classed Identity", *Sociology*, Vol. 50, No. 6, 2015, pp. 1089 – 1105.

Chan, Cheris Shun-ching, "Invigorating the Content in Social Embeddedness: An Ethnography of Life Insurance Transactions in China", *American Journal of Sociology*, Vol. 115, No. 3, 2009, pp. 712 – 754.

Cheng Shu-Li, Olsen Wendy, Southerton Dale and Warde Alan, "The Changing Practice of Eating: Evidence from UK Time Diaries, 1975 and 2000", *The British Journal of Sociology*, Vol. 58, No. 1, 2007, pp. 39 – 61.

Cherns. A. , "Work and Values. Shifting Patterns in Industrial Society", *International Social Science Journal*, Vol. 32, No. 3, 1980, pp. 427 – 441.

Cotgrove. S. and Duff. A. , "Environmentalism. Values. And Social Change", *British Journal of Sociology*, Vol. 32, No. 1, 1981, pp. 92 – 110.

DWYER RACHEL E. , "Making a Habit of It: Positional Consumption, Conventional Action and the Standard of Living", *Journal of Consumer Culture*, Vol. 9, No. 3, 2009, pp. 328 – 347.

Eijck Koen van, Richard A. , "Peterson and the Culture of Consumption", *Poetics*, Vol. 28, 2000, pp. 207 – 224.

Emirbayer, Mustafa and Ann Mische, "What is Agency?", *American Journal of Sociology*, Vol. 103, No. 4, 1988, pp. 962 – 1023.

Evans David, "Thrifty, Green or Frugal: Reflections on Sustainable Consumption in a Changing Economic Climate", *Geoforum*, Vol. 42, 2011, pp. 550 – 557.

Giddens Anthony, *The Transformation of Intimacy: Sexuality, Love and Eroticism in Modern Societies*, Cambridge: Cambridge Polity Press, 1992.

Gram-Hanssen Kirsten, "Consuming Technologiese Developing Routines", *Journal of Cleaner Production*, Vol. 16, 2008, pp. 1181 – 1189.

Gram-Hanssen Kirsten, "Understanding Change and Continuity in Residential Energy Consumption", *Journal of Consumer Culture*, Vol. 11, No. 1, 2011, pp. 61 – 78.

Grant McCracken, "Culture and Consumption: A Theoretical Account of the Structure and Movement of the Cultural Meaning of Consumer Goods", *Journal of Consumer Research*, Vol. 13, No. 1, 1986, pp. 71 – 84.

Halkier Bente, Jensen Iben, "Methodological Challenges in Using Practice Theory in Consumption Research: Examples from a Study on Handling Nutritional Contestations of Food Consumption", *Journal of Consumer Culture*, Vol. 11, No. 1, 2011, pp. 101 – 123.

Halkier Bente, Katz-Gerro Tally, Martens Lydia, "Applying Practice Theory to the Study of Consumption: Theoretical and Methodological considerations", *Journal of Consumer Culture*, Vol. 11, No. 1, 2011, pp. 3 – 13.

Hand Martin, Shove Elizabeth, "Condensing Practices: Ways of Living with a Freezer", *Journal of Consumer Culture*, Vol. 7, No. 1, 2007, pp. 79 – 104.

Hargreaves Tom, "Practice-ing Behavior Change: Applying Social Practice Theory to Pro-environmental Behaviour Change", *Journal of Consumer Culture*, Vol. 11, No. 1, 2011, pp. 79 – 99.

Inglehart, Flanagan. R. C. , "Value Change in Industrial Societies", *American Political Science Review*, Vol. 81, No. 4, 1987, pp. 1289 – 1319.

Inglehart. R. , " The Silent Revolution in Europe. Intergenerational Change in Post-industrial Societies", *American Political Science Review*, Vol. 65, 1971, pp. 991 – 1017.

Inglehart. R. , *The Silent Revolution. Changing Values and Political Styles Among Western Poblics*, Princeton university press. Princeton. NJ, 1977.

Jane Webster, "Resisting Traditions: Ceramics, Identity and Consumer Choice in the Outer Herbrides From 1800 to the Present", *International Journal of Historical Archaeology*, Vol. 3, No. 1, 1999, pp. 55 – 75.

Jeffrey C. Alexander, *The Meanings of Social Life: A Cultural Sociology*, Oxford University Press, 2003.

M. Djursaa, S. U. Kragh, " Central and Peripheral Consumption Contexts: the Uneven Globalization of Consume", *International Business Review*, *Vol.* 7, 1998, pp. 23 – 38.

Maciel Andre F. , Wallendorf Melanie, "Taste Engineering: An Extended Consumer Model of Cultural Competence Constitution", *Journal of Consumer Research*, Vol. 43, 2017, pp. 726 – 746.

Magaudda Paolo, "When Materiality 'Bites Back': Digital Music Consumption Practices in the Age of Dematerialization", *Journal of Consumer Culture*, Vol. 11, No. 1, 2011, pp. 15 – 36.

Maxine Berg and Helen Clifford, *Consumers and Luxury*, *Consumer Culture in Europe* 1650 – 1850, Manchester and New York: Manchester University Press, 1999.

Mckendrick Neil, *The Birth of a Consumer Society*, *the Commercialization of Eighteenth-Century England*, London: Europe Publication, 1982.

Miles Andrew, "Addressing the Problem of Cultural Anchoring: An Identity-Based Model of Culture in Action", *Social Psychology Quarterly*, Vol. 77, No. 2, 2014, pp. 210 – 227.

Morris Jeremy, "Beyond Coping? Alternatives to Consumption within a Social Network of Russian Workers", *Ethnography*, Vol. 14, No. 1, 2012, pp. 85 – 103.

PANTZA RMIKA, "Consumers, Producers and Practices Understanding the Invention and Reinvention of Nordic Walking", *Journal of Consumer Culture*, Vol. 5, No. 1, 2005, pp. 43 – 64.

Perkins. H. W. , Spates. J. L. , "Mirror Images? Three Analyses of Values in England And The United States", *International Journal of Comparative Sociology*, Vol. 27, 1986, pp. 1 – 2.

Peter N. Stearns, *Consumerism in World History: the Global Transformation of Desire*, London: Routledge, 2001.

Peterson Richard A. , Kern Roger M. , "Changing Highbrow Taste: From Snob to Omnivore", *American Sociological Review*, Vol. 61, No. 5, 1996, pp. 900 – 907.

Reckwitz Andreas, "Toward a Theory of Social Practices A Development in Culturalist Theorizing", *European Journal of Social Theory*, Vol. 5, No. 2, 2002, pp. 243 – 263.

Sahakian Marlyne, Wilhite Harold, "Making Practice Theory Practicable: Towards More Sustainable Forms of Consumption", *Journal of Consumer Culture*, Vol. 14, No. 1, 2013, pp. 25 – 44.

Sassatelli R, *Consumer Culture: History, Theory and Politics*. Oxford, UK: Berg. (2007)

Shove Elizabeth, "Efficiency And Consumption: Technology And Practice", *Energy & Environment*, Vol. 15, No. 6, 2004, pp. 1053 – 1065.

Southerton Dale, Díaz-MénDez Cecilia, *Warde Alan*, "Behavioural Change and the Temporal Ordering of Eating Practices: A UK-Spain Comparison", *International Journal of Sociology of Agriculture & Food*, Vol. 19, No. 1, 2011, pp. 19 – 36.

Spaargaren Gert, "Theories of Practices: Agency, Technology, and Culture Exploring the Relevance of Practice Theories for the Governance of Sustainable Consumption Practices in the New World-order", *Global Environmental Change*, Vol. 21, 2011, pp. 813 – 822.

Sullivan Oriel, Gershuny Jonathan, "Inconspicuous Consumption: Work-rich, Time-poor in the Liberal Market Economy", *Journal of Consumer Culture*, Vol. 4, No. 1, 2004, pp. 79 – 100.

Swidler, Ann, "Culture in Action: Symbols and Strategies", *American Sociological Review*, Vol. 51, No. 2, 1986, pp. 273 – 286.

Truninger Monica, "Cooking with Bimby in a Moment of Recruitment:

Exploring Conventions and Practice Perspectives", *Journal of Consumer Culture*, Vol. 11, No. 1, 2011, pp. 37 – 59.

Üstüner Tuba, Holt Douglas B., "Toward a Theory of Status Consumption in Less Industrialized Countries", *The Journal of Consumer Research*, Vol. 37, No. 1, 2010, pp. 37 – 56.

Warde Alan, Martens Lydia and Olsen Wendy, "Consumption and the Problem of Variety: Cultural Omnivorousness, Social Distinction and Dining Out", *Sociology*, Vol. 33, No. 1, 1999, pp. 105 – 127.

Warde Alan, "Consumption and Theories of Practice", *Journal of Consumer Culture*, Vol. 5, No. 2, 2005, pp. 131 – 153.

Warde Alan, "After Taste: Culture, Consumption and Theories of Practice", *Journal of Consumer Culture*, Vol. 14, No. 3, 2014, pp. 279 – 303.

Warde Alan, "The Sociology of Consumption: Its Recent Developmen", *Annual Review of Sociology*, Vol. 41, 2015, pp. 117 – 134.

Watson M., Shove, E., "Product, Competence, Project and Practice: DIY and the Dynamics of Craft Consumption", *Journal of Consumer Culture*, Vol. 8, No. 1, 2008, pp. 69 – 89.

Weber, Max, *"Class, Status and Party"* in Reinhard Bendix and Seymour Martin Lipset, eds., *Class, Status, and Power: Social Stratification in Comparative Perspective*, New York: Free Press, 1966.

后　记

我们要感谢那些以其生活方式引发我们好奇并观察及思考的人们，以及那些牺牲时间接受访谈并允许我们记录的人们。

我们要感谢那些为我们提供调查笔记的合作者，包括且不限于肖月、赵敏、冯文熙、张文飞、孙雨晴、孙梦、徐欣、张雪梅、袁晨鼎等人，以及以其他方式参与此书的合作者，包括且不限于魏坤鹏、马静、刘怡杉、张铭印、何德北等人。

我们要感谢那些与我们交谈过非日常话语从而让我们享受工作乐趣的人们，包括且不限于贺雪峰、吴毅、雷洪、孙秋云、王宁、刘祖云、李若建、陈柏峰、刘勤、刘平、詹娜、陶双宾、聂家昕、蒋平、王庆明、吕涛、吴世旭、毛伟、姬广绪、李娜娜、郑姝莉、王荣欣、王樱洁、池静旻等人。

我们要感谢那些与我们交谈日常话语从而让我们享受生活乐趣的家人们。

我们要感谢那些辛苦写作从而让我们享受阅读与码字乐趣的人们，包括且不限于所引文献的作者。

我们要感谢这些机构：沈阳师范大学、广东海洋大学、吉林大学、华中科技大学、中山大学，以及中国社会科学出版社。